Heinz-Peter Maschke

ERINNERUNGEN

Vater und Sohn

Heinz-Peter Maschke

ERINNERUNGEN

Vater und Sohn

BoD
Books on Demand GmbH
Nordersted

Impressum

Rechteinhaber: Heinz-Peter Maschke

Umschlaggestaltung und Motiv: Heinz-Peter Maschke

Lektorat: Klaus-Dietrich Petersen

©2017
Herstellung und Verlag: BoD – Books on Demand, Norderstedt.
ISBN: 9783746078809

Bibliografische Information der Deutschen Nationalbibliothek: Die Deutsche Nationalbibliothek verzeichnet diese Publikation in der Deutschen Nationalbibliografie; detaillierte bibliografische Daten sind im Internet über http://dnb. d-nb.de abrufbar.

Inhaltsverzeichnis

Erster Teil

Der letzte Passagier

Diese Erzählung ist wahr

Es ist die Geschichte der Kriegs-Verwundung
von meinem Vater Heinrich Johann Maschke.

Schon fast zum Ende des 2. Weltkrieges
ist es doch noch passiert,
denn er wurde schwer verwundet.

Geschehen ist es irgendwo zwischen Smolensk und Minsk.
In der damaligen Sowjetunion/ Russland.
Wo genau, wusste er selber nicht mehr.

Aufgeschrieben habe ich diese Geschichte
nach den Erinnerungen meines Vaters.
So, wie er sie uns, seinen Kindern, immer erzählt hat.
Sie umfasst zeitlich nur eine Spanne von sechs bis acht Wochen.
Angefangen hat alles Ende November 1944.
Vielleicht auch erst Anfang Dezember 1944.
Das genaue Datum wusste er auch nicht mehr.
Und die Geschichte geht nur bis zum 31. Januar 1945.

Für meine Brüder

Ferdinand, geboren 1946
Hans-Felix, geboren 1950, gestorben 2006
Paul Hein, geboren 1967

Ich hoffe sehr, dass deren Kinder,
also die Enkelkinder unseres Vaters,
diese Geschichte irgendwann einmal lesen.
Und auch begreifen!

Ohne diese fast schon übermenschliche Energieleistung
würde es diese Menschen wahrscheinlich nicht geben!

Natürlich sollte meine „große" Schwester diese Erinnerungen auch lesen, aber die ist ja Bestandteil dieser Erzählung, also zum Zeitpunkt dieser Geschichte schon geboren.

Die Verwundung hat mein Vater sich abgeholt (seine Worte)
viele, viele tausend Kilometer weit von zu Hause entfernt.
Zu dem Zeitpunkt war er allein und völlig hilflos.
Es haben so viele namenlose Menschen geholfen, insbesondere die stillen Helden, dieses unsinnigen Krieges, die Sanitäter.
Die haben stets völlig uneigennützig geholfen.
Nur so konnte unser Vater zum Zeitpunkt des Geschehens, durch die schwere Kopfverletzung fast blind, tatsächlich wieder nach Hause kommen, zurück zu seiner Familie, die er so schmerzlich vermisst hatte. In Zeiten von Krieg und der meistens damit verbundenen menschlichen Verrohung, Hilfe, Zuspruch und auch

ein kleines Stück menschlicher Wärme, zu erfahren, ist ein kleines Wunder! Vielen, viel zu vielen, war das nicht vergönnt.
Und sie sind geblieben.

Einführung

An meinem sechzigsten Geburtstag, im Jahre 2004, fragte mich meine Schwester Marianne: „Kannst du dich noch an die Geschichten erinnern, die Papi uns immer erzählt hat, wenn wir in Keitum, an den langen Winterabenden, um ihn herumsaßen?" Für einen Moment war ich ziemlich überrascht, denn Keitum war wirklich schon sehr lange her, fast eine kleine Ewigkeit. In Keitum auf Sylt haben wir von 1950 bis 1958 gelebt.

Und trotzdem: Auf einmal war alles wieder da. Die Geschichten, die mein Vater im 2. Weltkrieg erlebt hat. Ich fragte also, ich war wirklich einigermaßen verblüfft: „Wie kommst du ausgerechnet jetzt darauf?"

„Weil es jetzt sechzig Jahre her sein müsste, als er sich auf dieses Schiff gekämpft hat, um wieder nach Hause zu kommen. Ich kann mich aber nicht mehr erinnern, welches Schiff das war."

„Dafür klingt mir da immer dieser komische Satz in den Ohren: Entweder sie lassen mich auf dieses Schiff, oder sie erschießen mich." Meiner Schwester standen die Tränen in den Augen. Als Folge ihrer Nierenerkrankung, hatte sie gerade einen leichten Schlaganfall erlitten und weinte deswegen leichter. Dennoch fragte sie mich, trotz ihrer Tränen: „Kannst du damit etwas anfangen, welches Schiff das eigentlich war, weiß du das noch?"

„Ich kann mich, verflixt noch mal, nicht mehr genau erinnern."

„Aber ich will mich erinnern. Ich will das nicht einfach vergessen."

„Er war doch mein Vater!" Einen kleinen Augenblick hat es jetzt gebraucht, bis ich begriffen hatte, was meine Schwester mich da gerade gefragt hatte.

„Keine Angst, ich kann mich erinnern! Fast Wort für Wort!"

„Ich habe sogar ein paar Mal bei ihm nachgefragt, um mir über diese möglichen Zusammenhänge klar zu werden. Um seine Geschichten in die richtige Reihenfolge zu bringen. Aber auch um viele Dinge, an die ich mich erinnere, richtig einordnen zu können. Er hat alles, wonach ich ihn auch fragte, immer wieder ausdrücklich bestätigt!"

„Die Verwundung hat er sich 1944 abgeholt. Kurz vor Weihnachten. Das ist unstrittig. Er selbst hat tatsächlich immer die seltsame Formulierung: Abgeholt, gebraucht."

„Und als Schiffe kommen nur die, ‚Cap Arkona' und die ‚Hansa' in Frage. Fragen konnte ich ihn leider nicht mehr, deshalb habe ich lange recherchiert und noch mehr gelesen. Und jetzt bin ich ziemlich sicher, das Schiff, nach dem du fragst, war die ‚Cap Arkona'. Und auf eben diese ‚Cap Arkona' hat er sich 1945 gekämpft. Am 31. Januar!"

Und der Satz, der in deinem Kopf herumgeistert, lautet korrekt: „Entweder, sie lassen mich auf dieses Schiff oder sie erschießen mich, hier und auf der Stelle." Und das Schiff war nicht irgendein Schiff, sondern die ‚Cap Arkona'. Die ‚Cap Arkona', die mit vielen, vielen KZ-Häftlingen an Bord in der Lübecker Bucht versehentlich von den Engländern beschossen wurde und gesunken ist.

In den Jahren danach habe ich mich manchmal gefragt, warum ich mich so genau an die Geschichten, die uns unser Vater erzählt hatte, so gut erinnern kann. Die Antwort darauf hat mir mein, leider viel zu früh verstorbener Bruder Hans-Felix gegeben, ohne dass er je ein Wort dazu gesagt hat. Hans-Felix hat, wie fast alle Jungs damals, Karl May gelesen. Hat sich, nach und nach, alle Bände gekauft...und sie mindestens zwei, drei Mal gelesen. Ich war sehr oft verblüfft darüber, wie flüssig er daraus zitieren konnte. Ich konnte es nicht! Denn ich kam nie in die Verlegenheit Karl May zu lesen! Die Abenteuergeschichten, die mir mein Vater immer erzählte, waren für mich immer viel interessanter. Vor allem aber, ich fand sie viel spannender.

Und so, wie mein Bruder Hans-Felix Karl May fast wörtlich zitieren konnte, kann ich die Geschichten meines Vaters fast wörtlich zitieren. Immer wenn ein bestimmtes Stichwort fällt, wie zum Beispiel: ,Stinkendes Stroh im Viehwaggon', fällt mir dazu die passende Geschichte ein, selbstverständlich eine seiner vielen Geschichten!

Zum fünfzigsten Geburtstag meines Vaters, im August 1964, saßen, nachdem alle anderen Gäste gegangen waren, noch vier Männer zusammen, die sich seit ihrer Schulzeit kannten. Und ich saß als stiller Zuhörer etwas abseits.

Ich leistete damals gerade meinen Wehrdienst ab und hatte mich über die kleinen und großen Schikanen beschwert, denen wir, infolge unserer Ausbildung, ausgesetzt waren. Für diese vier Männer waren meine Beschwerden nur ein Grund zur mittelprächtigen Belustigung und haben dann losgelegt, haben von dem erzählt, was sie alles erlebt hatten, vor gerade einmal zwanzig Jahren.

Vor zwanzig Jahren, im August 1944, war noch Krieg!

All das, was die drei erzählten, habe ich mir, mehr oder weniger interessiert, angehört, denn in meinen Ohren klang das, was diese drei Männer da von sich gaben, ziemlich unwirklich, um nicht zu sagen, absolut unrealistisch.

Ich war solange stiller Zuhörer, bis ein bestimmtes Stichwort fiel, bei dem ich dann hellhörig wurde. Einer der Männer sagte nämlich: „Heine, vertell du doch mol, du hest doch og 'n Barg beleevt!"

Und ich spitze die Ohren und hoffte, in diesem Kreis würde mein Vater endlich einmal von seinen Kriegserlebnissen erzählen. Genauso kam es, allerdings völlig anders, als von mir erwartet wurde. Nach kurzem Zögern erzählte „Heine" an diesem Abend. In dieser Runde natürlich auf Plattdeutsch.

Zu meiner riesengroßen Verwunderung erzählte mein Vater doch tatsächlich von Erlebnissen, die ich längst kannte. Da begriff ich: Die Räubergeschichten, die Abenteuergeschichten, die mein Vater uns in den 1950iger Jahren in Keitum immer erzählt hatte, waren seine eigenen Erlebnisse! Er hatte uns seine Geschichten, immer als die Geschichten eines unbekannten, tapferen Mannes erzählt. Nie als seine Eigenen!

Nach dem Tag mit meiner Schwester, besser, nach dem Gespräch mit meiner Schwester, wurden die Erinnerungen an diese Geschichten immer deutlicher. Je länger ich über das nachdachte, was unser Vater uns alles erzählt hatte, umso mehr, längst Vergessenes, kehrte in meine Erinnerung zurück. Und es waren wirklich viele Geschichten.

Aber letztendlich war es immer wieder diese eine Geschichte. Die Geschichte seiner Verwundung.

Das war in manchen Passagen eine ganz schreckliche Geschichte, die er immer und immer wieder erzählt hat.

Wahrscheinlich war das seine ganz persönliche Art und Weise, seine vielen schlimmen Kriegserlebnisse verarbeiten zu können. Das habe ich aber erst sehr viel später begriffen... als ich anfing, meine und somit seine Erinnerungen richtig einzuordnen.

Immer öfter hatte ich nun ein ganz bestimmtes Bild vor meinen Augen: Mein Vater sitzt auf dem großen Sofa, meine Mutter sitzt ihm wie immer gegenüber im Sessel und ist mit irgendwelchen

Handarbeiten beschäftigt. Felix sitzt auf Papas rechtem Bein und schläft, Ferdinand sitzt auf dem linken Bein und blickt seinem Vater genau auf den Mund, damit ja kein Wort verloren geht. Und Papi hat um seine beiden Jungs seine starken Arme gelegt. Marianne sitzt am anderen Ende vom Sofa und hat ihr Nachthemd über die Knie geschlungen, ihre Arme liegen auf den Knien und darauf hat sie ihren Kopf gelegt. Und hört so ganz entspannt zu.

Nur ich, ich sitze separat auf dem Fußboden, habe ein Kissen unter dem Hintern und habe mich zwischen Papas Beinen an das Sofa gelehnt. Ich glaubte, von dort besser hören zu können.

Und so erzählt er uns seine tollen, gleichermaßen spannenden Geschichten. Die Familie sitzt Mal wieder ganz eng beieinander, die Kinder sitzen um ihren Vater herum und hören ganz gespannt zu. Irgendwann habe ich dann begriffen, was für einen Schatz ich da mit mir herum schleppe. Und dann habe ich später alles aufgeschrieben.

Der letzte Passagier

Kurz vor Weihnachten, im Kriegswinter 1944. Irgendwo, im eisigkalten, tief verschneiten Russland. An der damals allgemein bekannten und gefürchteten Ostfront. Die Rote Armee ist immer noch auf dem Vormarsch, hat ein deutliches Übergewicht an Menschen und Material.

Ein, durch grauenvollen Kriegserlebnisse vorzeitig ergrauter, an Lebensjahren jedoch noch junger Oberwachtmeister, liegt neben seinem Flakgeschütz in einem Schützengraben. Sein blutjunger Unteroffizier, der ihn seit einigen Monaten begleitet, liegt neben ihm. Sie haben beide ihren Feldstecher vor den Augen und sehen angestrengt nach Osten.
Und sehen nichts!
Sie versuchen irgendetwas vom Feind auszumachen.
Aber sie sehen nichts!
Der junge Unteroffizier murmelt, mehr für sich selbst, leise vor sich hin: „Ich seh' nichts, siehst du was, wo sinds denn alle blieben, die werden doch wohl kein Schiss net kriegt haben und sind Heim gangen. Den Gefallen tun die uns net nich." Je länger er so vor sich hin brabbelt, desto mehr verfällt in seinen bayrischen Dialekt. Und den versteht der Oberwachtmeister immer noch nicht richtig. Also lässt er ihn brabbeln, er hat sich daran gewöhnt. Er weiß, das ist die bayrische Art, Angst zu beherrschen, Angst zu überwinden. Er dagegen, sagt kein einziges Wort, frisst das alles in sich hinein und wird immer grauer. Dafür macht sich jetzt bei ihm, ganz langsam, ein sehr mulmiges Gefühl in der Magengegend breit. Das

Gefühl kennt er nur zu gut, das hatte er, gerade in der jüngsten Vergangenheit, schon ein paar Mal, da hieß es immer, schön in Deckung bleiben.

Vorwitzig um die Ecke gucken, das kann das Leben kosten. Es ist einfach viel zu ruhig. Sehr sorgenvoll sieht der Oberwachtmeister nach rechts und dann nach links. Es herrscht absolute Totenstille, weder von den Feinden noch von den Freunden ist etwas zu hören, zu sehen schon gar nicht! Alle haben, genau wie sie, die Köpfe eingezogen. Als er immer wieder in dieses menschenleere Land blickte, fragt er sich, wie so oft in letzter Zeit: Was mache ich eigentlich hier? Ich lieg hier in der Scheiße, friere mir den Arsch ab und schieße auf Menschen, die mir nichts, aber auch überhaupt nichts, getan haben. Ich habe absolut keine Lust mehr darauf, noch mehr Menschen zu erschießen, warum stehe ich nicht einfach auf und gehe nach Hause? Diesen genauso verlockenden, wie idiotischen Gedanken verwirft er genauso schnell wieder, wie er gekommen ist, denn wahrscheinlich würde er das nicht überleben. Die Russen haben einige Scharfschützen in ihren Reihen, die sich einen Spaß daraus machen, solche Dummköpfe einfach abzuknallen.

Und seine eigenen Leute?

Wenn er daran denkt, wie seine eigenen Leute damit umgehen, überkommt ihn das kalte Grausen, er könnte heute noch Kotzen! Als abschreckendes Beispiel hatte er einen jungen Soldaten, ein Pastorensohn aus der Nähe von Nürnberg, vor Augen. Der hatte genau die gleichen Gedanken, die er gerade hatte, für sich wahr gemacht. Der hatte nach einem Heimaturlaub beschlossen, nicht mehr auf Menschen zu schießen. Eher würde er einfach weggehen. Er kannte diesen jungen Soldaten zwar, der sich in seinem Leben ganz bestimmt noch nie rasiert hatte, hatte aber ansonsten mit ihm nichts zu tun. Der junge Mann gehörte zum 3. Zug und er zum 1. Zug. Aber wie mit diesem jungen Menschen verfahren wurde, hat ihm das erste Mal die ganze Sinnlosigkeit, die ganze Würdelosigkeit dieses Krieges vor Augen geführt! Innerhalb von drei Tagen stand dieser junge Mann mit verbundenen Augen an einer Schuppenwand vor einem Erschießungskommando

Und er ist sicher, dass der dort stand, ohne auch nur einmal von einem Richter vernommen worden zu sein. Ob es dem jungen Mann geholfen hätte, ist eine ganz andere Sache, denn diese Hinrichtung hatte nur einen einzigen Zweck: sie sollte allen anderen zeigen, was passiert, wenn! Das ganze Bataillon musste antreten und dieser makabren Inszenierung zusehen.

Nicht nur, dass man diesen jungen Mann so kaltblütig hat erschießen lassen, hat ihn so sehr getroffen, das kommt in Kriegszeiten seit Generationen immer wieder vor. Er findet das zwar ausgesprochen bescheuert und höchst überflüssig, weiß aber gleichzeitig auch, dass hier seine eigenen Grenzen sind. Bei zu großer Empörung kann es ihm passieren, dass er als nächster an dieser Schuppenwand steht.

Nein, entsetzt hat ihn die absolute Kaltschnäuzigkeit des jungen Hauptmannes, mit der er den jungen Mann aus kürzester Entfernung in die Schläfe schoss. Fast im Vorübergehen. Der ist nicht eine Sekunde stehen geblieben. Ursprünglich war dieser Akt als Gnadenschuss gedacht, um dem Erschossenen, der möglicherweise nicht richtig getroffen war, die letzte Achtung zu erweisen und ihm unnötige Qualen zu ersparen. Aber das, was dieser Hauptmann machte, war eher ein Fangschuss, mit der man Tiere erlegt, oder so, als wäre das eine lästige Schmeißfliege, die man tottreten muss.

Mein Vater hat sich, als er uns von diesem Erlebnis erzählt hat, darüber mokiert, dass dieser junge Soldat sich erst dann entschieden hatte, nicht mehr auf Menschen zu schießen, nachdem er aus einem Heimaturlaub zurückgekehrt war. „Der war von zu Hause aufgehetzt worden. Hätten alle ihre Klappe gehalten, hätten sie ihren Jungen nach dem Krieg wohlbehalten zurückbekommen!"

Seine eigenen Leute würden ihn also ohne viel Federlesen einfach an die Wand stellen. Fertig! Nein Danke, dann lieber den Arsch abfrieren. Seit er verheiratet ist, ist er ständig bemüht, nicht in unnötige Gefahr zu geraten.

Einfach nur weglaufen, das weiß er genau, das wäre genau das, was er nicht will. Das würde auch der Verantwortung gegenüber denen, die zu Hause auf ihn warten, aber auch gegenüber denen, für die er hier, auf diesem Schlachtfeld, Verantwortung trägt, nicht gerecht werden. Zumal er auch nicht genau weiß, in welche Richtung er denn laufen sollte, denn genau diese Frage beschäftigte ihn schon seit ein paar Tagen: Wo bin ich hier eigentlich? Bin ich wirklich noch in der Nähe von Smolensk? Er weiß es nicht mehr so genau.

Sie hatten in diesem nun fast vergangenen Jahr, nachdem sie sich schon 1943 der Offensive der Roten Armee geschlagen geben mussten, immer wieder, viel zu oft, ihren Standort nach hinten verlegen müssen. Meistens geschah dies nicht geordnet, sondern eher ziemlich fluchtartig, dadurch hatte er ein bisschen die Übersicht verloren. Es gab Tage, besser Nächte, da sind sie stundenlang nur zurückgefahren, solange bis einer „Halt" sagte.

Warum der gerade hier „Halt" gesagt hatte und nicht einen Kilometer weiter oder zwei Kilometer vorher, blieb den alten Frontschweinen meistens verborgen. Die mussten sich dann dort einrichten, wo sie gerade waren. Deshalb stellt er sich nun die Frage: Bin ich nun noch in der Nähe von Smolensk? Oder bin ich schon in der Nähe von Minsk?

Er weiß, dass Smolensk und Minsk ungefähr 700 Kilometer auseinander liegen, aber hier in Russland relativierten sich Entfernungen. Egal, wo er in diesem Krieg auch schon war, es war alles einfach nur weit. Unvorstellbar weit!

Hier in Russland wird von den Soldaten nicht in Kilometern gerechnet, das verführt unnötigerweise nur dazu, dass die lebensnotwendige Wachsamkeit nachlässt. Hier in Russland wird in Tagen gerechnet, und wenn es ausnahmsweise Mal nicht so weit ist, in Stunden, das hält die Aufmerksamkeit hoch.

Wirklich wichtig ist die Frage, wo sie sich zur Zeit befinden, eigentlich nicht, viel wichtiger ist die Tatsache, sie haben seit fast drei Tagen nicht geschlafen, so heftig war der Dauerbeschuss der Roten Armee. Und er hält den Feldstecher immer noch vor den Augen. Und hält immer noch nach dem bösen Feind Ausschau. Der Feind ist aber im Moment gar nicht böse, eher friedlich. Es ist aber immer noch zu ruhig. Viel zu ruhig! Nur aus weiter Ferne, aus den Tiefen der russischen Tundra, ist ganz leise Granatfeuer und Geschützdonner zu hören. Für die beiden eigentlich ein sehr, sehr schlechtes Vorzeichen, meistens gab es nach einer derartigen trügerischen Ruhe immer richtig Prügel.

Trotzdem sagt der erfahrene Oberwachtmeister: „Die Russen machen wohl gerade Mittagspause, das können wir auch! Sieh mal zu, ob du von den Etappenhengsten was zu beißen kriegst, ich mach solange die Augen zu." Der Oberwachtmeister wundert sich ein bisschen, dass er keine Antwort erhält. Als er sich nach seinem Unteroffizier umsieht, huscht ein kleines Lächeln über sein sonst sehr angespanntes Gesicht.

Diese Bayern! Die haben vielleicht die Ruhe weg!

Der Junge schläft.

Und im Schlaf sieht er tatsächlich noch wie ein Junge aus. Die Stirn auf dem Unterarm, den Kopf leicht zu ihm gedreht und den Feldstecher noch in der Hand, aber dieser bayrische Junge schläft! Er überlegt kurz, ob er ihm die Ruhe gönnt und ob er ihn schlafen lassen soll. Alle brauchen aber dringend etwas zu essen, also weckt er ihn und wiederholt seine Bitte.

Der Junge ist zwar noch etwas verschlafen, verwandelt sich aber sofort wieder in einem Schlachten erprobten Soldaten und macht sich, ohne nachzufragen und ohne Verzögerung auf den Weg. Der Oberwachtmeister schließt tatsächlich die Augen, war das doch die einzige Möglichkeit, wenigstens in Gedanken bei den Lieben zu Hause zu sein.

Wieder einmal war bald Weihnachten, und wieder einmal war er hier, im viele Kilometer entfernten Russland. Dieser kriegserprobte, seit einiger Zeit aber auch kriegsmüde Oberwachtmeister ist ganz bestimmt kein frommer Mann, schon gar kein Heiliger, immerhin ist seit sechs Jahren Krieg.

Da verschieben sich mit der Zeit doch so manche dieser Wertvorstellungen. Aber! ... Der „Heilige Abend" war in seiner Familie traditionell ein Familienfest. Das hatte er von seinem Vater übernommen, genau wie der von seinem Vater. Und an dieser lieben Tradition wollte er eigentlich auch in seiner kleinen Familie festhalten.

Aber! ... Wie in all den vergangenen Kriegsjahren auch, wurde da wieder einmal nichts daraus, denn seine Familie musste, wieder einmal, das Weihnachtsfest ohne ihn feiern. Das wievielte Mal eigentlich? Das dritte Mal? Das vierte Mal? Er grübelte vergeblich. Er wusste es schon lange nicht mehr!

Dafür ging ihm die bedrückende Stimmung, bei seinem letzten Heimaturlaub, auf dem Bahnhof in Mannheim, nicht aus seinem Kopf. Weil er wieder einmal so einen beschissenen Marschbefehl in der Tasche hatte, der ihn, genau wie seinen Schwager, zwang, wieder einmal an die vorderste Front zurückzukehren.

Als er sich von seinem Schwager Kurt verabschiedete, war beiden klar, dass sie sich nicht wieder sehen würden.

Aber nur sein Schwager wagte es auch auszusprechen: „Grüße noch einmal ganz herzlich meine Schwester von mir, umarme sie für mich, drücke sie ganz fest und sage ihr, ich hätte so gerne ihre Kinder aufwachsen sehen. Ich werde dazu leider keine passende Gelegenheit haben, ich spüre es, ich komme nicht wieder."

Als er an diesen Abschied denkt, stellt er erschrocken fest, dass er nicht mehr genau weiß, wann das war. Fieberhaft rechnet er zurück, das muss auf alle Fälle vor der Nacht vom fünften auf den sechsten September 1943 gewesen sein. Das weiß er noch ganz genau, das war die Nacht, als Mannheim in Schutt und Asche fiel. Mit Schrecken erinnert er sich noch an die Tage der Ungewissheit, als sie im Radio die Nachricht hörten, in Mannheim seien bei einem „hinterhältigen Luftangriff" der alliierten Luftstreitkräfte über vierhundert Menschen ums Leben gekommen. Die Unruhe und die kaum zu ertragende Ungewissheit dauerte bis zu dem Tag, als ihn endlich der Brief von seiner Frau erreichte, in dem sie ihm berichtete: Sie hätten jetzt vorübergehend in der Wohnung ihres Bruders Joseph Unterschlupf gefunden. Joseph sei nun doch noch eingezogen worden, und seine Wohnung in Landsberg am Lech würde sowieso leer stehen. Die gesamte Einrichtung in Mannheim sei, genau wie 1940 in Hamburg, schon wieder verbrannt. Aber Josephs Wohnung ist ja mit allem ausgestattet, was eine kleine zweiköpfige Familie braucht. Und was für ihn noch viel wichtiger ist, seine Frau lebt, ist völlig unverletzt und ist nun schon zum zweiten Mal mit dem Leben davon gekommen. Dann schreibt sie noch, fast nebenbei, als wäre das alles nicht wichtig: Deine Tochter hat das alles gut überstanden und ist kerngesund!

Er konnte es gar nicht glauben, als er diesen Brief gelesen hatte, der war mit so einer leichten Hand geschrieben, fast so, als gehören Wohnungseinrichtungen, durch Bombenangriffe und durch willkürliche Feuersbrünste zu verlieren, zum täglichen Leben.

Was hatte er bloß für ein Glück gehabt, diese Frau zu finden. Als er diesen Brief das dritte oder vierte Mal gelesen hat, fällt ihm was vollkommen Blödes ein: Was wäre, wenn sich ein paar englische Piloten verfliegen und nicht wissen, wo sie die Bomben loswerden können. Wenn ein paar durchgeknallte englische Piloten auf die Idee kämen, sie müssten nun unbedingt die Festung bombardieren, in der Adolf Hitler eingesessen hat. Die würden sich alle zusammentun und gemeinsam Landsberg bombardieren. Er mag diesen Gedanken gar nicht zu Ende denken. Das wäre dann das dritte Mal, dass sie alles verlieren! Erst Hamburg, dann Mannheim und dann vielleicht auch noch Landsberg.

Wo ist eigentlich die Grenze? Was kann ein Mensch eigentlich ertragen, bis er verrück wird?

Bei dem Schwersten, der insgesamt 151 Luftangriffe auf Mannheim, vom 5. auf den 6. September 1943 wurden 6000 Gebäude zerstört. 414 Menschenleben kamen in diesem Inferno um.

Da fällt ihm schon wieder sein Schwager Kurt ein, das ist doch vollkommen verrückt, dass sich jemand auf den Weg macht, von dem er genau weiß, das wird ein Weg ohne Wiederkehr. Das ist der absolute Wahnsinn. Unvermittelt, ohne dass er es merkte, murmelt er vor sich hin: „In welcher Welt leben wir eigentlich, dass so etwas möglich ist?" Erschrocken machte er die Augen etwas auf und dreht sich zu seinem Unteroffizier um, und fragte sich, ob der von seinem Heimweh-Anfall etwas bemerkt hat. Ach ja, den hatte er ja zum Essen holen geschickt.

Erleichtert macht er die Augen wieder zu, und etwas nachdenklich ruft er sich seinen Schwager Kurt ins Gedächtnis zurück. Das Grübeln hilft nicht so recht, er weiß von ihm nur noch, dass er sich auf den Weg nach Stalingrad gemacht hatte. Nach dem Abschied in Mannheim hatte er nie wieder etwas von ihm gehört. Er hatte nicht einmal die leiseste Ahnung davon, ob er überhaupt in Stalingrad angekommen war und wenn ja, wie es ihm dort ergangen ist.

Daran hat sich bis heute nichts geändert. Sein Schwager Kurt, der große Bruder meiner Mutter, gilt immer noch als vermisst. Das letzte Mal, dass dann jemand aus der Familie ihn lebend gesehen hat, war an jenem Tag, auf dem Bahnhof von Mannheim.

Dass Stalingrad die Hölle schlechthin ist, ist natürlich auch bis in sein Kampfgebiet durchgesickert. Gerade an solchen Urlaubstagen, wie die in Mannheim, traf man den einen oder anderen alten Kameraden. Jemanden, mit dem man irgendwo zusammen gekämpft hatte, jemanden, mit dem man zusammen auf einem Lehrgang war, der nun zur 6. Armee gehörte und der dahin zurück musste.

Ganz begehrte und wichtige Informationsquellen waren die vielen Nachschub- oder Versorgungsleute. Die, wenn sie es tatsächlich schafften, aus dem Kessel wieder rauszukommen, brachten dann die neuesten Informationen mit. Diese Leute waren selbstverständlich alle zum Schweigen verdonnert, es bestand auch überhaupt kein Zweifel, alle respektierten und alle achteten diese Schweigepflicht. Auch zum Schutz der Angehörigen zu Hause!

Aber irgendwann sickerte ihr Wissen doch durch.

Landser untereinander können mitunter sehr deutlich werden, wenn man den Code kennt oder die geheimen Umschreibungen versteht. Auch wenn der Propagandasender, der sich Soldatensender nennt, nicht müde wurde, das Gegenteil zu behaupten und jede vernichtende Niederlage in einen glorreichen Sieg verwandelte.

Die Schilderungen vom Schwager Kurt, die er ihm anvertraute, als die beiden einen Ausnüchterungsspaziergang am Rhein machten, lassen überhaupt keinen Spielraum für positive Interpretationen! Das war viel zu deutlich!

In Gedanken ist er deshalb immer wieder bei seiner geliebten Frau, die er in den fast sechs Jahren, die dieser elendige Krieg jetzt schon dauerte, ganze vier Mal gesehen hatte. Nur der Heiratsurlaub war etwas länger gewesen.

Wenn er an die schönen, leider viel zu kurzen Tage in Boltenhagen denkt, wird er fast trübsinnig. Jedes Mal kommen ihm die Tränen, wenn er an ihre Flitterwochen an der Ostsee denkt. Da waren sie beide noch allein, hatten nur sich, hatten oft Zeit und Raum vergessen und herrliche, unbeschwerte Tage erlebt. Der Krieg war weit, ganz weit weg, nicht nur in den Gedanken. Der Krieg war tatsächlich viele, viele Kilometer weit weg, beinahe so, als würde er gar nicht stattfinden. Und weil sie beide an diese unbeschwerten Tage in Boltenhagen doch so schöne Erinnerungen hatten, hatten sie sich, beim letzten Heimaturlaub, fest versprochen, wenn dieser Krieg vorbei ist, fahren wir noch einmal nach Boltenhagen. Da waren wir am glücklichsten, da waren unsere schönsten Tage. Und das war nun auch schon wieder eine Ewigkeit her. Obwohl, sind vier Jahre eigentlich schon eine Ewigkeit?

Natürlich ist daraus nie etwas geworden. Als der Krieg dann endlich zu Ende war, war Boltenhagen DDR. Und die Grenzen waren zu. Das Boltenhagen, das die beiden in Erinnerung hatten, gab es jetzt nicht mehr!

Er denkt auch oft an seine Tochter, die in Boltenhagen schon unterwegs war und ohne ihren Vater aufwuchs, jetzt schon drei Jahre alt ist und an deren Gesicht er sich nicht mehr erinnern kann. Wie sehr er sich auch bemüht, da ist einfach nur eine riesengroße Leere in seinem Kopf. Vor allem aber denkt er immer wieder an seinen Sohn, der jetzt sechs Monate alt ist und den er erst ein einziges Mal gesehen hatte, und weil der seinen Vater natürlich nicht kannte, aus Leibeskräften geschrien hatte, als Papa in den Baby-Korb strahlte. Und was hatte er gemacht? Völlig überfordert und entnervt, auf diese Situation überhaupt nicht vorbereitet, hatte er den kleinen Schreihals wutentbrannt, mitsamt seinem Körbchen im Badezimmer in die Badewanne gestellt und mit einem kräftigen Schwung die Tür zugeknallt. Natürlich hatte das einen Riesenkrach gegeben. Das Knallen der Tür hört er heute noch, jetzt auch, immer und immer wieder. Etwas verwundert macht er die Augen auf, das Tür knallen ist deutlich lauter und sehr nahe, fast schon neben ihm. Das ist auch kein Tür knallen, das sind Granateinschläge.

Der böse Feind hat seine Mittagspause beendet und ist, unbemerkt, bis auf ein paar Meter an den Schützengraben herangekommen. Die berühmt/berüchtigten Stalinorgeln haben, mit ihrem durchdringenden, Furcht einflößendem Heulen, ihr schlimmes Vernichtungswerk wieder aufgenommen. Das Grauen geht weiter! Wieder einmal tut sich die Hölle auf.

In genau diesem Moment ist auch, wie aus dem Nichts, sein junger Unteroffizier wieder zu ihm in den Schützengraben zurückgekehrt. Er fragt sich immer wieder, wie dieser junge Bengel das macht. Auch unter schwerstem Beschuss kommt der immer wieder zurück. Manchmal, genau wie jetzt, völlig verdreckt und außer Atem, mit einem verwegenem Grinsen im Gesicht, so, als wolle er sagen: Na, wie hab ich das gemacht? Aber immer hockte er irgendwann wieder neben mir. Diesmal allerdings, wie konnte er auch etwas anderes annehmen, ohne etwas zu beißen. Das heißt für sie beide, neben der fast unerträglichen Kälte, nun auch noch, wie in den letzten Monaten öfter, müssen sie Kohldampf schieben. Man gewöhnt sich aber an alles.

Der Kriegsveteran und sein junger Kumpel haben, so gut es denn eben geht, die Köpfe eingezogen und linsen ganz vorsichtig über die Kante ihres, nur wenig Deckung bietenden Schützengrabens. Beide zucken zurück! Da liegt eine russische Handgranate! Die liegt da einfach! Nur 50 Zentimeter weg!

Ein Nichts! Man könnte hinlangen! Vielleicht!

Die beiden Männer kennen diese Dinger genau. Oft genug haben sie die verheerende Wirkung der russischen Handgranaten mit ansehen müssen. Aber diese liegt da nur. Provozierend. Ganz friedlich und scheinbar völlig harmlos. Zum Ansehen. Zum Bestaunen. Einfach so.

Die Anspannung wird, je länger sie warten müssen, immer größer!

Explodiert sie nun, oder ist das wirklich ein Blindgänger? Als der erfahrene Oberwachtmeister, trotz der eindringlichen Warnung seines inneren Schweinehundes und heftigem Flügelschlagen seines hoffnungslos überforderten Schutzengels, nach der Handgranate greift, explodiert sie doch. Die Wucht der Explosion wirft ihn zurück in den Dreck des Schützengrabens, und eine gnädige Ohnmacht umgibt ihn. Das rettet ihm dann wahrscheinlich auch das Leben! Als er endlich die Augen wieder aufschlägt und das Gefühl hat, in vergilbte, ungewaschene Gardinen zu blicken, bemerkt er gerade noch, wie eine wilde Horde Mongolen über die Schützengräben hinwegfegt und alles niedermetzelt, was sich ihnen in den Weg stellt. So auch seinen jungen Kameraden, der aus mehreren Wunden immer noch ganz fürchterlich blutet und in einer unnatürlichen Verrenkung tot neben ihm liegt.

Das Entsetzen, in dem vor Schmerzen verzerrtem Gesicht, ist noch immer zu erkennen. Gern würde er ihm, die nach wie vor weit aufgerissenen Augen zudrücken, aber er kann sich nicht bewegen, er ist immer noch starr und steif vor Schreck.

Er hat keine Zeit darüber nachzudenken, warum er das Gefühl hat, in ungewaschene Gardinen zu blicken, warum er fast nichts mehr sehen kann, er macht ganz schnell die Augen wieder zu, bewegt sich nicht und hofft, auch für tot gehalten zu werden.

In den endlosen Stunden, in diesem dreckigen, kalten Loch, findet er dann seinen inneren Frieden, weil er zu seiner eigenen Verwunderung, wie selbstverständlich, immer wieder die zerschundenen Hände faltet und leise betet. Das hatte sonst immer sein Unteroffizier für sie beide getan. Aber der ist ja nun schon seit mehreren Stunden tot.

Dieser Krieg schlägt die seltsamsten, oft aber auch bösartigsten Kapriolen. Da lernen , dass der oft in sich gekehrte, meistens auch schweigsame, Schleswig-Holsteiner und der redselige, andauernd vor sich hin brabbelnde Bayer, sich gegenseitig schätzen, sind auf dem besten Wege, trotz dieses fürchterlichen Krieges, der menschliche Gefühle zum Luxus werden lässt, Freunde zu werden, und nun liegt dieser junge Mensch, der in seinem kurzen Leben nicht viel mehr als die Last des Krieges kennen gelernt hat, tot neben ihm. Er hat längst die Übersicht verloren, wie viele Tage er denn schon, mit diesen schmerzhaften Verletzungen in diesem Loch verbracht hat. Weil er immer wieder in Ohnmacht fällt, wenn er eine unbedachte Bewegung macht, oder nur, wenn er versucht, es sich ein weinig bequemer zu machen.

In den eisigen und kalten Nächten, in denen ihm neben der Ungewissheit, wie schwer denn seine Verletzungen sind, auch noch Hunger und Durst plagen, frisst er aus Verzweiflung den dreckigen Schnee, um wenigstens den größten Durst zu löschen. Er erinnert sich vage, in einem seiner Lehrgänge gelernt zu haben: Nach drei bis vier Tagen setzt der Durst ein! Danach würde er mindestens schon vier bis fünf Tage so hier liegen, denn der Durst plagt ihn fürchterlich. Dabei lernt er die Fähigkeit, mit den Händen etwas ertasten zu können, ganz neu schätzen. Mit der gesunden linken Hand tastet er vorsichtig den Boden vor sich ab, das, was kalt ist und sich pulvrig anfühlt, ist Schnee. Jeden schneebedeckten Finger steckt er dann ganz vorsichtig in den Schlitz, was vor ein paar Stunden noch sein Mund war und leckt ihn ganz vorsichtig und noch sorgfältiger ab, damit nichts von dieser Kostbarkeit verloren geht.

Er wundert sich nur darüber, wie gut das eigentlich funktioniert. Den Sand, den er dabei dauernd mit ableckt, spuckt er spätestens dann wieder aus, wenn der Schnee aufgetaut ist und sich in überaus köstliches Schneewasser verwandelt hat. Beim Ausspucken wartet er jedes Mal darauf, dass es ihm die Besinnung raubt, doch er bleibt wach. Und so schluckt er nicht allzu viel von dem Matsch mit hinunter, wenn er auch mit Verwunderung feststellt, dieser Matsch hilft auch ein ganz kleines bisschen, den grässlichen Hunger wenigstens für einen kurzen Augenblick zu verdrängen. Von da an machte es ihm überhaupt nichts aus, dass er jedes Mal einen Teil von dieser verhassten, dreckigen, russischen Erde mit runterschluckt.

Als er sich wieder einmal eine Handvoll Schnee in den zerschundenen Mund schiebt, erinnert er sich plötzlich an seine Ausbildungszeit. Ganz besonders an einen Unterfeldwebel, der ein Teil seiner militärischen Grundausbildung war. Ihm sind ja im Verlauf dieses langen Krieges immer wieder militärische Schwachköpfe über den Weg gelaufen, die glaubten, wer am lautesten schreien kann, hat Recht. Aber den größten Schreihals, der ihm je begegnet ist, war jener Unterfeldwebel, während seiner soldatischen Grundausbildung. Der war ein ausgemachter Widerling!

Bei jeder passenden und unpassenden Gelegenheit brüllte er mit sich überschlagender Stimme: „Erst, wenn ihr ein Zentner Sand gefressen habt, seid ihr auf dem Wege, einigermaßen brauchbare Soldaten zu werden." Wenn er hier, in diesem bescheuerten Loch, so weitermacht, hat er diese schwachsinnige Vorgabe ja bald erfüllt, noch drei Tage in dieser Einsamkeit und er schafft diesen Zentner locker. Insofern ist er jetzt, nach sechs Jahren Dauereinsatz an vorderster Front, endlich dabei, ein brauchbarer Soldat zu werden. Eine tröstliche, eine lächerliche, eine geradezu idiotische Vorstellung. Obwohl ihm sein Gesicht schon fast pervers doll weh tut, wenn er es auch nur ansatzweise verzieht, so muss er bei dieser Vorstellung, endlich ein brauchbarer Soldat zu werden, einfach nur lachen. Er lacht, erst leise, dann immer lauter, er kann dieses hysterische Lachen nicht zurückhalten. Er lacht so intensiv, dass ihm die Tränen über sein zerschundenes Gesicht laufen und, sozusagen als Dank, für diesen lächerlichen Gedanken, fangen nun seine Wunden wieder an, ganz fürchterlich zu brennen. Er wird schier verrückt. Dieses irre Lachen muss in dieser unendlichen Weite, auch unendlich weit zu hören sein! Vom Feind! Na und! Sollen sie doch kommen! Halb tot bin ich ja sowieso schon!

Davor, dass ihn ein russischer Feldsoldat findet, hat er eigentlich keine große Angst, da hegt er sogar die stille Hoffnung, dass die ihn nicht sofort erschießen. Was soll er denen auch noch tun?

Er kann nichts mehr sehen, er kann seinen rechten Arm nicht mehr bewegen und als Bewaffnung ist ihm nur noch seine Pistole geblieben. Und in dieser ausweglosen Lage sitzt er in seinem Loch und lacht, lacht entsetzlich laut, und dieses Lachen vermischt sich immer mehr zu einem heftigen Weinkrampf.

Er setzt also seine letzte Hoffnung darauf, dass die Russen ihn doch nur gefangen nehmen werden und er so wenigstens zu einem Arzt käme. Er weiß natürlich, dass das nur ein winziger Strohhalm ist. Wirkliche Angst hat er vor den russischen Panzern, den T34 zum Beispiel, die, das hat er schon öfter gesehen, einfach über einen Schützengraben fahren, einmal nach links drehen, einmal nach rechts drehen, und man ist man ganz schnell erledigt. Da lebt niemand mehr.

Er bräuchte schon gar nicht mehr hinsehen, so prägnant ist dieses Geräusch. Das typische Aufheulen des riesigen Panzermotors kennt jeder Soldat. Wenn er denn an der Ostfront war! Immer wenn er dieses Geräusch hört, weiß er, es hat wieder ein paar Kameraden erwischt. Das stellt er sich ganz fürchterlich vor, nein, er weiß es, er hat es oft genug gesehen, das ist nur noch entsetzlich! Davor hat er panische Angst!

Er kann aber nicht anders, er lacht immer noch. Ein brauchbarer Soldat, in diesem Loch. Das ist einfach lächerlich. Er muss einfach lachen und schreit diese verzweifelte Mischung aus Lachen und Weinen in den dunklen, russischen Winter hinaus. Und dieses irre Lachen, es beruhigt ihn sogar etwas.

Kurz vor Anbruch der fünften oder sechsten Nacht, als er sich seiner großen Hoffnungslosigkeit immer bewusster wird, spürt er plötzlich, dass sein Kopf immer klarer wird. Er fängt wieder an logisch zu denken, gleichzeitig breiten sich in seinem Kopf langsam panische Ängste aus. Er befürchtet immer mehr, neben der schweren Verletzung, hier in der Einsamkeit, neben seinem toten Kameraden, auch noch verrückt zu werden, zumal er sich gerade bewusst wird, dass er versucht festzustellen, wie viele Patronen er eigentlich noch in seiner Pistole hat. So weit war er noch nie. Er hatte ja schon einige kleinere Verwundungen ertragen müssen, aber Patronen gezählt, so weit war er noch nie.

Langsam, ganz langsam, kriechen nun auch noch Bilder aus seinen Kindertagen in ihm hoch. Immer wenn er als kleiner Junge abends zu spät nach Hause kam oder im Dunkeln alleine war, hat er ein kleines Liedchen vor sich hin gepfiffen, das nahm ihm etwas die Angst. Also fängt er an, leise vor sich hin zu summen, pfeifen kann er ja nicht. Erst nur so, er wusste selbst nicht, was er da summte, dann wurde es immer deutlicher, er summte Weihnachtslieder.

Singen konnte er ja genau so wenig wie pfeifen. Aber in seinem Kopf waren all die Texte noch gegenwärtig. Vor zwei Jahren hat er, bei einer Weihnachtsfeier zu Hause, sie zuletzt gesungen. Also summte er den Text im Kopf: „0, du fröhliche, 0, du selige, Gnadenbringende Weihnachtszeit, Welt die ging verloren..." Da verstummte sein Summen. Welt ging verloren. Wie passend war dieser Text!

Da glaubte er fast, er hoffte es jedenfalls, dass das Summen von Weihnachtsliedern ihn auf etwas leichtere Gedanken bringen würde, weg von den Ängsten, weg von den Panik-Attacken, vielleicht sogar ein bisschen weg von den fürchterlichen Schmerzen. Stattdessen wurde er sich seiner widersinnigen und aussichtslosen Situation viel deutlicher bewusst. Und die machte ihm Angst.

Und aus Angst fängt er plötzlich an, mit sich selber zu reden, wenn man das, was er da vor sich hin nuschelte, als Reden anerkannte: „Wie kann man nur so bescheuert sein und nach so einer gefährlichen Granate greifen. Musstest du denn unbedingt den furchtlosen Helden raus kehren. Für wen denn überhaupt, deine Jungs kennen dich lange genug und wissen, dass du eigentlich keine Angst kennst! Du brauchst doch nur an dir herunter, auf deine eigene Brust zu sehen, alles voller Orden. Es lebe hoch, die große deutsche Gründlichkeit! Das Verwundetenabzeichen, Tapferkeitsmedaille, Abschussorden und das EK 2 vom letzten Sommer. Alles das, was dich als besonderen, tapferen Soldaten auszeichnet. Was also hat dich geritten, so einen Riesenmist zu bauen? Gestern wolltest du noch nach Hause gehen! Und heute? So blöd kann man doch eigentlich gar nicht sein! Weil er sich immer und immer wieder fragt, ob er wohl jemals seine Familie wiedersehen wird, für die er sich doch eigentlich nicht mehr in Gefahr begeben wollte. Um dann doch, vollkommen unbedacht und überflüssigerweise, nach dieser blöden Handgranate zu greifen, anstatt den Kopf einzuziehen und abzuwarten, bis sie explodiert." Aus Verzweiflung fängt er nun auch noch an, mit seinem toten Kameraden, der ja noch immer neben ihm liegt, zu reden. Er erzählt ihm all das, was er ihm schon immer erzählen wollte, aber nie dazu gekommen ist, weil der Moment nie gut genug war. Er hält ihm, ganz demonstrativ, eine Handvoll Schnee hin, so als wollte er sagen: Sieh dir das genau an! Sagt aber: „Hättest du dir jemals vorstellen können, dass wir Schnee fressen und hast du dir vorstellen können, wie gut dieser Schnee schmeckt?" Obwohl ihm das Sprechen schwer fällt und ihm eigentlich das Gesicht Schweineweh tut, spricht er weiter: „Kannst du dich noch erinnern, wie ich dir erzählt habe, wie wir 41 die Russen verdroschen haben...?...und wie die alle scharenweise davongelaufen sind und wie wir uns vor Freude gar nicht einkriegten und wir alle geglaubt hatten, nun hätten wir diesen Scheißkrieg endlich gewonnen?"

„Ein alter Ostpreuße hatte, am selben Abend noch, in einer Scheune oder in einem Stall, ich weiß es nicht mehr genau, jedenfalls auf einem verlassenen Bauernhof Kartoffeln gefunden und eine alte Schnapsbrennanlage dazu. Und das war das Schönste, der konnte mit dieser alten Brennanlage umgehen, eine ähnliche hatte er zu Hause. Der hat sich, mit allem, was er brauchte, in die Scheune, in der die Kartoffeln lagerten, zurückgezogen, die Türen fest verschlossen und stundenlang Volkslieder gesungen."

Ich hatte nicht gewusst, dass ein einzelner Mann·so viele Volkslieder kennen kann und so ausdauernd, so falsch singen kann. Mittlerweile wurden die Gerüche, die nach draußen drangen, immer verlockender, es roch ganz eindeutig nach frisch gebranntem Schnaps, die ganze Kompanie stand vor dem Schuppen und wartete. Nach einer unendlich langen Zeit machte er die Tür auf, hielt uns, total besoffen, eine Flasche entgegen und verkündete strahlend: „Allerbester Kartoffelschnaps!"

„Nun hatten wir nicht nur einen Grund zum Feiern, sondern auch etwas, womit wir prima feiern konnten."

„Irgendwie muss der Bataillonskommandeur davon erfahren haben, wahrscheinlich haben die das genauso gerochen, wie wir. Jedenfalls stand der mit einem Mal unter uns. Unser Kompaniechef hat ihm wortlos eine Flasche hingehalten, und der hat tatsächlich einen ganz tiefen Schluck genommen. Er hat die Stirn in Falten gelegt, die Augen geschlossen, alles runtergeschluckt, noch einen kleineren Schluck genommen... und dann ist es fassungslos aus ihm herausgebrochen: 'Junge, schmeckt das Scheiß gut'!"

„Dann folgte die Strafe auf dem Fuß, in derselben Nacht noch, im frühen Morgengrauen. Die Russen waren nicht scharenweise weggelaufen, wie wir das glauben sollten und wirklich alle geglaubt hatten und prompt auf diesen Mist reingefallen sind. In Wirklichkeit hatten die sich nur zurückgezogen, um sich neu zu formieren. Und dann haben wir auf unsere versoffenen Brummschädel vielleicht Senge gekriegt. Für alt und für neu. Ich hab mir noch nie in die Hosen geschissen, aber damals, da wäre das beinahe passiert. Junge, hab ich eine Scheißangst gehabt!"

„Ich weiß nicht, ob dich das interessiert. Mit Parteipolitik hattest du ja nie viel am Hut." Unvermittelt dreht er den Kopf zu seinem toten Unteroffizier und sagt: „Du brauchst gar nicht so erstaunt zu tun, ich habe das schon mitgekriegt, obwohl du immer versucht hast, das zu verbergen. Ich weiß genau, dass du mit den Parteiheinis nichts am Hut hast, genau wie ich. Und weil das so ist, erzähl ich dir das jetzt, auch wenn du jetzt tot bist."

„Sag mal", er versucht gerade, fast verzweifelt an seine Zigaretten zu kommen, die idiotischerweise in der linken Brusttasche stecken und natürlich ist der Knopf zu, Ordnung muss ja sein, „was hast du dir eigentlich dabei gedacht, mich so einfach allein zu lassen, so 'n

Quatsch ist dir doch sonst nicht passiert, konntest du nicht besser aufpassen?"

Als er nach endlos langem Kampf mit diesem blöden Taschenknopf an das Zigarettenetui kommt und sich endlich eine Zigarette anstecken kann und dabei aus Gewohnheit die Hand vor die Glut hält, stellt er ein bisschen erschrocken fest: "Nun bin ich doch tatsächlich ein bisschen vom Thema abgekommen."

„Ich wollte dir doch von den schmierigen Parteiheinis erzählen. Die Parteibonzen, die ich damals kennen gelernt hatte, das waren vielleicht Blüten, von der allerfeinsten Sorte. Das war 1935, während meiner aktiven Dienstzeit in Rahlstedt. Die wollten mich doch glatt erpressen, nannten das aber: Ein großzügiges Angebot."

„Habe ich dir davon eigentlich schon Mal erzählt?"

„Nein?"

„Ich solle nur dieses Aufnahmeformular unterschreiben, dann könnte ich mir Hoffnung machen, an der Olympiade teilzunehmen. Du weißt ja, ich war ein sehr guter Handballer. Die meisten von denen, die da in Berlin gespielt haben, kenne ich noch von den Punktspielen, mit einigen habe ich sogar zusammen in einer Mannschaft gespielt. Ob 's wirklich gereicht hätte, wer weiß. Ehrlich gesagt, ich weiß es wirklich nicht. Aber die Verlockung war groß. Riesengroß! Stell dir das nur Mal vor, ich wäre Olympiasieger geworden, dann wäre mir diese Scheiße hier, ganz sicher erspart geblieben!"

"Ganz großzügig und ganz generös haben die dann noch erklärt: Wenn ich, wider Erwarten, doch nein sagen sollte, würden mir selbstverständlich keine Nachteile entstehen. Das war vielleicht ein scheinheiliges Volk. Als ich dann, nach reiflicher Überlegung, ablehnte, haben sie mir kurz und knapp erklärt: Und hiermit ist deine Olympiateilnahme beendet. Das war wie ein Schlag ins

Gesicht! Das hat schon wehgetan! Und dann haben die mir ihr wahres Gesicht gezeigt, ich hab die Olympiade nicht Mal von außen gesehen. Kannst du dir so viel Gemeinheit auf einmal vorstellen, ich kann das immer noch nicht, sag doch auch Mal was." Mit schmerzlicher Gewissheit begreift er nun, was Tod heißt, beißt sich auf die schmerzenden Lippen und hält erst einmal den Mund.

Das Thema Olympische Spiele hat ihn auch noch lange nach dem Krieg beschäftigt. An Olympischen Spielen teilnehmen zu dürfen, ist für jeden Sportler das Größte. Höhere Ziele im Sport gibt es nicht!
Es gab in den 1950iger Jahren einige Handballer, die ihn aus dieser Zeit noch kannten und ihm ausdrücklich bestätigten, der bessere Handballer gewesen zu sein, als viele von denen, die damals in Berlin gespielt und Olympiasieger geworden sind.
Einen von ihnen hat es ebenfalls nach Sylt, nach Westerland, verschlagen, gegen diesen Mann habe ich noch einige Male Faustball gespielt und leider versäumt, ihn zu dem Thema zu befragen.
Der Einzige, der das handballerische Können meines Vaters ausdrücklich bestätigte, war mein Onkel Felix, der jüngere Bruder meines Vaters. Ich glaube aber nicht, ob der wirklich objektiv war.

In der darauffolgenden Nacht, kurz vor Morgengrauen, wird er, eher zufällig, von einem Spähtrupp gefunden, und auch nur deshalb, weil sich dieser Spähtrupp gründlich verirrt hatte. Den schwer verwundeten Oberwachtmeister findet dieser Spähtrupp auch deshalb, weil er trotz seiner schweren Verletzung das Rauchen nicht lassen kann und einer der Landser den Rauch einer deutschen Zigarette erkennt und sich vorsichtig auf den Weg macht, um nachzusehen, wo das denn wohl herkommen könnte.

Natürlich auch, um vielleicht von dem, der diesen himmlischen Geruch verbreitet, zu erfahren, wo sie denn eigentlich sind, um endlich den Rückweg antreten zu können. Bevor ihr Kompaniechef einen weiteren Spähtrupp losschickt, um nach dem, seit Stunden überfälligen, ersten Spähtrupp suchen zu lassen. Oder, was noch schlimmer wäre, ihr Kompaniechef gibt seinen Spähtrupp verloren und ordnet sie als verschollen ein. Weil sie das neue, aktuelle Losungswort nicht kennen, werden sie von den eigenen Leuten beschossen, unter Umständen sogar erschossen. Das ist auch schon vorgekommen.

Aber dieser Landser ist auch deshalb mit äußerster Vorsicht ganz langsam auf dem Bauch robbend dem Geruch des Zigarettenrauchs gefolgt, um vielleicht eine dieser unwiderstehlich nach Heimat duftenden Zigaretten zu schnorren.

Doch was sich ihm bietet, als er über den Rand, in das Loch sieht, lässt ihn für einen Moment den Atem anhalten. Ein völlig zerfetztes, blutverschmiertes Gesicht grinst ihn an, in der völlig verdreckten und ebenso verschmierten kleinen Öffnung, was ganz entfernt nach Mund aussieht, hängt eine qualmende Zigarettenkippe und in der linken Hand hält dieses Gespenst eine Pistole, die unauffällig auf den vermeintlichen Gegner gerichtet ist. Allerdings zeigt sie in die völlig falsche Richtung.

Dieser Anblick und der Anblick des immer noch in seinem geronnenen Blut liegenden toten Unteroffiziers hat den Landser für einen kurzen Moment irritiert, denn damit hatte er nicht gerechnet, und so fragte er scherzhaft: „Wie wäre es denn mit einem Tausch? Eine Binde gegen eine Zigarette." Zum Glück hatte dieser Soldat etwas mehr mit, als nur eine kleine Binde, so dass die Wunden wenigstens notdürftig abgedeckt werden konnten, was eigentlich nicht mehr nötig war, da das Blut längst geronnen war.

Und eben dieser Spähtrupp bringt den Schwerverletzten, wenn auch über ziemliche Umwege, zu einem Hauptverbandsplatz, wo er endlich medizinisch versorgt wird. Als er vor dem Arzt steht, der die vorläufige Eingangsuntersuchung macht, sind seine Sinne plötzlich hellwach!

Er spürt es. Fast körperlich! Hier stimmte etwas nicht!

Dass dieser Oberwachtmeister stets einigermaßen unbeschadet durch diesen Krieg gekommen ist, liegt auch daran, dass er die Gefahren wittern konnte, und dass er Ungereimtheiten schnuppert! Schnuppern im Sinne von erahnen, im Sinne von fühlen, oder auch von vorzeitigem Erkennen. Und genau dieser Duft steigt ihm hier in die Nase. Ganz intensiv. Nach einer russischen Handgranate greifen, ist mit diesen Signalen, die er zurzeit ganz stark empfängt, nicht in Einklang zu bringen, hat mit Vorsicht nichts, aber auch überhaupt nichts zu tun.

Nach so einer gefährlichen Handgranate zu greifen hat eher was mit Übermut, vielleicht auch mit Hochmut zu tun! Oder mit Dummheit! So eine Handgranate kann vielleicht ein halbes Gesicht wegsprengen oder noch mehr Schaden anrichten. Die Fähigkeit aber, Gefahren zu spüren, Gefahren förmlich zu riechen, das kann eine Handgranate nicht wegsprengen. Diese begnadete Fähigkeit, wenn du sie denn wirklich hast, hat dir der liebe Gott in die Wiege gelegt, das kann ein Mensch nicht wegsprengen. Mit nichts!

Noch, oder noch nicht, kann er diesen Duft, der ihm da so intensiv in der Nase liegt, nicht richtig einordnen, er ist aber sicher, da ist etwas. Der Arzt, vor dem er immer noch steht, ist doch einigermaßen perplex, als er die Verbände entfernt. Der Gefreite vom Spähtrupp hatte beim Anlegen des Verbandes fast alles falsch gemacht, weil er den Verband viel zu fest angelegt hatte. Gleichzeilig hatte er alles richtig gemacht, denn ein Teil der Splitter blieben dadurch ganz einfach in den Binden hängen und wurden nun, zusammen mit dem verkrustetem Blut, durch das Entfernen des Verbandes mit entfernt. Aber das zerschundene Gesicht fängt sofort wieder an zu bluten.

Die Ärzte, die hier die Eingangskontrolle machen, stehen auch hier, um so etwas, wie dieses stark blutende Gesicht richtig einzuordnen, dafür stehen sie hier vorne, um nach medizinischer Notwendigkeit zu sortieren. Sortieren nach der Frage, wer muss sofort operiert werden, wer muss sofort in den Amputationsraum, oder auch ... und das sind für viele Ärzte die schlimmsten Entscheidungen, zu entscheiden, wo macht jetzt die medizinische Versorgung keinen Sinn mehr. Sicherlich könnte man den einen oder anderen zurückholen, ins Leben zurückholen. Wenn denn die Zeit, oder einfach die Betten, noch mehr vielleicht die medizinischen Gerätschaften vorhanden wären. Sind sie aber nicht, denn es ist Krieg. Und in Kriegszeiten werden in erster Linie die gesund gemacht, die nach der Genesung schnellstens wieder eingesetzt werden können.

Ethisch und medizinisch verwerflich! Es ist aber so.

Als der Arzt ihn endlich aufforderte, sich auf den bereitgestellten Stuhl zu setzen und seine Brille zurechtrückt, um besser sehen zu können, vielleicht auch, um seine Betroffenheit zu verbergen, als er diese Verletzungen sieht und fragt dann ganz direkt, ohne Umschweife: „Sage mal, hast du mit einer Handgranate gespielt?"

„Nein, ich wollte nur wissen, wie schwer diese Dinger sind. Und bei dieser Spielerei ist sie mir dann explodiert, direkt vor meiner Nase!"

„Du siehst mir eher danach aus, als wenn du kein Spaßvogel bist, du musst doch wissen, was die Dinger anrichten können?"

Nach einer kleinen Kunstpause, in der er sich die Wunden etwas genauer ansieht, fügt er dann noch hinzu und das war an Deutlichkeit und Sarkasmus nicht zu überbieten: „Wenn du deinen Arm nicht vor deinem Kopf gehabt hättest, hättest du nie wieder über Kopfschmerzen geklagt und du würdest jetzt kopflos durch die Weltgeschichte rennen!" Noch während er diesen Satz zu Ende bringt, beugt sich der Arzt etwas zu ihm runter, um die Verletzungen genauer anzusehen, schiebt dabei die Brille auf die Stirn und schüttelt immer wieder mit dem Kopf, sagt aber kein Wort.

Der Oberwachtmeister nutzt die Gelegenheit und schnuppert unauffällig, wenn auch ausgiebig. Er glaubt vorerst Bescheid zu wissen. Sehen kann er ja immer noch nichts, das muss er auch nicht, dafür kann er sehr gut riechen und dieser Arzt riecht nach Lakritz und Eukalyptus. Das weiß fast jeder, von diesen alten, erfahrenen Frontschweinen und so ein alter Hautdegen und Frontkämpfer, wie dieser Oberwachtmeister, schon lange.

Nur..., keiner hatte den Mut, dies auch laut auszusprechen.

Wer nach dieser Mischung riecht, säuft! Punkt! Aus!

Nun, da das für ihn scheinbar geklärt ist, sollten sich seine Sinne langsam entspannen, tun sie aber nicht, auch wenn seine Nase nicht mehr so penetrant juckt und der Alarm-Duft in seiner Nase nun etwas schwächer wird, da ist noch etwas, das spürt er, da muss noch mehr sein!

Vorläufig muss er sich erst einmal auf seine Diagnose konzentrieren, denn die ist geradezu niederschmetternd: Mit dem linken Auge sieht er nichts, mit dem rechten Auge sieht er, als würde er durch einen Tunnel blicken. Hören kann er fast nichts mehr, dafür hat er nun ein altbekanntes, außerordentlich kräftiges Meeresrauschen, so wie bei Windstärke sieben bis acht, in den Ohren. Beinahe so, als wäre er wieder einmal auf der Hamburger

Hallig ganz oben in Schleswig-Holstein in seiner fernen Heimat. Dorthin ist er, als er noch Schornsteinfegerlehrling war, ein paar Mal mit dem Fahrrad gefahren. Der Damm war gerade fertig, und das war genau das richtige Abenteuer für einen jungen Mann, wenn die ersten Herbststürme durchs Land brausten. Und genau dieses wilde, herbstliche Brausen, hatte er nun in den Ohren.

Aber jedes Mal, wenn ihn jemand zu laut ansprach, hatte er das Gefühl, ihm würde der Kopf platzen. Gegen diese Kopfschmerzen bekommt er erst einmal zwei Tabletten. Wenn diese beiden Tabletten nicht helfen, wird ihm gesagt, bekommst du in ungefähr einer Stunde noch zwei, das sollte dann aber garantiert helfen! Zusätzlich wird er belehrt: „Die musst du aber mit ausreichend Wasser nehmen, damit die Wirkstoffe, die in diesen Tabletten enthalten sind, schneller ins Blut gelangen." Vorsichtshalber, er ist ziemlich überrascht, fragt er nach, was das denn für ein Teufelszeug sei, das ihm da zum Schlucken gegeben wird. Das sei Aspirin, wurde ihm geantwortet und seine Verblüffung ist komplett. So viel wusste er, auch hier im fernen Russland, wo man sonst von solchen Informationen abgeschnitten ist, dass es Aspirin eigentlich gar nicht gibt.

Angeblich hatte man bei Menschenversuchen zu viele unerwünschte Nebenwirkungen festgestellt und daraufhin Aspirin erst einmal zurückgezogen. Aber… der alte Haudegen denkt nach,…wenn die Mediziner hier, mitten in Russland, Aspirin haben, war das alles, von wegen Nebenwirkungen, wohl nur der übliche nationalsozialistische Theaterdonner. Offenbar war diese offizielle Version nur deswegen ganz gezielt verbreitet worden, um von dem eigentlichen Grund, der Erfinder von Aspirin ist bekanntermaßen ein Jude, abzulenken. Wahrscheinlich helfen diese Tabletten auch gegen seine anderen Schmerzen, die er am ganzen Oberkörper spürt, versicherten die Ärzte ihm dann noch. Richtig beruhigen tat ihn das aber nicht.

Weil er einen der Ärzte ein bisschen am Kittel zupfte und nachfragt, ob die Zweifel denn inzwischen ausgeräumt seien und die bekannten Nebenwirkungen gar nicht so schlimm seien, drehte der Arzt sich überraschend um und erklärte, freundlich lächelnd: "Den Bestand von Aspirin, den wir hier eingelagert haben, hat unser Stabsarzt aus Norwegen mitgebracht. Dort gehört Aspirin zu den Mitteln, die an die russischen Kriegsgefangenen verteilt wurden. Wir hier, in diesem Hauptverbandsplatz, wissen um die gute Wirkung von Aspirin und, um dich zu beruhigen, von all den Nebenwirkungen, die man Aspirin zuschreibt, haben wir noch nichts bemerkt, überhaupt nichts, nicht ein einziges Mal."

Hier ist einer der Punkte, bei denen er seltsam undeutlich geblieben ist. Immer! Auch nicht bei Nachfragen! Ich glaube fast, er wusste nicht mehr. Oder, was ich für viel denkbarer halte, er wusste sehr wohl mehr. Aber dieses „Mehr" an Wissen passte nicht in sein Weltbild von damals. In sein heutiges schon gar nicht. Und deshalb lasse ich es so stehen. Er kann es ja nicht mehr kommentieren.

Als ein Sani ihm Wasser bringt, damit er diese staubtrockenen Tabletten schlucken kann, wundert er sich ein bisschen, warum der Sani dauernd an seinem Hemdkragen rumfummelt.

Dieser gute Mann hatte während der ersten Untersuchungen, bei der er als Assistent fungierte und den notwendigen Schreibkram erledigte, sein Eisernes Kreuz entdeckt und es nun unauffällig freigelegt. Und zwar so, dass es auch zu sehen ist.

Er kann sich jetzt in diesem Moment noch keinen rechten Reim darauf machen. Diese Rumfummelei ist ihm eher unangenehm, denn er mag so etwas nicht, überhaupt nicht.

Aber..., wer weiß, wozu das noch Mal gut ist, dass sein EK 2 zu sehen ist. Dann wissen die wenigstens, die ihn noch untersuchen werden und ebenfalls noch an ihm rumfummeln wollen, auch noch gleich, dass sie keinen dieser Luschen vor sich haben. Nach einer angemessenen Wartezeit wirken die Tabletten. Wenigstens so, dass diese akuten, grässlichen Kopfschmerzen bis auf ein erträgliches Maß zurückgehen. Die Schmerzen in seinem Arm und seinem Oberkörper gehen sogar so weit zurück, dass ihn fast so etwas wie eine leichte Beschwingtheit überkommt. So erleichternd, so befreiend ist das Gefühl, fast keine Schmerzen mehr zu spüren.

In der nächsten Untersuchungsstation, als ein junger forscher Oberstabsarzt sich den verletzten Arm noch einmal genau ansieht und entscheidet, den Arm sofort zu amputieren, entdeckt dieser Oberstabsarzt noch während der Untersuchung, das soldatische Ehrenzeichen und ist schwer beeindruckt. „Alle Achtung", sagte er, „so etwas bekommt man nicht für gutes Benehmen. Das Eiserne Kreuz für einen Soldaten aus den Unteroffiziersdienstgraden. Da müssen Sie doch außergewöhnliches geleistet haben. Das ist eigentlich nur Offizieren vorbehalten."

Er hat, im Gegensatz zu diesem Oberstabsarzt, diesem EK 2 nie große Beachtung geschenkt.

Als Gegenleistung waren nun mindestens ein ganzes Bataillon, oder auch mehr, russische Soldaten tot. Genau wusste er es natürlich nicht, wollte es auch nicht genau wissen. Das war eine seiner „Heldentaten" in diesem Krieg, der Menschen verrohen lässt, auf die er nun wirklich nicht stolz ist. Aber das Eisernes Kreuz tragen ist Pflicht.

Die weitere, intensivere Untersuchung ergibt: Zum Glück hat der ausgestreckte Arm, als er doch zu dieser blöden Handgranate langte, die größte Wucht der Explosion abgehalten. Sonst wäre die Kopfverletzungen bestimmt irreparabel gewesen; solche Verletzungen geben aber auch so Anlass zur allergrößten Sorge. Das Gesicht ist großflächig mit kleinen und kleinsten Splittern übersät und es sieht aus, als wäre er mit dem Kopf in eine Dreschmaschine gekommen und man hätte ihn gerade noch rechtzeitig wieder zurückgezogen. Mitten auf der Nase klaffte eine, eineinhalb cm lange, tiefe Fleischwunde, die an Ort und Stelle mit zwei Stichen, ohne eine Betäubung, zusammengezogen wird. Der größte Splitter, ein richtiger Klumpen, sitzt direkt an der rechten Schläfe, ist allerdings mehr zu fühlen als zu sehen.

Die meisten Splitter zieht der Sani, der schon sein EK 2 sichtbar gemacht hatte, einfach mit einer kleinen Pinzette raus. Für weitere Behandlungen sind die hier sowieso nicht ausgerüstet, und außerdem fehlt für solche „Kleinigkeiten" einfach die Zeit.

In diesem Hauptverbandsplatz hat man sich auf Amputationen eingerichtet, trotz katastrophaler, hygienischer Voraussetzungen. Die Ärzte haben auch keine andere Wahl, die Soldaten, die an den Armen oder an den Beinen verletzt sind, kommen hier, wie am Fließband, also wird auch wie am Fließband amputiert.

Bei meinem Vater fehlt nur noch die genaue Augenuntersuchung, um eine abschließend Diagnose erstellen zu können und so wird die vorgesehene Amputation noch etwas verschoben.

An die Augen traut sich aber niemand so recht ran. Das rechte Auge geht ja noch, ist weitgehend durch den Arm geschützt gewesen, aber das linke, das sieht aus wie zermatscht.

Schließlich steht derselbe Arzt, der schon die Eingangskontrolle bei ihm gemacht hatte, nun wieder vor ihm, sieht sich die Verletzungen an den Augen gründlicher an und schüttelt immer wieder verwundert mit dem Kopf. Dann rät er gar nichts zu machen. Die meisten Splitter würden von den Augen sowieso abgestoßen und mit dem Rest, das sollte man beobachten und dann neu entscheiden.

Bei dem erfahrenen, altgedienten Oberwachtmeister sind noch immer alle Sinne angespannt. Da er noch keinen neuen Verband bekommen hat, versucht er verzweifelt, diesen Arzt einzuschätzen.

An der Haltung, an den Gesten etwas erkennen zu können. In dem Gesicht zu lesen, das er sich ganz genau und in aller Ruhe ansieht. Dabei muss er ganz nahe an den Arzt heran, dass er sich wundert, dass der nichts sagt, im Gegenteil, der hält noch geduldig still. Er will gerade den Sani bitten, doch diese schmutzigen Gardinen etwas zurückzuziehen, damit er besser sehen kann. Gerade noch rechtzeitig genug fällt ihm ein, dass das ja seine erste Reaktion in dem Schützengraben war, als er das erste Mal die Augen aufmachte. Hier kann damit niemand etwas anfangen. Also, hält er lieber seine Klappe, sonst untersuchen sie ihn noch auf mögliche Hirnschäden. Nein danke, darauf will er lieber verzichten!

Er kann ja nur mit dem rechten Auge sehen und hält deshalb den Kopf leicht schief und blickt schräg von unten nach oben, das muss auch einem, in Verletzungen vertieften, Arzt auffallen. Aber der sagt immer noch kein Wort, nur die ruhigen, gleichmäßigen Atemzüge sind zu hören. Er lässt durch nichts erkennen, dass er etwas bemerkt. Der schaut nicht einmal auf, denn er ist scheinbar total mit den Verletzungen beschäftigt. Er glaubt beinahe schon, sich diesmal geirrt zu haben und gibt sich mit dem Eindruck, den er sich für diesen Augenblick verschafft hat, zufrieden. Er kann bei diesem Arzt, in diesem ruhigen, ausgeglichenen Gesicht, nichts Schlechtes lesen!

Da fragt der Arzt unvermittelt und ganz leise: „Na, zufrieden?"
Nach einer minimalen Schrecksekunde, antwortet er ebenso leise:
„Nein! Sie sind Stabsarzt. Soviel habe ich mit einem Auge erkannt,
dafür sind sie aber viel zu alt!"
Diese beiden Männer, die schon, jeder für sich, einige Schlachten
geschlagen haben. Der Jüngere auf dem wirklichen Schlachtfeld,
dem der Ehre. Der Andere auf dem Schlachtfeld, das die mit der
Ehre angerichtet haben und er nun wieder herrichten muss,
nämlich dem Operationssaal. Diese beiden Männer haben sich
gegenseitig erkannt. Haben erkannt, dass sie im Geist eins sind. Für
diesen unsinnigen Krieg empfinden sie nur noch tiefste
Verachtung. Sie hüten sich aber, dies zu zeigen, dafür findet man
sich ganz schnell an der Wand wieder. Deshalb machen sie
unbeirrt weiter. Schließlich haben sie einen Eid geschworen, und
von dem hat sie noch niemand entbunden!
Genau so unerwartet, wie gerade eben, antwortet der in sich
ruhende Stabsarzt, nachdem er zuvor tief Luft geholt hat: „Ich war
Chefarzt an der Uni-Klinik... und habe mich aus Überzeugung
freiwillig gemeldet. Ich glaubte, mit meiner ärztlichen Kunst
könnte ich helfen, diesen glorreichen Krieg zu gewinnen. Nach
einer kurzen militärischen Unterweisung wurde ich Feldarzt, ganz
oben in Norwegen. Übrigens, ein wunderschönes Land und fast
genauso kalt wie hier.
Aber mit dem, was man dort den Kriegsgefangenen angetan hat
und wahrscheinlich noch immer antut, war und bin ich ganz und
gar nicht einverstanden und habe mir auch keine Mühe gegeben,
mein Entsetzen zu verbergen und um eine schnelle Versetzung

gebeten. So wurde ich halt nach Russland versetzt, und weil man in diesen Zeiten, in denen die Verwundeten in Viehwaggons herangekarrt werden, nicht auf meine ärztliche Kunst verzichten wollte, hat man mich nur zum Stabsarzt degradiert."

Nach einer kleinen Pause, er hatte sich den Arm noch einmal genau angesehen, sagt er dann noch: „Ich kann dir nur raten, nimm dich vor dem jungen Oberstabsarzt, der jetzt an der Eingangskontrolle steht, in acht, das ist ein Fanatiker, ein hundertprozentiger, gepaart mit einem großen Schuss Gewissenlosigkeit!"

Der Oberwachtmeister nickt leicht mit dem Kopf, lächelt, soweit es denn geht, lehnt sich zurück und ist fürs Erste mit sich zufrieden.

Seine Sinne hatten ihn nicht betrogen!

Einer Eingebung oder auch seiner inneren Stimme folgend, sagte er dann noch: „Wenn Sie einen Rat von einem alten Hasen annehmen wollen, rate ich Ihnen, lassen Sie das Saufen."

Ganz überraschend antwortete dieser erfahrene Arzt, seltsam ruhig und gefasst, so, als wenn er das alles schon lange gewusst hätte: „Ja, ich weiß, seit den Erlebnissen in Norwegen saufe ich wirklich zu viel, bis jetzt hatte das, glaube ich jedenfalls, noch keiner gemerkt, oder aber es interessiert keine Sau. Wenn du das allerdings sofort gemerkt hast, muss ich wohl wirklich daran denken, damit aufzuhören. Und...danke für die Offenheit."

Die Verletzungen am Arm werden von den anderen Ärzten als so gravierend eingestuft, dass sie sofort amputieren wollen. Der alte Stabsarzt, der seinen Arm schon zwei Mal angesehen hatte, begutachtete den Arm noch ein drittes Mal und meint: „Sieht aus wie zerfetzt, aber wenn du deine Finger etwas bewegen kannst, würde ich nicht amputieren lassen. Sieh zu, dass du das verhindern kannst. Übrigens", sagt er nach kurzem Überlegen: „Der Splitter in deiner Schläfe ist meines Erachtens inoperabel. Der wird dich dein ganzes Leben begleiten und manchmal auch richtig ärgern. Wenn du dieses Lazarett und alles, was noch folgen wird, denn überleben solltest!"

Die Amputation hat der Oberwachtmeister dann wirklich verhindern können, schließlich kann er die Finger noch leicht bewegen, was er den jungen Ärzten, die schon ihre Messer gewetzt hatten, immer wieder vorführt. Einige waren tatsächlich beeindruckt und hatten Zweifel. Finger bewegen können ist ein ganz starkes Argument. So hat er die Amputation erfolgreich abwehren können. Auch mit dem folgenden Argument, es könnte doch sinnvoller sein, diese Entscheidung, ob amputiert wird oder nicht, im Heimat-Lazarett zu fällen, wo sicherlich auch die notwendigen Geräte vorhanden sein dürften, falls es zu einer komplizierten Operation kommen sollte, wenn der Arm noch zu retten sein könnte.

Die Ärzte haben im Moment anderes zu tun, als sich mit so einem renitenten Soldaten auseinanderzusetzen und vertrauen darauf, dass er nichts hören kann. So tuscheln sie zwar miteinander, geben sich aber keine besondere Mühe, ihre Stimmen so weit zu senken, dass der Oberwachtmeister tatsächlich nichts hört. Aber der kann wieder hören, wenigstens etwas, behält das aber erst einmal für sich. Nach der Einnahme der Tabletten hatte sich das Meeresrauschen in seinen Ohren in das leichte Plätschern eines kleinen Baches verwandelt, so dass er tatsächlich wieder etwas hören kann, das wissen die Ärzte aber noch nicht.

So hat er einige Fetzen von deren interessanten Unterhaltungen mitgekriegt. Einer dieser Ärzte, das muss der gewesen sein, vor dem ihn der alte Stabsarzt gewarnt hatte und der schon sein EK 2 angehimmelt hat, muss tatsächlich ein der echten Fanatiker sein. Wenn es nach dem ginge, wäre er wahrscheinlich nun schon tot.

Wenn es nach dem ginge, wäre er wahrscheinlich nun schon tot. Der hatte sich zunächst, ziemlich unverhohlen, dafür eingesetzt, hier keine Gnade walten zu lassen und den Oberwachtmeister vor ein Kriegsgericht zu stellen. So ein Querulant, der die medizinische Kompetenz anzweifelt, muss gnadenlos ausradiert werden. Wird er normalerweise auch. Wird vor ein Kriegsgericht gestellt, irgendetwas erfunden, oder, noch schlimmer, manchmal wird er auch einfach nur erschossen.

Aber genau dieser Fanatiker ist es auch, der sich durch das EK 2 beeindrucken lässt und dafür sorgt, dass er nicht vor ein Kriegsgericht gestellt wird. Nun wird ihm auch langsam klar, warum dieser Sani das EK 2 offen legte, also sichtbar machte. Der kennt diesen Fanatiker genau und wusste, wie der reagieren würde. Ohne EK 2 wäre hier für ihn der Krieg zu Ende gewesen!

Vielen Dank, mein Junge!

Ein EK 2-Träger wird, auch in dieser verirrten Zeit, mit Respekt behandelt und das bewahrt ihn, wahrscheinlich, vor dem Standgericht.

In einem, mit viel Gebrüll und völlig überhastet zusammengestellten Krankentransport soll er, gemeinsam mit vielen, vielen anderen Verwundeten, nach Danzig-Gotenhafen gebracht werden. Dort wartet die „Wilhelm Gustloff" auf die Verwundeten. Ursprünglich sollten mit der Gustloff ausschließlich U-Boot Fahrer zur Behandlung und somit zur sofortigen Wiederverwendung nach Lübeck oder Kiel gebracht werden.

In einem Fernsehbericht, den ich vor ein paar Jahren gesehen habe, der den Untergang der „Wilhelm Gustloff" behandelte, einschließlich dem gesamten drum herum, wurde diese These, die mein Vater eigentlich nur in einem Nebensatz erwähnte, ausdrücklich bestätigt. Für ihn war die Tatsache, dass er die „Wilhelm Gustloff" überhaupt verfehlt hat, immer viel, viel wichtiger. Vor allem die Frage: Was wäre passiert, wenn nicht. Diese Frage hat er nie ausgesprochen, sie stand aber immer in seinem Gesicht zu lesen. Auch Jahre später, als er uns seine Geschichten erzählte, schüttelte er immer noch verständnislos mit dem Kopf, wie verbohrt doch einige Nazi-Größen zu der Zeit immer noch waren. Die Not der Menschen, die ihre Heimat verlassen mussten, war denen noch immer völlig egal.

Von Gotenhafen, so die ebenso verblüffend einfache, wie aberwitzige Vorstellung der Marineleitung, werden alle verwundeten Soldaten mit weiteren, eigens dafür bereitgestellten Schiffen über die Ostsee nach Kiel oder Lübeck gebracht. Unter anderem auch, mit den, neben der „Wilhelm Gustloff" extra wieder in Dienst gestellten großen Passagierschiffen, „Cap Arkona" und „Hansa".

Die makabre Zielsetzung ist nicht, jedenfalls nicht in erster Linie, die Rettung von Menschen, das wird lediglich missbilligend in Kauf genommen. Das eigentliche Ziel ist die schnellstmögliche Genesung von Soldaten. Um sie danach genauso schnell wieder einsetzen zu können! Das hat in den Monaten Dezember 1944 und Januar 1945 natürlich nicht mehr richtig funktioniert. Die Flüchtlingsströme wurden immer größer, immer mehr Menschen verließen ihre Heimat, um sich, vor der immer näher kommenden Roten Armee in Sicherheit zu bringen. Erst jetzt, ab dem Ende 1944, wo es schon fast zu spät ist, wird alles eingesetzt, was schwimm- und tragfähig ist, um mit diesem Gerät die vielen armen Menschen in Sicherheit bringen zu können. Jetzt sind die Männer mit den Improvisationskünsten der Marine gefragt, das Tun und Handeln verantwortungsbewusster Offiziere. Manchmal wird auf den Rat dieser erfahrenen Offiziere gehört, und es wird das, was sie vorschlagen, auch umgesetzt. Viel zu oft aber auch nicht. Schon die Überführung der vielen Verwundeten, von den weit verstreut liegenden Verbandsplätzen, irgendwo in den weiten Ebenen Russlands, nach Danzig-Gotenhafen, war eigentlich eine riesige organisatorische Herausforderung.

Und für alle Kranken und Verletzen eine absolute Zumutung. In normalen Kriegszeiten sind solche Transporte schon für alle Beteiligten ein riesiges, kaum zu lösendes organisatorisches Problem. Wobei für jeden Soldaten irgendwann die Frage auftaucht: Kann Krieg eigentlich normal sein?

Und jetzt, gegen Ende des Krieges?

Wie so oft, in diesem männermordenden Krieg, gibt es zu den Krankentransporten auf Schienen keine Alternative.

Sie führen, in den meisten Fällen jedenfalls, quer durch das russische Reich und sind für alle Beteiligten ein brandgefährliches, oft auch ein tödliches Himmelfahrtskommando. Sie fahren fast ungeschützt durch das feindliche Gebiet. Wer soll die Verwundeten-Transporte auch noch beschützen? Jeder der auch nur einigermaßen kampffähige Soldaten wird an der Front eingesetzt. Angefangen beim Lokführer und Heizer ganz vorne, schließlich muss die Lok ja bedient und befeuert werden, bis zu denen mit schwersten Verletzungen, die irgendwo in einer Ecke liegen. Alle sind auf sich allein angewiesen und müssen darauf vertrauen, dass ihnen im Notfall jemand hilft. Das ist aber gar nicht so einfach, denn niemand weiß so recht, womit er denn helfen soll. Es ist einfach nichts mehr da, womit man helfen könnte. Und niemals, wirklich niemals, darf die Rote Armee vergessen werden, von der niemand so recht weiß, wo sie überall stecken kann und wann sie überraschend angreift.

Genauso hochgefährlich, weil absolut unberechenbar und ebenso gnadenlos wird die russische Luftwaffe eingestuft, die immer wieder, auch bei deutlicher Rot-Kreuz-Kennzeichnung, Krankentransporte aus der Luft angreifen, dabei immer Angst und Schrecken verbreiten und für riesiges Chaos sorgen. Denn viele der Verwundeten, die sich bereits in Sicherheit wähnen, werden noch einmal getroffen, können nicht versorgt werden und sterben. In ganz wenigen Ausnahmefällen werden die Toten in solchen, oder in so ähnlichen Kranken-Transport-Zügen, weiter mitgenommen, in der Hoffnung, sie woanders beerdigen zu können.

Die Realität ist aber meistens eine Andere, die Toten bleiben dort, wo sie gestorben sind, einfach liegen. Und die, die im Zug gestorben sind, werden aus dem fahrenden Zug geworfen, dafür wird nicht einmal die Geschwindigkeit herabgesenkt. Für mehr ist einfach keine Zeit. Auch das ist das Gesicht des Krieges! Mit einer ganz hässlichen Fratze!

Als noch viel gefährlicher, weil stets absolut unerwartet, aber immer ganz gezielt und in erschreckend gut organisierter Vorgehensweise, werden die sehr effektiv operierenden Partisanen angesehen. Die stoppen einen Zug, indem sie irgendetwas sperriges, etwas großes, etwas schweres, auf die Schienen legen, auf das sich der Lokführer nicht traut, einfach gegen zu fahren, denn die Lok könnte dann entgleisen.

Sie schießen dann auf alles, was sich bewegt, überzeugen sich dann davon, ob auch wirklich alle tot sind und verschwinden wieder. Bei gekennzeichneten Krankentransporten wird auf alles geschossen, was noch steht oder sitzt, die, die ohnehin schon liegen, werden verschont. Die können in diesen Krieg nicht mehr eingreifen und sind deshalb keine Munition wert.

Ein alter, erfahrener Sani vom Hauptverbandsplatz bringt den schwer, von der Verwundung, gezeichneten Oberwachtmeister zu der Sammelstelle, von der der Krankentransport abgehen soll.

Weil kein Fahrzeug zur Verfügung steht, machen sich die beiden notgedrungen zu Fuß auf den Weg. Der Sani und sein fast blinder Verwundeter. An den Füßen ist er ja nicht verletzt, also kann er auch laufen. Außerdem ist es nicht so gefährlich, wie mit den laut dröhnenden Mannschaftswagen. Nachdem die beiden sich über belanglose Dinge unterhalten haben, fragt der Oberwachtmeister plötzlich impulsiv: „Bist du Hamburger?"

„Ja, und du?"

„Schleswig-Holsteiner!"

„Kannst du og Plattdütsch?"

„Jo."

„Weerst du og in Rahlstedt?"

„Jo."

„Büst du een vun de dor dösigen Nillenflickers, de wi so afgrunddeep hasst hebbt?"

„Jo"

„Denn heff ik jo Glück hat, dat weern goode!"

Man verzeihe mir meine Plattdeutsche Schreibweise, ich kann es einfach nicht besser. Ich habe es ein paar Mal versucht, mit der korrekten Plattdeutschen Orthographie, dann konnte ich das, was ich geschrieben hatte, selber nicht mehr lesen. Seither schreibe ich so, dass ich es auch entziffern kann. Diese kurzen Sätze hat er immer in Plattdeutsch erzählt, seiner eigentlichen Muttersprache. Und nur so machen sie auch Sinn.

Ab hier war das Eis gebrochen!

Dieser Sani ist keine Sabbeltasche, soviel hat er aus diesem kurzen Wortwechsel begriffen, Sabbeltaschen können sie hier ohnehin nicht brauchen, hier ist Handeln angesagt.

Und jetzt ist klargestellt, dass die beiden sich auch über andere Themen unterhalten können, als nur über diesen Krieg, über die "Großen Siege", die sie hier laufend erringen und von denen niemand weiß, wo sie denn stattgefunden haben. Man traut sich auch mal etwas darüber zu sagen, wie man die Lage wirklich einschätzt. Wer diesen Krieg sechs Jahre an der vordersten Front mitgemacht hat, wie diese beiden, der ist durchaus imstande, die Lage realistisch einzuschätzen. Und diese beiden alten Hasen sind sich einig: Dieser Krieg ist verloren!

Er hat nämlich noch nie jemand plausibel erklären können, wie man im Rückwärtsgang Siege erringen kann!

Dieser Sani muss wirklich ein ganz alter Hase sein, irgendwas hatte er gehört, drängte sie hinter einen ausgebrannten Munitionswagen, hinter dem noch immer mehrere Tote liegen und fordert ihn auf, sich dazu zu legen und sich mucksmäuschenstill zu verhalten. Wenn du für tot gehalten wirst, hast du die besten Überlebenschancen. Er hat sich dieses Chaos, so gut es denn im Liegen ging und trotz einer eingeschränkten Sehkraft, genau angesehen. Er zählte insgesamt 5 Tote... und das konnte er sich beim besten Willen nicht erklären. Das waren mindestens zwei, eher drei, zu viel. Vielleicht gab es ja eine Begleitmannschaft. Dann müsste es aber Überlebende gegeben haben. Wo waren sie aber geblieben?

Es war auch nicht genau zu erkennen, wann dieser Überfall stattgefunden hatte. Weil es so fürchterlich kalt war, sah es so aus, als wäre dieser Überfall erst gestern geschehen. Es könnte aber auch schon vor ein paar Tagen passiert sein. Wegen der Kälte setzte auch keine Verwesung ein, die Toten sahen noch so frisch aus, als wären sie gerade eben erst erschossen worden. Die Mahnung und Abschreckung ist dadurch um ein vielfaches deutlicher!

Nach einer Weile tippt der Sani ihn vorsichtig an die Schulter und flüstert: „Kannst wieder rauskommen, die Russen sind weg."

„Was waren das für welche?" fragte er genauso leise zurück. „Das waren Partisanen, die sind nur ungefähr fünfzig Meter an uns vorbei geschlichen, wenn die uns entdeckt hätten, wäre für uns beide der Krieg hier zu Ende gewesen. Das waren die, die uns in den letzten Monaten das Fürchten gelehrt haben. Und das hier waren sie auch, das ist eines ihrer Erkennungszeichen, die lassen die Toten einfach liegen. In diesem Fall war das unser Glück, wir konnten uns dazu legen. Ich glaube aber eher, die haben uns gar nicht bemerkt. Wir kennen diese Mörderbande genau, das heißt, wir kennen nur deren Handschrift, gesehen haben wir sie noch nie. Wir wissen nur, dass sie aus dieser Gegend kommen und absolut gnadenlos sind. Eine fürchterliche Mörderbande!"

Der alte Sani hebt vorsichtig den Kopf und wittert, wie ein vorsichtiger Hund, nach allen Seiten, die Luft scheint rein zu sein. Währenddessen sagt er, immer noch ziemlich leise: „Das sind übrigens die gleichen, die immer die tolle Musik zu uns rüber schicken und uns auffordern, endlich die Waffen zu strecken."

Obwohl die Russen längst nicht mehr zu sehen sind, bleibt der Sani vorsichtshalber noch etwas in Deckung.

Der Respekt und die Angst vor diesem unerbittlichen Gegner muss riesengroß und sehr nachhaltig sein.

„Manchmal locken die uns auch mit einer besonders verführerisch klingenden Frauenstimme. Die verspricht uns denn unverhohlen:

‚Komm rüber, ich verwöhn dich'. Ich hab dabei schon so manchen Landser beobachtet, wenn er bei dieser Stimme an seine Frau gedacht hat und verstohlen und vorsichtig eine Träne verdrückt hat. Ein Scheißkrieg ist das. Hoffentlich ist der bald zu Ende!"

„Bislang haben sie den Verbandsplatz immer respektiert, aber was drum herum erwischt wird, wird still und leise eliminiert, denn ständig finden wir tote Kameraden mit durchgeschnittener Kehle."

Nach einer ganzen Weile sagt er noch, inzwischen wieder mit fast normaler Stimme: „Der Anführer muss ein alter Fuchs, mit einer sehr guten soldatischen Ausbildung, sein. Den jagen unsere Leute schon ziemlich lange, aber der entwischt uns immer wieder."

„Hoffentlich überfallen die nicht auch noch deinen Transportzug, dann kommst du wohl nicht mehr nach Hause. Das wird, mit deiner Fast-Blindheit, so schon schwer genug!"

Nachdem sie unbeschadet an der Sammelstelle ankommen sind, setzt der Sani ihn in den muffigen, stinkenden Viehwagon, der sich Krankentransport nennt, ganz vorne in eine Ecke, so dass er nicht umfallen kann. Die Ecke füllt dieser alte fürsorgliche Haudegen, etwas mit dem Stroh aus, das hier rum liegt, damit er den Rücken warm hat und im Schlaf nicht an den Wänden anfriert.

Erst dann meldet er sie beide bei dem Begleitoffizier, einen jungen zackigen Rotzlöffel, im Rang eines Leutnants.

Der studiert ausführlich und gewissenhaft den Marschbefehl, und weil er nichts findet, was er beanstanden kann, moniert der doch tatsächlich die Anwesenheit des Sanis. Dies ist schließlich nur ein Transport, die Verwundeten sind alle schon ausreichend versorgt und er würde dringender bei der kämpfenden Truppe gebraucht. Wieder einer, der noch an den „Endsieg" glaubt und Lautstärke mit Autorität verwechselt. Der mit übertriebenem Stolz seinen linken Arm hebt, um den militärischen Gruß zu erwidern, weil ihm der

Rechte fehlt.

Der alte erfahrene Sani beugt sich noch einmal zu seinem Kameraden runter, flüstert ihm „Blödmann" ins Ohr und verabschiedet sich von seinem Gefährten mit der Bitte, doch für ihn in die Elbe zu spucken, er glaubt schon seit langem nicht daran, dass er sein geliebtes Hamburg jemals wiedersehen wird.

Sie sind bei Verlegungen immer die Letzten, solange bis auch der letzte Verwundete versorgt ist. Irgendwann ist es mit dem Glück vorbei, und sie kommen nicht mehr rechtzeitig weg. Was dann passiert, kann er sich sehr gut vorstellen.

Ihm und seinen Kameraden wird es genauso ergehen wie er es bei den russischen Gefangenen gesehen hat. Er glaubt nicht, dass er das überleben wird.

Die Wände, an denen er lehnt, sind zwar aasig kalt, immerhin herrscht draußen eisiger Frost, aber das stinkende Stroh beginnt tatsächlich, seinen Körper zu erwärmen. So kann er auch besser auf seinem Zampel mit der Verpflegung aufpassen.

Diese notdürftige Ration, die ihm die Sanis vom Hauptverbandsplatz vorsorglich in seinen Lederzampel gesteckt hatten, wollte doch tatsächlich einer von denen, die sich mit ihm in diesem Viehwagon befinden, klauen.

Der glaubte wohl, weil er die Augen verbunden und geschlossen hat, er würde schlafen und hat versucht, ihm diesen Zampel vorsichtig aus der Hand zu winden. Sein unverletzter linker Arm ist aber noch kräftig genug, um zuzupacken und das zu verhindern. Ausgerechnet sein Lederzampel, den seine Mutter 1928 aus feinstem Spaltleder extra für ihn genäht hatte und ihm an seinem ersten Tag als Schornsteinfegerlehrling geschenkt hatte.

So etwas klaut man doch nicht, und so etwas lässt man sich schon gar nicht klauen. Am liebsten hätte er diesem Kameradendieb alle

Finger gebrochen, jeden einzelnen, langsam und sehr schmerzhaft, geht aber leider nicht, denn er kann ja nichts sehen.

Dieser Lederzampel hat den Krieg unbeschadet überstanden! Als mein Vater 1950 auf Sylt seinen ersten Kehrbezirk zugeteilt bekam, kam auch dieser Zampel wieder zum Einsatz. Der ja eigentlich nichts anderes als ein Brotbeutel war.

Als ich dann, am 2. April 1960, bei meinem Vater meine Lehre als Schornsteinfeger begann, hat er mir seinen Zampel vermacht. Und mir das Versprechen abgenommen, ihn in Ehren zu halten. Das habe ich auch fast zwei Jahre getan. Dann habe ich ihn verloren.

Mein Vater hat danach ungefähr einen Monat nicht mehr mit mir gesprochen. Irgendwann hat er sich zwar beruhigt, aber verziehen hat er mir das nie!

Zur Sicherheit hat er den Zampel jetzt unter den Arm geklemmt, falls er tatsächlich einschlafen sollte, was angesichts der schlaflosen letzten Tage eher zu erwarten ist.

Die Verpflegung, eigentlich eine der Grundvoraussetzungen bei so einem Krankentransport, ist überhaupt nicht geregelt, denn zu Essen gibt es mit schöner Regelmäßigkeit nichts.

Wie auch, die oberste Devise ist: Weg hier. Weg aus diesem Gefahrengebiet! Wenn es denn tatsächlich mal was zu beißen gibt, ist es an Ort und Stelle vom Begleitpersonal organisiert, also geklaut worden. Wasser hingegen scheint es genug zu geben, das gibt es zwar nur als große Eisbrocken und muss vorher irgendwie zerkleinert werden. Das stört allerdings niemanden, denn Zeit, um sich sinnvoll zu beschäftigen, ebenso wie Zeit zum Eis lutschen, ist eines der wenigen Dinge, die die Verwundeten in ausreichendem Maße haben. Außerdem füllt es, wenigstens für kurze Zeit, den knurrenden Magen und vertreibt so den nagenden Hunger.

Niemand hat auch nur in Erwägung gezogen, dass sich dieser Transport so lange verzögern könnte. Niemand hat damit gerechnet, dass dieser Zug dauernd auf irgendwelchen Nebengleisen herumsteht, weil auf dem Hauptgleis die Schienen beschädigt sind. Sehr oft sogar von den eigenen Leuten, weil eine Information nicht angekommen ist, weil Mal wieder die Leitung gekappt wurde oder der Kurier, der den Befehl zur Weiterfahrt überbringen sollte, von seinem Motorrad geschossen worden ist. Manchmal ist der Bahnhof, den sie gerade anlaufen wollen, in irgendwelche Kampfhandlungen verwickelt, und sie müssen deshalb, versteckt auf Nebengleisen, Schutz suchen. Bahnhöfe sind fast immer zentral gelegene Orte und deshalb auch immer militärisch und strategisch so unerhört wichtig. Glauben jedenfalls die Generäle. Denn... auf den einfachsten Nenner gebracht: Wer den Bahnhof hat, kann seine Truppen besser versorgen. Nicht mit Essen, versteht sich.

Viel öfter aber stehen sie einfach nur, weil der Tender leer ist, der Heizer hat einfach keine Kohlen für die Lokomotive, oder, genauso schlimm, sie haben kein Wasser und können deshalb kein Dampf erzeugen. Bei Kohlen ist das nicht weiter tragisch, da kann man sich helfen. Wenn ein Wald in der Nähe ist oder wenigstens ein paar Bäume, ist das Problem sehr schnell erledigt. Wenn das alles nicht da ist, wird ein Schuppen, eine Holzkate eingerissen und alles, was brennbar ist, in die Lokomotive geschmissen. Erledigt! Aber bei Wasser ist das anders, Wasser gibt es ausschließlich an Bahnhöfen. Sicher, man könnte Wasser vielleicht auch irgendwo entnehmen, aber es ist alles steinhart gefroren und dazu in den Mengen, die eine Lokomotive braucht, ein ziemlich aussichtsloses Unternehmen.

Um noch einiges schlechter ist es mit der medizinischen Versorgung bestellt. Ein einziger Sanitäter ist für den Transportzug, genau wie bei allen anderen Transporten auch, als Begleiter zugeordnet und nur mit dem allernotwendigsten ausgestattet. Manchmal hatten die auch nur das zur Verfügung, was sie gerade in der Verbandstasche hatten. Letztendlich ist so ein Sani zwar mitgeschickt, aber doch auf sich allein gestellt und hoffnungslos überlastet, manchmal auch überfordert. Ständig schreit jemand, und wenn der gute Mann sich gerade umgedreht hat, schreit schon der nächste und alle erwarten von dem Sani, dass er sich sofort dem zuwendet, der am lautesten schreit. Deshalb ist dieser Mann auch ständig überfordert. Und Überforderung führt natürlich zur Gleichgültigkeit!

Zudem benötigen die meisten Verletzungen eigentlich einen Arzt, aber die werden doch ganz dringend an den Operationstischen, in den großen Feldlazaretten oder an den Hauptverbandsplätzen gebraucht. Und der Sani hat natürlich seinen Vorrat an Verbandsmaterial in aller kürzester Zeit verbraucht, so dass Verbände nicht mehr gewechselt werden können und nicht mehr keimfrei sind. Es kommt zu schlimmen Entzündungen, sogar zu Todesfällen. Wer es als Verwundeter bis zu einem Krankentransport Richtung Heimat schafft, hat Glück gehabt. Großes Glück!

Wer als Verwundeter so einen Krankentransport nicht erreicht, oder es nicht bis zum Ende schafft, hat Pech gehabt. Großes Pech.

Gelegentlich hat er auch von den hygienischen Verhältnissen erzählt. Manchmal auch von den sanitären Gegebenheiten. Das muss dann so schrecklich gewesen sein, dass er dabei jedes Mal die Fassung verloren hat. Weil es für diese Geschichte fast ohne Belang ist, aber auch, weil die Beschreibung so außerordentlich schwer ist, lasse ich sie weg!

Weil sich die Abfahrt immer wieder verzögert und Stunde um Stunde vergeht, macht er doch die Augen zu. Er ist einfach zu erschöpft, um sich noch länger wachhalten zu können.

Als sie endlich abfahren, wirkt das gleichmäßige, monotone Rattern der Waggonräder zusätzlich einschläfernd. Aber richtig schlafen kann er nicht, dazu sind die Fahrgeräusche zu laut, es ist zu viel Unruhe im Waggon. Und es ist kalt, schweinekalt. Außerdem lässt die Wirkung der Tabletten langsam nach, und die Schmerzen stellen sich wieder ein. So verfällt er in einen seltsamen Halbschlaf. Ohne dass es ihm recht bewusst wird, wandern seine Gedanken in die Vergangenheit zurück. Immer weiter und weiter, Schritt für Schritt, Jahr um Jahr, fast bis an den Anfang dieses Krieges. Was hatte er auch schon alles mitgenmacht...

Manchmal hatte er wirklich geglaubt, die Hölle sei ein Freizeitpark, gegen das, was ihm in diesem Krieg alles zugemutet wurde. Fast sechs Jahre ist er nun schon Soldat, und immer wieder ist er in Russland gelandet. Viel Leid hat er gesehen, viele Verwundete und viel zu viele Tote hat er hinter sich lassen müssen.

Anfangs hatte er die Toten auf beiden Seiten noch als normal angesehen, Tote gehören zum Krieg einfach dazu. Gelegentlich haben sie sogar ihre Mützen gezogen, nicht nur bei den Freunden, auch wenn einer der Feinde unter sehr bösen Umständen ums Leben gekommen war. Ganz einfach, um damit ihre Achtung vor dem Menschen, der nun sein Leben lassen musste, auszudrücken. Aber jetzt auf dem Rückzug?

Sie hatten viel zu oft nicht einmal die Zeit, ihre Toten zu begraben. Wenn er sich nicht immer wieder geweigert hätte, in diese blöde Partei, die die Nazis ja großkotzig „Bewegung" genannt haben, einzutreten, wäre ihm wahrscheinlich einiges erspart geblieben, wäre einiges anders gelaufen. Viele dieser schrecklichen Bilder, die er, wie in einen guten photographischen Archiv, abrufen kann, hätten sich nicht in seinem Kopf festsetzen können.

Anders gelaufen? Vielleicht. Aber besser?

Manchmal wundert er sich ein bisschen, er hatte ja doch schon einmal „Nein" gesagt und dafür durfte er nicht zu den Olympischen Spielen. Das hat er bis heute nicht vergessen, aber scheinbar ist das bei den Parteiheinis irgendwie in Vergessenheit geraten.

Denn sie versuchten es immer wieder, und die Angebote, die sie ihm unterbreitet haben, waren schon sehr lukrativ, wie Beförderung und Versetzung, sogar die Offizierslaufbahn haben sie ihm immer wieder angeboten. Leutnant sollte er werden.

Als ob das in diesem verfluchten Scheißkrieg immer noch ein erstrebenswerter Dienstgrad wäre. Wenn dich eine Kugel an der richtigen Stelle trifft, bist du tot.

Bist du zufällig Offizier geworden, bekommst du vielleicht Salut, bist du aber nur einfacher Soldat, wirst du verscharrt und kein Schwein erinnert sich daran, wo du geblieben bist.

Vor ein paar Monaten hat sogar sein bester Freund, inzwischen tatsächlich Leutnant, versucht, ihn zu überreden. Er solle doch nicht so blöd sein, eine neue Zeit sei angebrochen. Und so weiter und so weiter. Er hatte schon gar nicht mehr zugehört.

Soll doch eine neue Zeit anbrechen, er kann auch ohne diese Partei. Einige seiner Kameraden, mit denen er eingezogen worden ist und die diesen Schritt gegangen sind, sind nach Afrika gekommen, einige Glückspilze sind sogar in Frankreich gelandet, wo es nicht so heiß ist wie in Afrika, aber auch nicht so kalt, wie hier jetzt in Russland. Und er? Immer wieder Russland! Und immer wieder Smolensk. Und immer wieder an die vorderste Front. Also dorthin, wo Tod und das Sterben zur Normalität verkommen ist. Und so ein System, das seine jungen Menschen, wegen der Eroberung einer ganz und gar unbedeutenden Stellung, einem vermeintlichen Landgewinn, in den Tod treibt, soll er unterstützen. Nein Danke!

Dann lieber hier in Russland frieren, als in der Etappenstube, mit schlechtem Gewissen, irgendwelche Schreibarbeiten zu erledigen. Am Anfang des Krieges hat er an dem fast verlustlosen, weil ja fast widerstandslosem Vormarsch, teilgenommen... widerstrebend muss er sich das eingestehen. Es hat ihm gefallen. (Im Hurraschritt sind wir durch Russland gerannt. Und hinter uns wütete die SS.)

Dann der Kessel von Smolensk. Da hatte er das erste Mal in die wahren Gesichter einiger fanatischer Nazis gesehen. Und zwar genau an jenem Tag, an dem der Führer höchstpersönlich in Smolensk war. Alle mussten antreten, als das Flugzeug endlich landete. Für die überzeugten Nazis ein geradezu heroischer Tag. Die kriegten ihr Strahlen gar nicht mehr aus ihren Gesichtern.

Dabei war dieser Kessel zwar eine siegreiche Schlacht, aber auch eine verlustreiche. Eine sehr verlustreiche Schlacht. Im wahrsten Sinne. Mit viel zu vielen Toten. Auf beiden Seiten. Unzählbar. Es gab also überhaupt kein Grund, zu so einer euphorischen Freude. Und er, der damals schon ein erfolgreicher Wachtmeister war und für seine vielen Abschüsse seine zweite Abschussspange bekam, zu diesem grandiosen Erfolg, also seinen Teil beigetragen hatte. Da hatte er plötzlich die ersten leisen Zweifel. Er hatte sehr bald aufgehört, die Zahl der Toten auch nur zu schätzen. Die Toten zählten hier nicht, hier zählte nur der Sieg. Diese hohe Abschussquote war auch wieder so eine seiner Heldentaten, für die er keinen Stolz mehr empfand, eher Abstand und Unbehagen. Denn genau in jenen Tagen wurde ihm in aller Deutlichkeit klar, er wollte solche Siege mit so vielen Toten nicht mehr feiern. In ihm nagten das erste Mal Zweifel. Leise und zurückhaltende Zweifel zwar, aber sie waren da und ließen sich nicht mehr aus seinem Gedächtnis streichen.

Und gerade ihm, der gerade dabei war, sich eine gewisse Distanz zu schaffen, eine Mauer um sich herum aufzubauen, um diese Widersprüche des gegenseitigen Erschießens noch einigermaßen ertragen zu können, passierte das Unglaubliche. Er stand auf einem Mal direkt neben dem umjubelten Führer. Er hätte ihm auf die Schulter tippen können. Hat er aber nicht. Hat für sich entschieden, es nicht zu wagen. Weil der Mann, der dort vor ihm stand, für all diesen Mist verantwortlich war. Ein kleiner und schmächtiger Mann dazu. Und jetzt? Auf dem überaus verlustreichen Rückmarsch. Wo sie alle den aufgestauten Hass zu spüren bekommen und ihnen kein Pardon, schon gar keine Gnade, gewährt wird. Wo jeder Russe zurückzahlt, auf Heller und Pfennig. Jetzt wartet jede geschändete Frau mit einem extra scharfen Messer, um erbarmungslose, blutige Rache zu nehmen, auch an denen, die sich in diesem Krieg noch nicht schuldig gemacht haben. Jeder geplünderte Bauer wartet mit der geschärften Sense in der Scheune oder hinter einem Busch auf die geschwächten deutschen Landser, um erbitterte Rache zu nehmen.

Jeder deutsche Soldat muss jetzt einen viel zu hohen Preis bezahlen! Worüber er sich schon lange nicht mehr wundert, denn auf den Lehrgängen, an denen er teilgenommen hatte, wurde ihnen beigebracht, wie man noch effektiver Menschen tot schießt. Für die meisten seiner Vorgesetzten ist es völlig normal, dass soeben gelernte sofort umzusetzen, als wäre es Menschen tot zu schießen, die natürlichste Sache der Welt.

Ihm, den erfahrenen Soldaten, der schon zu viel Leid gesehen hatte, befällt bei solchen Auswüchsen, ob der schon fast grotesken Gleichgültigkeit und Gefühlskälte einiger, immer öfter ganz heftiger Schüttelfrost, gepaart mit einem gespenstischen Grauen.

Das Höchstmaß der Perversion war der Lehrgang: Die Möglichkeiten zur Munitionseinsparungen bei Flakgeschützen. Im Landser-Jargon einfach „Panzerknackerlehrgang" genannt. Dort wurde ihnen gezeigt, wo mit den neuen Flak-Geschützen getroffen werden muss, um einen Panzer möglichst schnell außer Gefecht zu setzen.

Ob der Lehrgang tatsächlich so hieß, weiß ich nicht genau. Aber so, oder wenigstens so ähnlich, hat ihn mein Vater immer genannt.

Auf dem einzigen Truppenübungsplatz in Schleswig-Holstein, in Pulos, war das auch ganz einfach. Die Lehrgangsteilnehmer schossen auf Panzerattrappen, die, um Unfälle zu vermeiden, immer zur offenen Ostsee ausgerichtet waren.

Irgendein Feldwebel, der gerade Schießaufsicht führte, erklärte den Schuss zum Treffer oder auch nicht. Wenn nicht, durfte der Schütze ein zweites Mal schießen. Und damit war der Fall dann erledigt. Hier aber, in der bitterbösen Realität, wo es schon lange nicht mehr um Gewinnen oder Verlieren geht, sondern nur noch um das nackte Leben, hier schießen die Panzer zurück. Da sitzt nämlich der böse Feind drin, und der hat absolut keine Lust, sich einfach tot schießen zu lassen.

Das erste, was die fanatischen Frischlinge, manchmal auch Hitler-Jungen genannt, lernen, wenn sie sich mitten im richtigen Krieg wieder finden, ist, schleunigst in Deckung zu gehen und den Impuls, ganz laut nach Mama zu schreien, zu unterdrücken. Das würde dem bösen Feind nämlich den eigenen Standort verraten, und das endet dann meistens sehr tödlich.

Und die alten Hasen haben, immer öfter, alle Hände voll zu tun, diese Frischlinge zu beschützen und diese Frischlinge vor allzu groben Schnitzern zu bewahren. Damit sie nicht, in blindem Fanatismus, ins eigene Verderben rennen.

Und doch, auch unter den alten Hasen gibt es abartige Steigerungen, nämlich die Perversen, die sich einen Spaß daraus machen, wehrlose Menschen einfach abzuknallen!

Immer dann, wenn ein Panzer getroffen ist, geht manchmal die Turm-Luke auf, und zwar immer dann, wenn in dem getroffenen Panzer noch nicht alle Besatzungsmitglieder, also Menschen, tot sind. Die müssen irgendwann aus diesem brennenden Inferno raus, nicht, weil es in diesem Panzer plötzlich schön kuschelig warm ist, nein, um nicht elendiglich zu verbrennen!

Und genau das ist der Zeitpunkt, auf den diese Rohlinge gewartet haben. Da kommen Menschen aus den Panzern, die schreien entsetzlich, weil sie lichterloh brennen.

Es sind menschliche Fackeln!

Wenn das dann auch noch nachts passiert, wo diese menschlichen Fackeln grell leuchten und kilometerweit zu sehen sind, wenn sich der einfache Soldat, ganz still und ganz verstohlen zur Seile dreht, um sich ganz still und ganz verstohlen richtig auszukotzen, dann ist das für die Anderen genau der Moment, auf den sie gewartet haben, dann laden diese Anderen ihre Gewehre durch, um ihre perversen Gelüste zu befriedigen und veranstalten ein vergnügliches Wettschießen... auf brennende wehrlose Menschen.

Dieser Krieg formt geradezu Bestien!

Das eintönige Rattern der Räder in diesem Transportzug mit den vielen Verwundeten geht nun schon tagelang und strapaziert die

Nerven aller bis zum Äußersten. In diesen ewig langen Stunden sind die Nerven aller bis zum Zerreißen gespannt, denn alle wissen: Irgendwann greifen die Partisanen an!

Mitten hinein in dieses einschläfernde und eintönige Rattern passiert es tatsächlich. Das schrille Kreischen der Bremsen ist zu hören und reißt auch die schwerst Verletzen aus ihrer Lethargie. Alle, die gerade eben noch still vor sich hingedöst haben, sind auf einen Schlag hellwach. Und alle haben die für einen Landser typische Haltung eingenommen. Den Kopf leicht schräg nach oben ausgerichtet und zwischen den Schulterblättern eingezogen.

Der Lokführer versucht verzweifelt, den Zug zum Stehen zu bringen. Die Schienen sind mit riesigen Baumstämmen blockiert, wenn sie da mit voller Geschwindigkeit reinkrachen, entgleist der Zug.

Dann fallen auch schon die ersten Schüsse. Es sind Karabiner, Schnellfeuergewehre und Maschinengewehre, aber keine großkalibrigen Waffen. Die Verwundeten, ausnahmslos erfahrene Soldaten, können das sofort zuordnen und wissen ganz genau: Das ist der lang erwartete Partisanenangriff!

Und er läuft genauso ab, wie der alte Sani vom Hauptverbandsplatz es beschrieben und vorhergesagt hatte.

Der völlig durchgeknallte, einarmige, blutjunge Leutnant schreit dauernd: „Raus, raus, sofort alles raus!"

Der kriegserprobte Oberwachtmeister weiß aber ganz genau: Die beste Deckung bei einem Partisanenangriff ist ganz einfach liegenbleiben.

Wie soll er das auch machen, er kann nur durch einen kleinen Schlitz seines großen Kopfverbandes sehen, also bleibt er, diesem Schreihals zum Trotz, einfach liegen. Auf einmal flüstert einer neben ihm: „Ruhig Blut, mein Junge, ganz einfach liegenbleiben.

Sobald wir diesen Wagon verlassen, knallen die uns ab wie die Hasen, da warten die nur drauf."

Danach ist eine ganze Weile Stille, sie hören nur das gegenseitige Atmen. Da flüstert diese unbekannte, leise Stimme weiter: „Partisanen ist es scheißegal, ob wir Verwundete sind oder eine reguläre Truppe, denen ist nur wichtig, dass der verhasste Feind geschwächt wird. Wenn es doch einmal kritisch wird, einfach toter Mann spielen." Das hatte in dem verfluchten Schützengraben, in dem er sich seine Verwundung abgeholt hatte, schon einmal ganz gut funktioniert, warum nicht auch diesmal.

Genau so überraschend und lautlos, wie diese Mörderbande gekommen ist, verschwinden sie auch wieder. Das ist ein wesentlicher Bestandteil ihrer Taktik, dass sie mit kleinen heftigen Nadelstichen größtmögliche Verluste und Schrecken verbreiten. Das ist ihnen auch diesmal wieder ausnehmend gut gelungen. Etliche der leichter Verwundeten, die aus eigener Kraft den Wagon verlassen konnten, sind nun tot. Die Überlebenden kommen nun nach und nach wieder in den Viehwagon zurück, und eigentlich könnte die Fahrt weitergehen, wenn denn alle da wären, nur dieser durchgeknallte, einarmige Leutnant fehlt noch. Den finden sie neben den Gleisen. Der hat seine saublöde Schreierei mit seinem Leben bezahlt. Einen Arm zu verlieren war dem noch nicht genug.

Der musste nun auch noch, für Führer, Volk und Vaterland, sein Leben opfern. Stören tut das hier eigentlich niemanden, hätte der nur einmal, nur ein einziges Mal auf die alten Hasen gehört, wäre er wahrscheinlich jetzt noch am Leben.

So ist er tot. So ist er selber schuld. So ist Krieg.

Die Verwundeten, die zusätzlich getroffen worden sind, müssen sich nun gegenseitig helfen, um überhaupt wieder in den Waggon zu kommen und bilden ein Bild des Jammers. Aber dazu ist gerade jetzt überhaupt keine Zeit, gejammert werden kann später immer noch, dieser Zug muss weiter. Sie können noch nicht einmal ihre Toten einsammeln. Dieser Zug muss sofort in Sicherheit gebracht werden, auch, wenn diese Sicherheit oft nur eine sehr Trügerische ist. Einen Luftangriff, sonst eher an der Tagesordnung, hatten sie nämlich noch nicht... und der kommt ganz sicher. Die Rauchsäule, die die Lokomotive in den Himmel bläst, ist kilometerweit zu sehen! Der Oberwachtmeister will jetzt aber erst einmal genau wissen, wer ihm da so selbstlos geholfen hat, vor allem will er wissen, was das für ein Mann ist, der ihn mit „mein Junge" anspricht. Das hatte zuletzt sein Spieß in der Ausbildungskompanie getan.

„Komm bitte etwas näher, damit ich dich ansehen kann, du siehst doch, dass ich nur einen kleinen Sehschlitz habe."

Was er zu sehen bekommt, beruhigt ihn auf der Stelle. Er schaute in das hagere, fast schon ausgemergelte, aber aufrichtige und freundliche Gesicht eines etwa 50 jährigen Unteroffiziers. Ein Hüne von einem Kerl, als seltsamer Kontrast, in dieser Zeit des Mangels, mit einem kleinen Bäuchlein ausgestattet. Und, das bemerkt er erst jetzt, der linke Unterarm fehlt. Das muss eine ziemlich frische Verwundung sein, der Verband ist zwar noch einigermaßen sauber, aber doch durchgeblutet. Über den Verband, als zusätzlichen Schutz, wickelt der Unteroffizier gerade wieder eine Art Tuch, das ist zwar schon richtig eingesaut und sieht aus, als wenn er sich damit gerade eben den Arsch abgewischt hätte. War aber nicht wirklich wichtig, war lediglich als zusätzlicher Schutz für den eigentlichen Verband gedacht. Auf vorsichtige, sozusagen auf rantastende Nachfrage, man weiß ja nie, wer da so vor einem sitzt, bestätigte der alte Unteroffizier sowohl sein Alter als auch seinen

Dienstgrad.

Nach kurzer Überlegung fragte der Oberwachtmeister: „Du bist Unteroffizier und schon 50 Jahre alt, was hast du denn ausgefressen? Mein Unteroffizier, den es an dem Tag erwischt hat, an dem ich mir diesen Mist", er zeigt dabei auf seinen verbundenen Kopf, „abgeholt habe, war man gerade 20 Jahre alt geworden." Eine lange Pause entsteht.

Den Frontschweinen in diesem Viehwagon ist klar, wenn jetzt etwas kommt, kommt etwas ganz Besonderes.

Auf einmal fängt dieser alte Unteroffizier an zu erzählen. Er spricht nicht zu laut, auch nicht zu leise, gerade so, dass nur die unmittelbar Beteiligten zuhören können und es wird in diesem alten, dreckigen Viehwagon immer leiser: „Weißt du, ich komme aus einer sehr gläubigen Familie, für mich ist mein Glaube, meine Nähe zu Gott, immer eine Selbstverständlichkeit gewesen, in meiner Familie war das schon immer so. In meinem kleinen Dorf in Pommern ist unser Glaube auf den weit verstreut liegenden Höfen traditionell überall fest verankert. Hier, `Auf dem Feld der Ehre', der Unteroffizier hebt sachte beide Augenbrauen, damit ist mehr als deutlich zu erkennen, was er von diesem überstrapazierten Begriff hält, „sich zu seinem Glauben bekennen, ist schon ein enormes Wagnis und zieht meistens derbe bis grobe Sprüche von den frustrierten und einfachen Soldaten nach sich. Viel schlimmer sind die offensichtlichen Benachteiligungen durch die oberen Dienstgrade. Die sich ganz besonders schlau dünken, im Grunde aber einfach nur blöd sind.

Diese Benachteiligungen, manchmal auch Schikanen von diesen überkandidelten Vorgesetzten habe ich immer mit einem gewissen Gleichmut ertragen. Mittlerweile ist mir das, nachdem, was ich alles erlebt habe, völlig gleichgültig.

Für mich hat mein Herrgott in diesen Kriegsjahren eine ganz besondere Prüfung vorgesehen. Und diese Prüfung habe ich auch als Herausforderung angenommen."

Der alte Unteroffizier streckt seinen Oberkörper, nimmt eine stolze Haltung an und erzählt weiter: „Ich war in einem früheren, fast schon vergessenen Leben schon einmal Major und Kompaniechef. Ich sollte mit meiner Kompanie, ein an einem Kanal liegendes, nach außen ziemlich verfallen wirkendes Brückenwärterhäuschen erobern, von dem ich genau wusste, dass es wie eine Festung ausgebaut ist. Wir hatten einmal beobachtet, dass da ein paar Leute rausgekommen sind. Das kam mir spanisch vor, wieso kommen aus so einem kleinen Brückenwärterhäuschen so viele Leute heraus. Daraufhin habe ich dort einen Spähtrupp hingeschickt. Der äußere, absolut harmlose Schein war in diesem Fall wirklich nur Tarnung. Wenn wir da so blindlings losgestürmt wären, wären wir alle draufgegangen. Ich wollte, für den Angriff auf dieses verfallen wirkende Brückenwärterhäuschen bis zur Dunkelheit warten, um wenigstens den so wichtigen, taktischen Überraschungsmoment auf meiner Seite zu haben. Und genau das hat einem arroganten Hauptmann aus dem Stab, der sich bei den kleinen Schikanen in den Monaten vorher immer ganz besonders hervorgetan hatte, nicht gefallen und hat mich gnadenlos angeschissen. Obwohl wir alle gemeinsam, meine Leute, meine Gruppenführer und meine Zugführer, immer wieder betont hatten, dass diese unscheinbare Hütte als Festung ausgebaut ist, hatten wir, im Besonderen ich, keine wirkliche Chance."

In diesem Augenblick herrschte Totenstille, denn alle hielten den Atem an, so, als wäre die Zeit stehen geblieben. Dann kam auch schon, die von allen erwartete Bestätigung: „Ich wurde vor ein Kriegsgericht gestellt und wegen Feigheit vor dem Feind zum Tode verurteilt. Erst im allerletzten Moment, schon vor dem Exekutionskommando, wurde ich begnadigt. Wie ich wieder einigermaßen klar denken konnte, hatte ich auf einmal einen Marschbefehl in der Tasche. Für eines der Strafbataillone im Kaukasus, von dem ich vorher noch nie etwas gehört hatte. Ich hatte bis zu diesem Zeitpunkt auch nicht gewusst, dass wir im Kaukasus auch noch Krieg führen. Und von Strafbataillonen hatte ich bisher nur etwas hinter vorgehaltener Hand gehört!"

„Und meine sofortige Degradierung zum einfachen Soldaten, hatten sie mir gleich dazu gesteckt."

„Weißt du eigentlich, was das heißt, sofortige Degradierung?"

Der Oberwachtmeister schüttelte leicht mit dem Kopf, das war eines der wenigen Dinge, die er in seiner langen Dienstzeit noch nicht erlebt hatte und alle anderen wahrscheinlich auch nicht: „Also bei mir war das so: Vor meiner versammelten Kompanie wurden mir die Schulterklappen abgerissen und mit höchster Verachtung vor die Füße geschmissen. Für jemanden wie mich, der gerne Offizier war, eine zusätzliche, kaum zu ertragende Demütigung. Später habe ich dann erfahren, dass es für solche jämmerlichen Vorführungen keine Richtlinien gibt, überhaupt nichts Schriftliches, nicht einmal eine Dienstanweisung, nichts. Das liegt immer im Ermessen des jeweiligen Kommandeurs. Meiner hatte anscheinend noch ein paar alte Rechnungen offen."

Es entsteht eine kleine Pause, und alle glauben, die Geschichte ist hier zu Ende, aber da erzählte der Unteroffizier weiter: „Glaub mir, du hast ja auch ein paar Jahre Fronterfahrung hinter dir, aber Strafbataillon, Strafbataillon ist die Hölle! Zurückziehen, zögern oder ausweichen gibt es nicht, wenn wir nicht vorwärtsgingen, wurden wir von unseren eigenen Offizieren von hinten, ohne Anrufung, ganz einfach und gnadenlos beschossen. Nicht erschossen, aber beschossen. Das war schlimm genug."

„Und wenn es dabei Tote gab?" fragte ein in der Nähe hockender, noch sehr junger Unteroffizier.

„Na und, was soll's. Waren doch alles nur begnadigte Todeskandidaten. Kein großer Verlust!" Wieder entsteht eine kurze Pause. Der Unteroffizier muss seinen plötzlich aufwallenden Gefühlsausbruch unterdrücken. Man merkt es ihm aber trotzdem an, das Sprechen fällt ihm offensichtlich schwer. Langsam fährt er fort: „Wir hatten nach jedem Angriff meisten auch mehr Tote als Lebende. Für mich war das Unerträglichste immer wieder, sehr, sehr oft mussten wir unsere Toten und verwundeten Kameraden einfach zurück lassen... im Stich lassen!"

„Da die Russen auch keine Gefangenen machen durften, haben wir anschließend mit anhören müssen, was mit unseren verwundeten Kameraden, was mit unseren verwundeten Freunden, geschah."

„Immer nur ein Schuss!"

„Wenn du genau weißt, wo du hinhalten musst, brauchst du auch nur einen Schuss! Aber jeder Schuss geht dir durch Mark und Bein!" Allgemeines, entsetztes Schweigen. Auch bei solch altgedienten Veteranen, die hier in diesem Kreis zusammensitzen und zuhören, gibt es irgendwo eine Grenze dessen, was ein Landser ertragen kann. Und diese Grenze, das war deutlich, war genau hier erreicht.

Plötzlich spricht dieser Mann weiter, jetzt noch ein Stück leiser: „Ich habe so manches Mal an meinem Glauben gezweifelt und mit meinem Herrgott gehadert und ich habe ihn oft gefragt: warum hast du mich vor diesem Erschießungskommando gerettet, sie hatten doch schon auf mich angelegt, brauchten nur noch abzudrücken und dieses alles wäre mir erspart geblieben!'"

Als der Oberwachtmeister es sich etwas bequemer machen will

und sich in die Ecke drückt, mit seinem Oberkörper ständig hin und her ruckelte, blitzte auf einmal wieder sein EK 2 unter dem Mantel hervor, dass die Sanis vom Hauptverbandsplatz genau wieder dahin getan hatten, wo es eigentlich hingehörte, in das Knopfloch des Uniformrocks! Das nutzt der Unteroffizier, nimmt die Ehrenmedaille leicht in die Hand, besieht sie lange und ausgiebig und sagt schließlich: „So sieht also ein echtes Eisernes Kreuz aus."

„Meines steht nur in meinem Soldbuch."

Nachdem er die fragenden Blicke bemerkt hat, zieht er sein Soldbuch aus der Brusttasche und zeigt es herum. Da ist es schwarz auf weiß zu lesen: Die Versetzung zur regulären Truppe! Das wissen alle, die in diesem dreckigen Viehwagon hausen, das ist so gut wie das EK 2!

Irgendwann fährt der Unteroffizier in seiner Erzählung fort, „hat mein lieber Gott mein ständiges Bitten erhört! Denn ziemlich überraschend bekam ich wieder einen Marschbefehl in die Hand gedrückt und meine Beförderung zum Unteroffizier gleich mit. Alles ganz formlos und nebenbei, fast im Vorübergehen."

„Während so einem ähnlichen Transport wie diesem, wir wurden zu unseren neuen Einheiten verlegt, wurden wir auch von Partisanen angegriffen. Weil ich das Gehorchen ja gewohnt war, habe ich den Wagon schnellstens verlassen, als einer „raus, raus" schreit. Da schießt mir doch so ein Idiot in den Ellenbogen, und ich weiß noch nicht einmal, ob das einer von uns war oder doch ein Russe. Und dann kommt da doch ein noch viel größerer Idiot, dieser stupide, völlig überforderter Sani und schneidet mir dafür den halben Arm ab."

Er zeigt den halben Arm in die Runde.

In Gedanken versunken sieht er auf seinen, nun doch fast roten, blutgetränkten Armstumpf, schüttelt langsam mit dem Kopf und sagt dann, ganz langsam und bedächtig: „Irgendwann ist dieser Krieg zu Ende, dann suche ich dieses Arschloch von Stabs-Hauptmann, und glaube mir, ich finde ihn. Dann frage ich ihn, mit aller Höflichkeit, zu der ich dann noch, hoffentlich, fähig bin, ob er schon sein Testament gemacht hat."

Von diesem Unteroffizier war mein Vater so sehr beeindruckt, dass er ihn sein ganzes Leben nicht vergessen hat. Er hatte ihn, noch am Ziel des Krankentransportes, in Gotenhafen, aus den Augen verloren und danach nie wieder gesehen. Er hat sogar einmal erwägt, ihn zu suchen. Aber wo sollte er suchen? Er wusste nicht einmal seinen Namen!

Einer der Männer, ein kleiner krummbeiniger Feldwebel, steht, aufgestützt auf eine provisorische Krücke, seit einiger Zeit an der Wand dieses Waggons und sieht, durch einen, mit einem winzigen Taschenmesser mühsam herausgearbeiteten Schlitz, angespannt nach draußen.
Dieser Feldwebel war bislang nur dadurch aufgefallen, dass er in all den Tagen, die sie nun in diesem Transportzug zusammengepfercht sind, nicht ein einziges Wort gesagt hat. Aber jetzt scheint ihn etwas zu beunruhigen. Durch den kleinen Schlitz versucht er angestrengt, dort draußen etwas zu erkennen, nimmt sich aber die Zeit und fragt den Unteroffizier, ohne sich umzudrehen: „Und wenn du ihn gefunden hast, deinen Stabs-Hauptmann und er hat sein Testament noch nicht gemacht, gibst du ihm dann die Zeit, das nachzuholen?" Als der Unteroffizier Luft holt, um zu antworten, sagt der kleine Feldwebel weiter: „Weißt du, eigentlich will ich das gar nicht so genau wissen, ich hoffe nur für den Hauptmann, dass er schon tot ist. Das ist, glaube ich, besser

für euch beide." Totenstille. Es herrschte jetzt absolute Stille in diesem Waggon.

Vielen wird mit dieser Frage auf einmal klar, der Krieg ist verloren, also ist er auch bald zu Ende. Und genauso viele fragen sich doch plötzlich: Was wird aus mir, was mache ich dann?

In diese Totenstille hinein sagt der kleine Feldwebel fasst euphorisch: "Leute, ich rieche Heimat!"

All die düsteren Gedanken sind auf einmal verflogen, erwartungsvolle Euphorie macht sich breit. Ausgelöst durch ein einziges Wort: „Heimat!"

Dieses Wort zaubert ein erwartungsvolles und ein sehr zaghaftes Lächeln in die Gesichter der geschundenen Männer.

„Ihr solltet lieber mal einen Blick durch diesen Schlitz werfen", sagt da der kleine Feldwebel weiter, „das ist viel interessanter."

„Ich stehe schon tagelang hier an diesem kleinen Schlitz, und immer war mir die Landschaft fremd, nie habe ich gewusst, wo wir sind. Aber jetzt! Jetzt bin ich ziemlich sicher, wir fahren schon seit einiger Zeit, wenn wir denn fahren, oft genug haben wir ja irgendwo rumgestanden, Richtung Westen oder wenigstens grobe Richtung Westen, und nie habe ich gewusst, wo wir sind. Aber jetzt, jetzt weiß ich, wo wir sind. Vor einigen Stunden sind wir durch Johannisburg gefahren, ich glaube es wenigstens. Durch den Bahnhof sind wir etwas langsamer gefahren, weil da so viele Menschen rumstanden. Ich habe aber die Ortsschilder nicht erkannt, die waren alle zugeschneit. Dann sind wir durch Ortelsburg gefahren, wieder sind wir nur ein bisschen langsamer gefahren. Aber diesmal bin ich doch ziemlich sicher. Mein Opa war Bahnhofsvorsteher in Ortelsburg, den Bahnhof kenne ich, da sind wir vor ein paar Stunden durchgefahren."

„Jetzt fahren wir schon seit einigen Stunden Richtung Norden, und wir müssten schon längst durch Allenstein gekommen sein, sind wir aber nicht, also fahren wir jetzt Richtung Danzig."

„Wir müssen irgendwo südlich, vielleicht südöstlich von Danzig sein. Wisst ihr, ich stamme hier aus dieser Gegend, ich bin hier zu Hause."

„In Ortelsburg bin ich als Junge oft gewesen, habe meine Oma und mein Opa in den Sommerferien besucht. Wir sind zwar immer noch mitten in Ostpreußen, aber wir sind in der Nähe von Danzig. Hundert, vielleicht achtzig Kilometer weit weg."

Noch während er spricht, wird der Zug immer langsamer und langsamer und hält schließlich. Mitten auf freier Strecke.

Und alles ohne das sonst übliche Gebrüll.

Und ohne ersichtlichen Grund.

Es ist totenstill, nur das gleichmäßige Tuckern der Lokomotive ist zu hören. Nach einigen endlos langen Sekunden wird das Tuckern der Lokomotive wieder lauter, und sie fährt wieder an, allerdings ganz langsam, so, als würde ihr die Last, die sie ziehen muss, auf einmal zu schwer. Nach drei, vier Minuten hält der Zug schon wieder.

Wieder fällt die schon unheimliche Stille auf.

Wieder ist nur das gleichmäßige Tuckern der Lokomotive zu hören. Der Feldwebel, der bis jetzt an der Wand von dem Waggon gestanden hat, um nach draußen zu sehen, dreht sich jetzt um, wirft einen langen Blick auf die Verletzten, humpelt an die große Tür und schiebt sie langsam auf, hält dann inne, blickt nach draußen, dreht sich wieder zu den Verwundeten um, sagt aber immer noch kein einziges Wort und macht dann die Tür ganz auf.

Ganz langsam. So, als würde es ihm schwer fallen.

Dabei steht ihm das blanke, fassungslose Entsetzen im Gesicht. Sie stehen mitten auf einem Bahnhofsgelände. An einem provisorisch zusammengezimmerten Galgen hängen, dicht an dicht, neun Soldaten.

Deutsche Soldaten. In dem leichten Wind schwanken sie etwas hin und her, so, als hätte der Henker sie gerade erst losgelassen. Die hängen da in voller Uniform, mit allem Rang und Ehrenzeichen. Das Schlimmste aber ist: Die Stiefelspitzen berühren gerade eben den Erdboden. Das heißt: Jeder Einzelne ist für sich allein hochgezogen worden. Gerade so hoch, dass die Fußspitzen noch für einige Zeit das Gewicht des Körpers tragen konnten, solange bis die Kräfte nachließen. Das heißt auch: Die sind alle jämmerlich und sehr langsam erstickt!

Hier muss jemand einen abgrundtiefen Hass mit sich herumschleppen und gleichzeitig völlig gefühlskalt sein. So etwas tut man seinem ärgsten Feind nicht an! Aber die Verwundeten haben diese Warnung begriffen! Wir kriegen euch alle, und wir machen mit euch, was wir wollen!

Die Toten müssen schon eine Zeit dort hängen, denn sie strömen einen ganz leichten Verwesungsgeruch aus. Es ist aber kalt an diesem 30. Januar 1945 in Russland, so kalt, dass die Toten langsam hart frieren und deshalb die Verwesung sehr viel später einsetzt und wesentlich länger dauert.

Das Dorf scheint unbewohnt zu sein, wie ausgestorben. Es ist keine Menschenseele zu sehen. Das ist absolut ungewöhnlich. Das deutet aber darauf hin, dass diese brutalen Henker russische Partisanen waren und die Dorfbewohner gleich mit vertrieben haben. Nicht einmal die streunenden Hunde kläffen, das gehörte sonst zu jedem ostpreußischen Dorf dazu!

Es ist still hier. Absolute Stille. Totenstille.

Auch im Krankentransport herrscht absolutes, entsetztes Schweigen. Da kommt der Lokführer, der wie selbstverständlich die Leitung dieses Transportzuges übernommen hat, nachdem der junge Leutnant ja so unnötigerweise gestorben ist, von vorne und sagt: „Entschuldigt, ich habe das leider nicht früher gesehen, sonst hätte ich bestimmt versucht, dieses Dorf zu umfahren, wenn ich es hätte umfahren können. Aber wir müssen hier unbedingt Wasser fassen, in Johannisburg und in Ortelsburg konnten wir das nicht, die Leute hätten ganz sicher unseren Zug gestürmt. Aber wenn wir hier kein Wasser fassen, kommen wir nicht mehr nach Gotenhafen."

Er will sich schon zu dem großen Wasserschwengel drehen, da fällt ihm wohl noch etwas ein: „Vielleicht finden sich ja ein paar Freiwillige, die nicht so schwer verletzt sind, dass sie auf ihren eigenen Beinen stehen können und versuchen dann gemeinsam, die Toten wenigstens abzuschneiden. Begraben können wir sie sowieso nicht, der Boden ist viel zu fest gefroren, dafür haben wir auch gar kein Werkzeug und, so leid es mir tut, auch keine Zeit.

Wir haben es auf der Fahrt schon beobachtet, wir sind hier mitten im Partisanengebiet und deshalb müssen wir sofort weiter. Wundert euch aber nicht, wenn euch das zu langsam geht, wir beide, mein Heizer und ich, werden das erste Mal versuchen, nicht zu rasen sondern zu schleichen. Damit wir nicht so viel Lärm machen, und was noch viel wichtiger ist, damit wir nicht so viel Rauch machen und man uns kilometerweit sehen kann."

Als der Zug mit den Verwundeten endlich Gotenhafen erreicht, nach einer kilometerlangen, vorsichtigen und ganz langsamen Schleichfahrt, macht sich bei allen Beteiligten, egal ob sie leicht oder schwer Verwundete sind, unendliche Erleichterung breit.
Sie sind mit diesem Zug gerade noch so durchgekommen, bevor der Belagerungsring, den die Rote Armee immer enger zieht, sich

endgültig schließt. Der Lokführer, der sonst immer wieder auf Eile drängte, hatte mit seiner bedächtigen Unnachgiebigkeit, immer schön langsam, Recht behalten.

Aber, es ist bereits der 31. Januar 1945.Die Rote Armee steht direkt vor Danzig.

Niemand kann mehr zurück!

Es bleibt nur noch der Weg über die Ostsee!

Ein unvorstellbares Gewusel von Menschen erwartet sie, und sie drängen sich alle gleichzeitig auf das Hafengelände. Die Flucht aus Ostpreußen hat mit voller Wucht die Hafenstädte der Danziger Bucht erreicht. Menschen mit Handkarren, Menschen mit Blockwagen, Menschen mit Planwagen, alles, womit man etwas transportieren kann. Und es kommen Pferdegespanne. Große derbe Pferdegespanne. Überall stehen Pferdegespanne... und wissen nicht wohin. Voll beladen mit dem, was Menschen so alles mitnehmen, wenn sie Haus und Hof verlassen müssen, wovon sie sich nicht trennen wollen.

Und dazwischen immer wieder Kinder.

Spielende Kinder, lachende Kinder, weinende Kinder.

Kinder wissen, Gott sei Dank, noch nicht, was hier gerade passiert. Eine seltsame Mischung bevölkert das Hafengelände, genauso wie die ganze Stadt. Fast nur Mütter mit ihren Kindern, einige wenige Kriegsversehrte und vereinzelt alte Männer, die für den Krieg, der um sie herum tobt, wirklich zu alt sind.

Der Oberwachtmeister versucht sich durch seinen Sehschlitz einen Überblick zu verschaffen, sich zu orientieren. Das erste, was er dann erkennt, da liegt nur ein einziges Schiff. Panik und Entsetzen überfällt ihn. Ich bin zu spät gekommen!

Wo ist die „Wilhelm Gustloff"?

Die sind ohne mich abgefahren!

Gleichzeitig erkennt er an den Gesten der Menschen hier im Hafen ihre Niedergeschlagenheit und ihre Fassungslosigkeit! In fast allen Gesichtern liest er das blanke Entsetzen. In einigen Gesichtern liest er Freude und Erleichterung. Diesen krassen Gegensatz kann er nicht in Einklang bringen. Er bleibt stehen und lauscht, versucht etwas von den Gesprächen aufzufangen. Das erste, was er realisiert: Hier wird über die Zahl und die Menge der Toten spekuliert.

Nicht über einige Tote, darüber würde sich hier niemand wundern, da muss schon ein bisschen mehr passiert sein.

Hier, in und um Danzig, wo die meisten Menschen entwurzelt sind, ihre Häuser, ihren Besitz verlassen mussten, wo Sterben zum Alltag gehört, hat man aufgehört, sich über ein paar Tote zu wundern.

Und hier wird, so viel hat er, seit er auf diesem Hafengelände steht, mitgekriegt, hier wird über ein paar tausend Tote spekuliert.

Eine Katastrophe!

Langsam, ganz langsam wird es aber zur Gewissheit.

Lähmendes, quälendes Entsetzen legt sich über die Menschen.

Die „Gustloff" ist gesunken.

Immer deutlicher hört er es, und die letzten Zweifel werden beseitigt: Die „Wilhelm Gustloff" ist vergangene Nacht, gar nicht weit von hier, fast noch in Küstennähe, gesunken. Genaueres weiß man immer noch nicht.

Aber die ersten Rettungsboote, mit einigen, wenigen Überlebenden, kommen zurück. Hoffnung kommt auf. Und er, er schämt sich fast. Da draußen sind wahrscheinlich ein paar tausend, Menschen ertrunken und das einzige, was ihm jetzt Sorgen macht, ist die Frage: Wie komme ich jetzt nach Hause?

Er konzentriert sich wieder auf das Schiff, das da vorne einsam liegt, da muss er jetzt unbedingt hin. Er kann nicht genau erkennen, welches Schiff das ist, die „Wilhelm Gustloff" kennt er, die hat er damals bei einem Lehrgang in Danzig gesehen und dieses Schiff hier, so viel kann er durch seinen Sehschlitz erkennen, ist fast genauso groß. Das könnte also die „Cap Arkona" sein. Er ist sich aber nicht sicher. Eigentlich ist ihm das auch von Herzen egal.

Er will auf dieses Schiff. Unbedingt!

Aber dieses Schiff ist bereits voll und bereit zum Auslaufen. Der kriegserfahrene, vorzeitig ergraute, Oberwachtmeister spürt es sofort, bis in die Haarspitzen: Wenn du deine Familie noch einmal wiedersehen willst, musst du auf dieses Schiff!

Der Steg ist noch nicht hochgezogen, also macht er sich auf den Weg. Die zunächst freundlichen, dann schroffen Hinweise, das Schiff sei übervoll und er möge wieder umkehren, ignoriert er standhaft. Mit zusammen gebissenen Zähnen murmelt er leise vor sich hin: „Ich habe den Transport bei dieser eisigen Kälte überlebt, ich habe diesen Drecks-Viehwaggon überlebt, ich habe die Partisanenangriffe überlebt, ich bin trotz meiner schweren Verwundung, trotz meiner Blindheit, bis hierhergekommen, ich werde doch jetzt nicht aufgeben oder kapitulieren!"

Mit der gesunden linken Hand zieht er sich verbissen, Stück für Stück, an der Reling hoch.

Zu guter Letzt versucht es der Kapitän mit dem Hinweis: „In drei Tagen sind wir doch wieder da."

Als auch das nicht hilft, befiehlt er ihm, sehr laut und sehr deutlich: „Kehren Sie auf der Stelle um. Verlassen Sie dieses Schiff!"

Worauf der schwer gezeichnete Oberwachtmeister dann sehr laut und sehr deutlich antwortet: „Entweder Sie lassen mich auf dieses Schiff, oder Sie erschießen mich, hier und auf der Stelle!"

Um dann sehr leise hinzuzufügen: „Ich habe genug von diesem scheiß Krieg, ich will endlich nach Hause zu meiner Familie, die

habe ich lange genug nicht gesehen."
Der Kapitän winkt schließlich, ziemlich genervt und verärgert, ab und lässt ihn doch noch auf das Schiff.

Ob diese Geschichte wirklich so stimmt, weiß ich nicht genau. Aber genauso hat sie mein Vater immer erzählt.

Der kleine Schreihals in der Badewanne war nämlich ich, und das kleine Mädchen, an dessen Gesicht er sich nicht mehr erinnern konnte, war meine große Schwester.

Dass mein Vater wieder gesund wurde, erkennt man am besten daran, dass ich noch drei jüngere Brüder habe.

Der alte Stabsarzt, der meinen Vater auf dem Hauptverbandsplatz, heute würde man wahrscheinlich Feldlazarett sagen, untersucht hat, hat in all seinen Diagnosen und in all seinen medizinischen Vorhersagen recht behalten.
Für diesen Mann muss mein Vater immer einen gewissen Respekt, eine gewissen Bewunderung empfunden haben, er hat das zwar nie ausdrücklich erwähnt, aber immer, wenn er von diesem "Staber" sprach, war das ganz deutlich zu hören.
Natürlich ist auch sein rechter Arm nicht amputiert worden. Lediglich einige Splitter wurden operativ entfernt. Der Rest heilte mit der Zeit von ganz alleine.
Die weitere Genesung vollzog sich im Marine-Lazarett Glückstadt, wohin es durch die Kriegswirren auch einen Augen-Spezialisten verschlagen hatte, der die restlichen Splitter einfach mit einem Magneten aus den Augen entfernte und so die Augen rettete. Die meisten Splitter aber hatten die Augen schon selber abgestoßen,

genau wie der Stabsarzt es eingeschätzt hatte.

Ziemlich kurios war noch, dass meine Mutter ein paar Monate mit der Überzeugung lebte, sie wäre Witwe. Über die schwere Verwundung ihres Mannes war sie informiert. Wie sie informiert wurde und von wem diese Information stammte, wussten beide, weder meine Mutter, noch mein Vater, sich zu erinnern. Meine Mutter glaubte ganz einfach, die Verwundung, von der sie wusste, sei so schwer gewesen, dass er daran gestorben sei. Und trotzdem hat sie, in der Nachkriegszeit war das keine Seltenheit, auf ihn gewartet.

„Ich hatte zwei Kinder von ihm, also habe ich ganz einfach gehofft, er würde zu mir und seinen Kindern zurückkehren. Und habe gewartet."

Meine Mutter war 1945, nach Ende des Krieges, von Landsberg am Lech, im südlichsten Baden-Württemberg, nach Bredstedt bei Husum, im nördlichen Schleswig-Holstein, der Geburtsstadt meines Vaters, gezogen, natürlich mit ihren beiden Kindern. Dort hat sie auf die Heimkehr ihres Mannes gewartet.

Sie wusste aber nichts davon, dass ihr Mann in Glückstadt im Marine-Lazarett lag. Das eigentlich vor der Haustür liegt.

Das war schon kurios. Und das zeigt, was in der Nachkriegszeit alles zusammengebrochen war. Wenn man sich dazu noch in Erinnerung zurückruft, wo er sich die Verletzungen geholt hatte und wo er nach Kriegsende behandelt wurde, war das ganz einfach lächerlich. Smolensk in Russland und Glückstadt in Schleswig-Holstein liegen ungefähr 1800 Kilometer auseinander und Bredstedt und Glückstadt nur läppische 130 Kilometer. Und diese beiden Menschen, die so viele Jahre aufeinander gewartet hatten, wussten nichts voneinander. Das kann man sich heute überhaupt nicht mehr vorstellen, heute wird zum Handy gegriffen und die Unsicherheit ist überwunden.

Geblieben waren:

Sein weiteres Leben lang, hatte er ganz urplötzlich eintretende, wahnsinnige Kopfschmerzen, weil sich niemand traute, den großen Splitter in seiner Schläfe zu entfernen!

Geblieben waren auch, als Spätfolgen:

Zeitweilige Lähmungserscheinungen in der rechten Hand. Weil es einem großen Splitter, direkt neben der Schlagader im Unterarm nach über 30 Jahren einfiel, er müsste sich nun einen anderen Platz aussuchen und dann anfing, ein wenig zu wandern, um besser auf die direkt danebenliegenden Nerven drücken zu können.

Der Rest ist Geschichte.

Die „Cap Arkona" kam nicht nach Gotenhafen zurück. Ein Wahnsinns-Befehl zwang die Besatzung, Insassen des Konzentrationslagers Neuengamme aufzunehmen. In der Lübecker Bucht, ganz nahe bei Neustadt, lag die „Cap Arkona" mit 4600 KZ-Häftlingen und 500 Seeleuten an Bord vor Anker und wartete auf weitere Befehle. In Sichtweite der „Cap Arkona" lag mit der „Thielbek" ein weiteres Schiff vor Anker, ebenfalls voll gepfercht mit 2800 KZ-Häftlingen an Bord.

Die Royal Air Force entdeckte die Schiffe und irrte sich entsetzlich. Und bombardierte die vor Anker liegenden Schiffe. Haben sie letztlich in Brand geschossen und versenkt!

Die „Thielbek" versank dann innerhalb einer viertel Stunde in den eisigen Fluten der Ostsee. Nur ganz wenige überlebten diese Versenkung! Die „Cap Arkona" kenterte sehr schnell, legte sich ganz auf die Seite und sank auf den Grund, der hier nicht sehr tiefen Ostsee. Sie versank allerdings in den eisigen Fluten nicht ganz.

Da das Wasser der Ostsee an diesem Tage mit 8 Grad sehr kalt war, haben nur einige Wenige diese tragische Katastrophe überlebt. Wer nicht sofort ertrunken ist, ist ein paar Minuten später erfroren.

Das Schiff, das die vielen Verwundeten, also auch meinen Vater, hätte nach Kiel bringen sollen, wäre die „Wilhelm Gustloff" gewesen. Für die Wehrmachtführung hatte dieser Verwundetentransport höchste Dringlichkeit. Die Soldaten sollten in Lazarette gebracht werden, so schnell wie möglich genesen und dann wieder in diesen Wahnsinn geschickt werden.

Alles andere, die Aufnahme der Flüchtlinge aus Ostpreußen, war nur nutzloses Beiwerk gewesen, überhaupt nicht vorgesehen und überhaupt eigentlich höchst überflüssig.

Die „Wilhelm Gustloff" war aber schon am 30. Januar ausgelaufen, sie wurde von einem versoffenen russischen U-Boot Kommandanten entdeckt und torpediert.

Die „Wilhelm Gustloff" versank in der eiskalten Ostsee innerhalb einer Stunde. War also zu dem Zeitpunkt, als mein Vater Gotenhafen erreichte, schon gesunken.

Nach neuesten Forschungen sollen 2500-3000 Kinder und Säuglinge an Bord gewesen sein.

Der Untergang der „Wilhelm Gustloff" ist die größte bekannte Schiffskatastrophe aller Zeiten.

Mit fast 10 000 Toten.

Erklärungen

Dieses „Gedächtnisprotokoll" habe ich so niedergeschrieben, wie ich es in Erinnerung habe. Ich glaube, es war 1958, als mein Vater das letzte Mal seine Geschichten erzählte. Nur noch sehr sporadisch und auch nur noch bei irgendwelchen Festen oder auch Anlässen hat er von seinen Kriegserlebnissen erzählt.
Irgendwann hörten dann seine Kinder auf, Kinder zu sein und hatten gänzlich andere Interessen.

Besonders in Erinnerung geblieben ist mir das gemütliche Beisammensein im Bongsieler Hof nach seiner Königsproklamation der Bredstedter Angler. Das muss in den späten 1960 iger Jahren gewesen sein. Nach dieser feuchtfröhlichen Feier hat er das letzte Mal von seinen Kriegserlebnissen erzählt. Da war ich mit ihm allein und konnte auch einige „klärende" Fragen stellen.

Erst als sein sonst so heller Geist durch zwei schwere Schlaganfälle schon fast verdunkelt war, habe ich mich wieder an seine Geschichten aus meiner Kindheit erinnert. Weil mir einige Episoden gar zu abenteuerlich erschienen, habe ich noch einmal ganz gezielt nachgefragt.
Ich war nicht ganz sicher, ob ich mich nicht mehr genau erinnern konnte oder ob er bei der einen oder anderen Geschichte nicht doch ein wenig geflunkert hatte. Es war mir von Anfang an klar, wenn ich noch etwas erfahren wollte, musste es jetzt sofort sein. Sehr viele Gelegenheiten werde ich wohl nicht mehr bekommen. Wenn sein Kurzzeitgedächtnis zu der Zeit schon nicht mehr so gut funktionierte, wie wir es gewohnt waren, aber an die Geschichten, die er im 2. Weltkrieg erlebt hatte, konnte er sich fast minutiös

erinnern.

Leider ist es zu solcher Rekapitulation nur ein oder zwei Mal gekommen, danach hatte sich sein heller Geist schon verdunkelt. Es bleiben also viel zu viele Fragen unbeantwortet.

Viele seiner Erlebnisse, vieles von dem, was er sonst noch ertragen musste, wird leider im Dunkeln der Vergangenheit bleiben müssen.

Ich habe, bei diesen Erinnerungen, nichts hinzugeschrieben oder gar etwas frei erfunden. Einige Passagen habe ich lediglich so beschrieben, dass sie zueinanderpassen und ein etwas homogeneres Bild ergeben.

Manchmal habe ich die sehr drastische Ausdrucksweise meines Vaters übernommen, wenn es darum ging, etwas sehr deutlich werden zu lassen. Ich habe mich aber auch seiner Sprache bedient, um den Geist, der damals herrschte, wenn es denn überhaupt möglich ist, in die Gegenwart zu holen.

Eines der vielen Schutzschilder, welches er um sich herum aufgebaut hatte, war diese mehr als deutliche Sprache, wenn er von seinen Erlebnissen sprach.

Mein Vater hat uns seine Erinnerungen immer nur sehr bruchstückweise erzählt, hat das, was er gerade erzählt hatte, nur ganz selten kommentiert. Er hat es uns immer selbst überlassen, wie wir damit umgehen. Ob wir ihm nun glaubten... oder nicht!

Die Schwierigkeiten bestanden für mich nun darin, seine Geschichten zu ordnen, mit meinen Erinnerungen in Einklang zu bringen und in der richtigen Reihenfolge aufzuschreiben.

Die Geschichten, bei denen ich nicht absolut sicher war, bei denen ich das Wissen um die Herkunft nicht eindeutig erklären konnte, habe ich weggelassen.

Der entscheidende Anstoß, die Erinnerungen meines Vaters dann doch noch aufzuschreiben, war der allzu frühe Tod meines Bruders Hans-Felix. Ich wusste es urplötzlich, wenn ich mich jetzt nicht hinsetze und endlich daran mache, all das aufzuschreiben, was mein Vater uns/mir alles erzählt hat, wird das, worauf er so „stolz" war, ganz schnell in Vergessenheit geraten.

Immer und immer wieder hat er von dem kleinen Wunder, als er sich auf die „Cap Arkona" gekämpft hatte, seinen Kindern erzählt. Und seine Kinder waren geduldige Zuhörer.

Als kleiner Junge habe ich mit glühenden, roten Ohren zu seinen Füßen gesessen und zugehört. Für mich waren das die schönsten Abenteuergeschichten, und keiner konnte so gut erzählen wie mein Vater.

Erst heute, mit 65 Jahren, begreife ich, worauf er so stolz war: Dieses Schiff bedeutete: Leben!

Gerade weil seine ganz persönliche, kleine Geschichte so sehr mit der großen Geschichte verwoben ist, bin ich fest davon überzeugt, dass dieses Geschehen so sehr erzählenswert ist. Ohne solche „Kleinen Geschichten" bliebe das Geschehene, bliebe die große Geschichte aus den Jahren 1944/1945 für sehr viele Menschen ganz und gar unerträglich.

Nur solche nebensächlichen, für den Ablauf unserer geschichtlichen Vergangenheit völlig unerheblichen Kleinigkeiten lassen uns die Bürde der Verantwortung mit etwas Menschlichkeit ertragen!

Danksagung

Jim Mai/Juni 2009 haben meine Frau Monika und ich uns endlich einen Wunsch erfüllt, den wir aus den unterschiedlichsten Gründen immer wieder verschoben haben. Wir haben uns, gemeinsam mit den Cousinen von Monika, der Reisegruppe von Pastor Tegler, aus Scharnebeck bei Lüneburg, angeschlossen. Wir sind endlich nach Masuren gefahren. Unter anderem auch in die Geburtsstadt von Monika nach Lyck, dem heutigen Elk.

Der vorletzte Tag dieser Reise führte uns auch nach Danzig. Das habe ich zum Anlass genommen, die noch nicht ganz fertige Geschichte meines Vaters vorzulesen. Das hat einem unserer Reisegefährten, Herrn Reinhard Kunow, so gut gefallen, dass er mir einen Tausch anbot: Mein Manuskript gegen das Buch von Wilhelm Lange: CAP ARCONA.

In diesem Buch habe ich einige Details gefunden, die zeitlich ziemlich genau übereinstimmen mit dem, wie ich die Erzählungen meines Vaters in Erinnerung habe.

Dafür meinen ganz herzlichen Dank.

Fortsetzung?

Eigentlich hatte ich meine Erinnerungen ausschließlich für unsere Familie aufgeschrieben. Ganz bewusst hatte ich dabei an unsere Kinder, eventuell auch an unsere Enkelkinder gedacht. Damit es nicht in Vergessenheit gerät, was unser Vater, bzw. der Opa der Enkelkinder, damals auf sich nehmen musste, um zu seiner Familie zurückkehren zu können.

Wie das dann manchmal so ist mit solchen Familiengeschichten, es bleibt nicht aus, dass auch Außenstehende diesen Bericht in die Hände bekommen und ihn lesen. Das ist auch hier geschehen. Immerhin sind ein paar Jahre vergangen seit der Fertigstellung. Es war also Zeit genug.

Überrascht haben mich die Reaktionen derer, die nicht zur Familie gehören und somit sicherlich ein „wertfreies" Urteil abgegeben haben. Der überwiegende Tenor war:

Das musst du unbedingt veröffentlichen.

Das wollte ich aber lange Zeit nicht.

Ich konnte mir, noch längere Zeit, nicht vorstellen, dass an so einer reinen Familiengeschichte außenstehende Menschen Interesse haben könnten.

Deshalb hat mich die Aussage: Das musst du unbedingt veröffentlichen, sehr überrascht, vielleicht auch etwas irritiert.

Dafür hatte ich es nicht geschrieben. Gleichwohl, ich habe mich aber überzeugen lassen.

Die Zweite, für mich fast noch interessantere Aussage, eher Frage, war: Was ist aus ihm geworden, hat sich die Anstrengung gelohnt?

Die zweite Frage zuerst. Ja, es hat sich gelohnt, wir sind eine tolle

Familie geworden. Vater, Mutter und vier Kinder.

Zum ersten Teil der Frage, was ist aus ihm geworden? Schon im Jahr 1949 führte die damalige Schornsteinfegerinnung den ersten Vorbereitungslehrgang zum Erwerb der Meisterprüfung in Neustadt an der Ostsee durch. Angesprochen waren all diejenigen, die durch die Kriegswirren ihre Meisterprüfung nicht mehr ablegen konnten, obwohl sie alle Voraussetzungen erfüllt hatten. Wie z.B. die erforderlichen Gesellenjahre absolviert hatten. Oder absolviert hätten, wenn sie denn nicht in den Krieg hätten ziehen müssen.

Die gerade neu gewählte Landesregierung musste ganz dringend die Rechte und Pflichten der Schornsteinfeger komplett neu regeln. Gleichzeitig sollten deren Kehrbezirke neu geordnet und gerechter aufgeteilt werden. Und dafür brauchte man, ganz dringend, neue Meister.

Zum Glück haben alle, die diesen Vorbereitungslehrgang absolviert hatten, ihre Prüfung bestanden. So auch mein Vater. Und so bekam er zum 1. Januar 1950 den Kehrbezirk Sylt 3 zugewiesen. Noch im März/April 1950 hat er dann seine Familie eingepackt, und wir sind nach Sylt in eine kleine Bauern-Kate in Keitum gezogen. Dort haben wir dann bis 1958 gelebt. Dies war die schönste Zeit unserer Kindheit.

Nach vielen Jahren, wir lebten längst nicht mehr auf der Insel, habe ich mit meiner Schwester einige Spaziergänge durch Keitum gemacht, um uns in unsere Kinderzeit zurückzuversetzen. Dabei schwelgten wir in Erinnerungen. Was wir dabei erlebt haben, was wir gefühlt haben, beschreibe ich in der nächsten Geschichte.

Nachtrag vom 26. September 2016

Manchmal ist die Welt klein.

Nach dem Tod meiner Frau Monika stellte ich sehr schnell fest, dass mir das große Haus, der große Garten und der große behinderte Sohn über den Kopf zu wachsen drohen.

Ich musste mich deswegen um eine Haushaltshilfe bemühen. In unserem Bekanntenkreis habe ich dann auch sehr schnell jemanden gefunden. Heidi hatte zusammen mit Monika bei der AWO für die Kinder der Stadtranderholung gekocht. Es war eine ausgesprochener Glücksfall, dass Heidi gerade frei war.

Manchmal sitzen wir noch einen Augenblick zusammen und klönen. Über das Thema Essen kamen wir auch auf mein sehr spezielles Anliegen, mehr über Masuren, im Besonderen über Lyck, dem Geburtsort von Monika, zu erfahren. Denn Lyck in Masuren war auch der Ausgangspunkt der Flucht der Familie Brodowski, Monikas Geburtsname.

Ich habe gar nicht gewusst, dass Monika aus Ostpreußen stammte, da haben wir nie drüber gesprochen. Hatte sie den noch Erinnerungen daran und habt ihr darüber gesprochen?"

Nach dieser Frage von Heidi haben wir eine ganze Weile über das generelle Thema „Flucht und Vertreibung" gesprochen, auch darüber, an was Monika sich noch erinnern konnte, um endlich auch zur „Wilhelm Gustloff" zu kommen.

Denn ganz nebenbei erklärte mir Heidi: „Meine Mutter sollte mit der ‚Wilhelm Gustloff' fahren, aber die war schon weg. Aber meine Mutter erzählte immer, da lag noch ein anders Schiff, ich komme im Moment leider nicht auf den Namen von diesem Schiff, aber meine Mutter sagte dann immer, die sah fast so aus, wie die ‚Wilhelm Gustloff'. Auf meine Zwischenbemerkung, das kann nur die ‚Cap Arkona' gewesen sein, reagierte sie fast euphorisch: „Ja genau, das war der Name, von dem meine Mutter immer gesprochen hat!"

Auf diese Weise stellten wir denn also fest: Mein Vater und Heidis Mutter sind offensichtlich mit demselben Schiff aus dem Flucht-Chaos entkommen.

Manchmal ist die Welt wirklich klein.

Ich hatte die ganzen Jahre immer einen klitzekleinen Zweifel, ob es denn tatsächlich die „Cap Arkona" war, die meinen Vater in Sicherheit brachte. Die sind mit dem heutigen Tage ausgeräumt.

Es war tatsächlich die „Cap Arkona".

Zweiter Teil

Mein Keitum

Erinnerungen an eine viel zu kurze Kindheit
auf Sylt
Von 1950 bis 1958

Einführung

Wenn es um Keitum ging, gab es für uns Geschwister Marianne, Ferdinand und Hans-Felix sowie mich, immer nur ein Vorher und ein Nachher. Ausgangspunkt für dieses Vorher oder Nachher war unser letztes Kinderfest in Keitum im Sommer 1958. Denn einen Tag später mussten wir die Insel Sylt, im Besonderen unser Keitum, für immer verlassen.

Vorher war Leben in Keitum und glückliche, sorglose Kindheit. Nachher war ewiges bedauerliches Nachtrauern, melancholisches Erinnern an die verlorene Kindheit, an das nicht wiederkehrende Leben in Keitum.

In den ersten Jahren nach 1958 ist keiner von uns nach Keitum zurückgekehrt. Die Erinnerungen daran waren für uns alle einfach zu schmerzlich. Ich war das erste Mal 1963 wieder in Keitum. Und danach 20 Jahre nicht! Ich hatte gerade meine Lehrzeit zum Schornsteinfeger hinter mich gebracht, da kam die Frage von Marianne, ob ich mit nach Keitum wolle, gerade recht.

Ein erholsamer Tag, wie das eigentlich gedacht war, wurde es leider, jedenfalls für mich, nicht. Morgens, ganz früh, kamen wir an, Marianne ging dorthin, wofür sie nach Keitum gekommen war und hat mich mir selbst überlassen. Ich bin derweil einmal durch Keitum gelaufen und habe dabei nicht einen einzigen Bekannten getroffen. Ganz zu schweigen von meinen ehemaligen Freunden oder Mitschülern. Nichts. Menschen bin ich genug begegnet, aber alles Fremde. Der Wandel von einem verschlafenen Dorf zum lebendigen Urlaubsdomizil hatte schon begonnen. Ich hatte es damals nur noch nicht begriffen. Das hat mich aber so getroffen, dass ich erst einmal 20 Jahre weggeblieben bin.

In Nielsens Kaffeegarten habe ich es mir dann gemütlich gemacht, einen Kaffee getrunken, und ein bisschen verträumt aus dem Fenster geguckt. Anschließend bin ich bei unseren ehemaligen Nachbarn, der Familie Arndt (Haus am Watt), eingekehrt, um eine Kleinigkeit zu essen und einen Moment zu quatschen.

Bei Boysens (Mühlenhof) haben Marianne und ich uns wieder getroffen, und schon waren wir abends wieder weg von der Insel. Unpersönlicher ging es fast nicht. Mehr, glaubte ich, nicht ertragen zu können.

Erst ab 1983 haben wir, Monika, Frank und ich, einige Kurz-Urlaube auf der Insel verbracht. Meistens in Wenningstedt, Keitum habe ich stets gemieden, dort Urlaub zu machen, passte nicht in meine Gefühlswelt. Gleichwohl hat es mich immer wieder dorthin gezogen. Aber erst, als Felix und Birgit in den späten 1990iger Jahren zum Biikebrennen in Westerland waren, dabei gleichzeitig ein einigermaßen günstiges Urlaubsquartier aufgetan hatten, und davon dann begeistert schwärmten, fingen auch Marianne und ich wieder an, auf Sylt Urlaub zu machen.

Wir, Monika, Frank und ich, wollten beim ersten Mal auch nur zum Biikebrennen. Völlig überraschend für uns drei waren Marianne und Kurt auch angereist. Es fehlten nur Ferdinand und Uschi, dann wären das wohl die perfekten Tage geworden. Gleichwohl, wir haben eine wunderschöne Woche verlebt und Sylt im Winter ganz neu schätzen gelernt.

Im Juli 2007 hatten wir uns wieder einmal mit Marianne und Kurt zu einem Kurzurlaub auf Sylt verabredet. Das Haus im Meisen Weg war längst zu unserem Stamm-Urlaubsquartier in Westerland geworden. Seit einigen Jahren fahren wir, nach den guten Erfahrungen in der Biikewoche, aber immer noch in recht unregelmäßigen Abständen, immer öfter nach Westerland in den

Meisen Weg.

Selbstverständlich fahren wir auch jedes Mal nach Keitum, in das Dorf unserer Kindheit. Bei einem dieser früheren Spaziergänge durch Keitum, ich glaube das war 2003, hatte ich das erste Mal, wenn auch ziemlich verschwommen, die Idee, das alles aufzuschreiben, was wir an diesen Tagen so erleben. Was uns alles durch den Kopf geht, wenn wir beide durch Keitum schlendern.

Mit schöner Regelmäßigkeit führen uns unsere Spaziergänge in Nielsens Kaffeegarten, weil wir dort so schön vom Fenster aus aufs Watt blicken können. Wenn wir denn das riesengroße Glück haben, einen Fensterplatz zu erwischen. Von diesen Fensterplätzen lässt es sich, ebenso schön, in die Vergangenheit träumen. Bei einem dieser verträumten Blicke von der herrlich gelegenen Veranda hatte ich dann plötzlich die Vorstellung, unsere zahlreichen Spaziergänge zusammenzufassen, zu bündeln und als einen, wenn auch etwas anderen, Spaziergang zu erzählen.

Als wir beide, Marianne und ich, darüber diskutierten, wurde uns sehr bald klar, dass wir dabei ganz bewusst die Plätze beschreiben sollten, die uns beiden in unserer Kindheit, wichtig waren. Wir wollten auf diese Weise ausschließlich zu unserem Selbstverständnis die Veränderungen in „unserem Keitum" verdeutlichen, die uns während solcher, früheren Spaziergänge aufgefallen waren. Wir sind ziemlich sicher, in den vergangenen fünfzig Jahren hat sich Keitum vom stillen, beschaulichen Bauerndorf zum mondänen, also auch teuren, Urlaubsort gewandelt. Wir beide bedauern das sehr, gleichwohl, genau dieser Tatbestand schien uns gleichermaßen spannend, wie aufregend, zu sein. Wir haben uns also für das Jahr 2008 noch einmal verabredet und wollten noch einmal durch Keitum schlendern, um unsere Idee noch einmal zu überprüfen. Wir stellten uns immer wieder die Frage, ob so eine verrückte Idee überhaupt zu verwirklichen ist.

Wir wollten aber auch feststellen, ob wir vielleicht etwas übersehen haben, ob sich in den vergangenen Jahren noch etwas verändert hat, von dem wir noch nichts wussten. In erster Linie aber, um bestehende Zweifel zu beseitigen. Der größte Unsicherheitsfaktor bei diesem Vorhaben war ich selber. Ich glaubte sehr lange nicht daran, dass man einen Spaziergang, so wie wir beide ihn erleben, erzählen, schon gar nicht beschreiben kann. Ich hatte allergrößte Zweifel an mir selber, dass ich so etwas noch kann. Meine Schulzeit ist schon eine ganze Weile her. Wenn ich früher etwas geschrieben, insbesondere ausgearbeitet hatte, waren das in der Regel Fach-Referate und Vorträge, geschrieben für genau solche Fachidioten, wie ich einer war, das waren also immer Sachthemen aus meinem Beruf.

Letztendlich habe ich dann meine eigenen Zweifel beiseitegeschoben und mir gesagt: Es ist eigentlich nur für die Familie gedacht. Und die kennen dich. Was soll's also!

Für uns war das Jahr 2008 deswegen ein besonderes Jahr, weil im August 2008 fünfzig Jahre vergangen gewesen wären, seit wir die Insel verlassen mussten.

Wir haben in Keitum eine wunderschöne, weil unbeschwerte, Kindheit verbringen dürfen, die im März 1950 begann und leider im August 1958 schon wieder zu Ende war, denn unser Vater hatte sich beruflich nach Elmshorn verändert.

Ein ganz wichtiges Kriterium für die Entscheidung unseres Vaters, Sylt zu verlassen, war: Unsere Mutter war lebensbedrohlich erkrankt. Der heute geläufige medizinische Fachausdruck Zysten-Niere war 1958 noch nicht etabliert. Aber alle behandelnden Ärzte, sogar ihr Bruder, unser Onkel Joseph, ein, im süddeutschen Raum, geschätzter Heilpraktiker, hielten das jodhaltige, raue Nordseeklima, für äußerst schädlich bei dieser Nierenerkrankung. Das war leider ein Irrtum, denn schon drei Jahre später ist unsere Mutter gestorben, wir hätten also gerne auf Sylt bleiben können!

Ausgerechnet im Jahr 2008 wurden wir beide ernsthaft krank. Wir mussten unser Vorhaben verschieben und waren davon überzeugt, das wird nichts mehr mit unserem Spaziergang in die Vergangenheit!

Es wird wohl bei den Erinnerungen bleiben.

Mit Erinnerungen ist das so eine Sache, nach so vielen Jahren verblassen sie immer schneller, es wird immer schwieriger, sich detailgenau an bestimmte Gegebenheiten zu erinnern. Vieles gerät ganz und gar in Vergessenheit.

Ich war zwar, nach 2008, jedes Jahr auf der Insel, aber halt nicht mit meiner Schwester. Das klappte erst im Herbst 2013. Da waren in der Zwischenzeit schon fünfundfünfzig Jahre vergangen, seit wir von Keitum fortgezogen waren.

Wenn das nun noch etwas Sinnvolles ergeben soll, muss das jetzt auch wirklich losgehen, ansonsten können wir uns diese Mühe wirklich sparen. Wir haben uns dann entschlossen, im Jahr 2013 wenigstens eine kleine Runde durch Keitum zu laufen.

Die Route, die wir gemeinsam gehen wollten, ist weitgehend vorgegeben, denn hinter der großen Bauruine am Tipkenhoog, gibt es seit einigen Jahren einen Parkplatz. Dort stellen wir, wenn wir in Keitum sind, immer unser Auto ab und von dort, so haben wir es uns gedacht, soll auch unser Nostalgie-Spaziergang beginnen.

Einig waren wir uns auch darüber, uns nicht zu viel zuzumuten, es sollte schon ein Vergnügen bleiben und nicht in einen Dauerlauf ausarten. Gleichwohl hatten wir uns die Sankt Severin Kirche als Endpunkt unseres Spazierganges ausgeguckt. Die weiteren Punkte, die wir anlaufen, sollten sich aus dem Zeitablauf ergeben.

Nach diesem Spaziergang, als ich in Itzehoe Marianne wieder verabschiedete, hat sie mich noch einmal sehr dringend gebeten, dass alles, was wir an diesen Tagen gemeinsam erlebt haben, zusammzufassen und aufzuschreiben, um es ihr dann, so schnell wie möglich, zuzuschicken. „Damit ich, wenn mir danach ist, immer wieder mal darin schmökern kann." Was ich hiermit gerne erledigt habe.

Der Tipkenhügel

Der Parkplatz hinter der Schwimmbad Ruine ist heute ausnahmsweise leer, kein Wunder, es ist an diesem Herbsttag doch recht kühl. Das hält uns aber nicht davon ab, unseren Nostalgie-Spaziergang wie geplant in Angriff zu nehmen. Wir folgen von unserem Parkplatz zunächst der Straße Richtung Westen, auf die Dörfer Archsum/Morsum zu, denn unser eigentliches Ziel ist der Tipkenhügel, mit dem verbinde insbesondere ich ein großes Füllhorn an Erinnerungen.

In den Erinnerungen von uns Geschwistern hieß dieser Landstrich, der leicht außerhalb von Keitum liegt, schon immer „beim Tipkenhügel". Eigentlich ist es uns auch ziemlich egal, seit wann der Weg dorthin Tipenhoog heißt, in unserer Kindheit hatte Keitum, genau wie die anderen Inseldörfer, noch keine Straßennamen. Der Tipkenhügel war in unserer Kindheit so ein markanter Punkt, den haben wir auch ohne Straßennamen gefunden.

So auch jetzt bei unserem kleinen Spaziergang in die eigene Kindheit. Als wir am Fuß dieses kleinen Hügels stehen, sind wir doch ein wenig berührt, dass so eine kleine Anhöhe so viele Geschichten, so viele Sagen und so viele Erinnerungen in sich vereinen. Wir stehen schweigend vor dem Tipkenhügel, und bei mir begeben sich meine Erinnerungen auf die Wanderschaft... in die Vergangenheit. Der Sage nach soll unter diesem Hügel der Wächter der Sylter Kämpen, das sollen der Sage nach „Kämpfende Riesen" gewesen sein, ruhen. Ich habe nur nie so recht begriffen, was Sylter Kämpen sind. Nach meinem schon sehr verstaubten Schulwissen, haben eben diese „Kämpfenden Riesen" gegen die frechen dänischen Eindringlinge gekämpft und haben dann den gefallenen Anführer Tipken hier bestattet. Bei mehreren Ausgrabungen ist aber nichts Verwertbares gefunden worden. Der Tipkenhügel scheint eher ein Beobachtungspunkt, eventuell mit einem Wachturm, gewesen zu sein. Ziemlich sicher sah Sylt vor 1000, oder auch noch mehr Jahren, sehr viel anders aus als heute. Da macht so ein Wachturm wieder Sinn. Man hatte von diesem Standort aus einen wunderbaren Blick in alle Himmelsrichtungen. Marianne bricht als erste unser Schweigen und meint: „Den habe ich viel höher in Erinnerung." Mir geht es eigentlich genauso, möchte das aber nicht zugeben. Um sie etwas abzulenken, frage ich sie: „Kannst du dich eigentlich noch an die vielen Sagen und Mythen erinnern, mit denen man uns damals, ganz besonders im Unterrichtsfach Heimatkunde, traktiert hat? Ich meine insbesondere die Sage von Ekke Nekkepen, noch mehr den historischen Mythos, um Pidder Lüng."

„Nein", antwortet sie, „der Lehrer, der sich mit diesen Themen beschäftigte, hattest du". Ich hatte zwar auch noch für eine sehr kurze Zeit Heimatkunde in der Schule, aber bei uns war das immer ein lästiges Nebenfach und fiel im Jahr darauf ganz weg, dafür hatten wir dann Erdkunde, das fand ich genauso langweilig." Sie schüttelte sich heftig, so, als hätte sie gerade etwas ganz Saures gegessen. Das war mehr als deutlich, wenn sie an den Unterricht von damals denkt, schüttelt es sie heute noch. Trotzdem sagt sie zu mir: „Das ist doch seltsam, wir wollten einen kleinen, gemütlichen Spaziergang machen. Jetzt stehen wir an der ersten geschichtsträchtigen Stätte, die dazu noch in unserer Kindheit eine gewisse Rolle gespielt hat und dir fällt sofort etwas ein, ich glaube fast, mit dir darf man hier in Keitum nicht einmal an einem rostigen Nagel vorbeigehen, zu dem fällt dir dazu ganz bestimmt auch noch etwas ein. Das wird ja noch was werden heute, aber gut, du willst doch was loswerden, erzähl schon!"

„Die Sage um den Fischmann Ekke Nekkepen habe ich auch schon fast vergessen. Meine Erinnerungen beschränken sich darauf, dass Ekke Nekkepen, mit seiner Frau, ich glaube sie heißt Rahn, auf dem Grund der Nordsee haust, mit den Seeleuten allerlei Schabernack treibt und sich oft in den unterschiedlichsten Figuren zeigt. Mit Vorliebe, ganz oben auf dem Haupt-Mast, als Klabautermann. Er wird deswegen auch für die vielen Schiffsunglücke verantwortlich gemacht."

„Anders ist das mit der Geschichte um Pidder Lüng. Die soll wahr sein, historisch überliefert. Wenn das denn stimmt, ist das schon 800 Jahre her. Da geht viel verloren, und es wird noch mehr hinzugesponnen. Wer weiß. Aber interessant war das schon."

„Ich versuch Mal den Mythos Pidder Lüng zu erzählen, so, wie ich es in Erinnerung behalten habe. Dazu muss ich einen kleinen Schlenker machen zu einer Besonderheit an unserer alten Schule in Keitum. Um den Unterricht im Schulfach Heimatkunde etwas interessanter zu gestalten, gab es an unserer Schule dafür einen Wandertag. Und einer dieser Wandertage führte uns zu eben diesem Tipkenhügel, an dem wir jetzt stehen. Unser Lehrer, Herr Bendfeldt, war an solchen Tagen immer sehr gut vorbereitet. Es schien fast so, als würde ihm der Unterricht in der freien Natur genauso gut gefallen wie uns. Deshalb habe ich genau hier, am Fuße des Tipkenhügels, das erste Mal die Geschichte, besser die Legende, von Pidder Lüng gehört. Pidder Lüng war ein stolzer Keitumer Fischer, allerdings in eher bescheidenen Verhältnissen lebend. Eines Tages erschien in der Fischerhütte von Pidder Lüng der Amtmann von Tondern und wollte die fälligen Steuern, nicht nur von den Fischern, sondern von allen Friesen, eintreiben. Wie es damals üblich war, waren solche Leute nicht gerade zimperlich.

Es kommt also zu einer heftigen, verbalen Auseinandersetzung, bei der Pidder Lüng auf das Gewohnheitsrecht der Friesen pocht.

Es gibt hierzu ein Gedicht, das habe ich leider vergessen, obwohl ich es einmal auswendig lernen musste. Leider weiß ich nur noch die beiden ersten Zeilen. Sie lauten: Frei ist der Fischfang, frei ist die Jagd. Dann kommt noch was vom Strandgut. Wie gesagt, die Einzelheiten sind leider in meiner Erinnerung weg. Die Strophen endeten aber stets mit dem, allen Friesen bekannten, Satz: Lewwer duad üs Slaav! Lieber Tod als Sklave.

Darauf spuckte der Amtmann in den Grünkohltopf, der gerade auf dem Herd stand. Das erzürnte Pidder Lüng so sehr, dass er den Amtmann packte, sein Gesicht so lange in den Grünkohltopf drückte, bis er erstickte. Erst danach griffen die gekauften Landsknechte, die der Amtmann mitgebracht hatte, ein und erstachen Pidder Lüng. Um ihren versprochenen Lohn gebracht, zogen sie danach marodierend und plündernd über die Insel und richteten ein fürchterliches Blutbad an.

Dies soll sich abgespielt haben, ungefähr um die Jahre 1250 herum, zur Zeit des dänischen Königs Waldemar II. Zu dieser Zeit gehörte Sylt zu Dänemark.

Geschichte ist Geschichte und Jetzt ist Jetzt. Und jetzt muss ich diese kleine Anhöhe erst einmal besteigen, sofort und auf der Stelle. Es ist mir völlig egal, wie sehr es mich in Atemnot bringen wird, oder wie sehr es mir meine Bypässe verübeln werden. Es schert mich auch nicht, ob es verboten ist oder nicht, das alles interessiert mich im Moment überhaupt nicht. Ich muss da nun rauf, unbedingt und auf der Stelle. Genauso, wie ich es damals als Junge oft getan habe, um den herrlichen Rundblick genießen zu können."

Als ich endlich oben bin, habe ich mich, ganz, ganz langsam, einmal um die eigene Achse gedreht, um diesen Blick über diese einmalige Landschaft in mich aufzusaugen. Ich wollte schlicht und einfach nur genießen.

Als kleiner Junge habe ich öfter auf diesem Hügel gestanden und in die Ferne geblickt. Von den Mythen und Sagen, die sich hier, unter meinen Füssen verbergen, wusste ich noch nichts. Sie wären mir auch egal gewesen, ich wollte nur in die Ferne schauen. Und genau deswegen habe ich immer die Wolken beobachtet, die dunklen Regenwolken, wenn sie mit dem Wind am Horizont verschwanden, oder die weißen Sonnenscheinwolken, wenn sie scheinbar bewegungslos am Himmel verharrten. Mein Vater hat mich deswegen oft „Hans guck in die Luft" genannt. Und oft, wenn ich da oben, auf dem Tipkenhügel stand und in den fernen Horizont blickte, habe ich mich gefragt: Was kommt dahinter? Was ist hinter dem Horizont? Wie sieht es dort aus? Wie leben die Menschen dort? Und so manches Mal habe ich mich gefragt: Wo fliegen die Vögel eigentlich hin, wenn ich sie nicht mehr sehen kann?

Von Bergen und Flüssen hatte ich ja schon gehört, aber wie soll ich mir das vorstellen? Der höchste Berg von Deutschland soll über zwei Kilometer hoch sein, das ist von hier nach Munkmarsch. Das geht doch gar nicht, das ist doch Quatsch!

Was mich noch viel brennender interessierte, war die Frage: Was passiert eigentlich, wenn die Züge mit ihren riesigen, pechschwarzen Rauchfahnen, die auch noch kilometerweit zu sehen sind, auf den Hindenburgdamm fahren und die Insel verlassen. Und wo fahren die hin?

Von Fahrplänen wusste ich noch nichts und dass der gleiche Zug zurückkommt, davon wusste ich natürlich auch noch nichts. Aber dieses hin und her, das konnte ich vom Tipkenhügel aus prima verfolgen, aber begriffen habe ich es damals nicht.

Jedes Mal, wenn ich als kleiner Junge auf dem Tipkenhügel stand und von der Ferne träumte, habe ich mich natürlich noch sehr genau an den Tag erinnert, als wir auf die Insel gekommen sind. Dafür brauchte nur ein Zug über den Hindenburgdamm kommen, den ich mit den Augen so lange verfolgen konnte, bis er im Keitumer Bahnhof hielt. Ich musste mich nur mit dem Zug mitdrehen, dann konnte ich den Tag noch einmal ganz genau nachempfinden. Das genaue Datum, unserer Ankunft, weiß ich leider nicht mehr, es muss irgendwann im März/April 1950 gewesen sein.

Die Erinnerungen an diesen sonnigen und klaren Frühlingstag sind immer noch sehr deutlich in mir. Woran ich mich auch noch gut erinnere, ist die phantastische Fernsicht. So eine klare Fernsicht habe ich in den nachfolgenden Jahren auf Sylt nur sehr selten erlebt. Oder ich habe nicht darauf geachtet, das ist auch gut möglich.

Die Bestallung zum Bezirksschornsteinfegermeister auf Widerruf für den Kehrbezirk Sylt 3 hat mein Vater am 1. Januar 1950 erhalten. Die Bezeichnung Sylt 3 war schon damals eine glatte Lüge, denn der größere Teil seines Kehrbezirkes lag auf dem Festland. Mit Orten wie Rodenäs, Aventoft und Neuenkirchen. Direkt an der dänischen Grenze. Der Fachbegriff der Bestallung besagte einfach nur, dass einem Bezirksschornsteinfegermeister Amtsgewalt übertragen wurde, er konnte damit eine fällige Kehrung mit der Polizei erzwingen.

Die Erinnerung an diesen besonderen Tag ist noch immer nicht verblasst, auch nach über sechzig Jahren nicht. Immerhin war das Mein allererstes, großes Abenteuer. Für mich war Eisenbahn fahren ein großes Abenteuer. Dass diese erste Eisenbahnfahrt auch schon ein Abschied war, habe ich natürlich auch erst ein paar Jahre später begriffen. Abschied von meiner Kinderfreundin und von meiner Kindheit ohne Schule, denn in Keitum begann meine Schulzeit. Und weil dieses erste Abenteuer so unendlich spannend war, habe ich es stehend verbracht, am Fenster unseres Abteils. Es gab so viel zu sehen und immer wieder flog etwas Neues an unserem Fenster vorbei. Wenn ich gerade etwas ganz Wichtiges gesehen hatte und eine Frage stellen wollte, war es auch schon wieder weg. Die Eisenbahn fuhr einfach viel zu schnell, fand ich jedenfalls.

Ich war ja auch erst fünf Jahre alt... und ein paar Monate.

Schon damals habe ich meinen Vater mit endlosen Fragen gelöchert, wie z.B. dieser Vogel, der da jetzt gerade auf uns zufliegt, wohl heißen mag. Oder wie der da hinten wohl heißen mag, der mit den großen Flügeln und der so schöne Kreise fliegt, ohne die Flügel zu bewegen. Ich wollte schon als kleiner Junge immer alles ganz genau wissen. Und wenn mein Vater tatsächlich einmal keine Antwort wusste, erklärte er mir ernsthaft und ohne eine Miene zu verziehen: Das sind Zugvögel, weil die immer so schön an uns vorbeiziehen. Für mich hatte deshalb ganz viele Jahre lang der Begriff „Zugvogel", eine völlig andere Bedeutung. Solange, bis ich begriffen hatte: Dein Vater hat dich damals ganz gehörig veräppelt. Das muss eine Familienkrankheit sein, das hat mein Opa schon mit seinem Sohn, also meinem Vater, gemacht, mein Vater sehr oft mit mir und ich mit meinem Sohn gelegentlich auch. Mein Bruder Ferdinand hat mir bei unserem Familienskat etwas Ähnliches erzählt. Auch sein Sohn hat ihm alles vorbehaltlos geglaubt. Der saß daneben und hat es bestätigt.

Weil die Zugfahrt von Bredstedt nach Keitum im Jahre 1950 endlos lange dauerte und sich diese ewig lange Zugfahrt in meinen Kopf eingebrannt hatte, wusste ich natürlich damals schon, immer wenn ich auf dem Tipkenhügel stand und mich in die Ferne träumte, nach der Insel kommt noch was. Aber was? Und deshalb fragte ich mich oft: Wo mögen die Züge wohl hinfahren? Seit einiger Zeit konnte ich beobachten, dass die Züge sogar Autos mitnehmen. Was wollen die hier? Habe ich mich gefragt, wir haben genug Autos auf der Insel. Und vor allem, wie machen die das? Wie kommen die Autos auf die Waggons, und was kostet das? Für einen Jungen von zehn Jahren, viel zu viele und viel zu schwere Fragen! Und damit waren die Fragen ja noch nicht beendet!

Denn das da drüben, das ist Dänemark. Und ... was ist das eigentlich, dieses Dänemark? Wir haben hier zwar eine dänische Schule, und deshalb gibt es auch Menschen, die neben deutsch auch dänisch sprechen können und nicht friesisch, wie alle anderen hier auf der Insel. Aber warum das so ist, habe ich damals noch nicht gewusst. Von Minderheiten hatte ich damals zwar schon gehört, aber so recht etwas damit anfangen konnte ich nicht. Ich weiß allerdings noch sehr genau, dass wir es ganz toll fanden, diesen Menschen ziemlich böse Sprüche hinterher zu rufen, von denen ich nicht einmal wusste, was sie bedeuteten. Das hat mir einen kräftigen Rüffel in Form einer noch kräftigeren Ohrfeige von meinem Vater eingebracht. Wenn ich ehrlich bin, warum es diese Minderheiten gab, hat mich damals nicht wirklich interessiert. Aber diese Ohrfeige, die hat mir geholfen.

Dafür hat mich die Frage interessiert: Wie sieht es denn wohl aus, dieses Dänemark? Wie groß ist es? Es soll ein sehr kleines Land sein? Gut. Und wie soll ich mir dieses „klein" vorstellen? Wie lange dauert es, bis man Dänemark durchlaufen hat? Von Hörnum nach List dauert es einen Tag! Deshalb stellte ich mir immer wieder dieselben Fragen: Was passiert eigentlich, wenn man immer weiter und weiter gehen kann? Ohne an einem Strand anhalten zu müssen. Was passiert, wenn man ans Wasser kommt, wo es nicht mehr weiter geht? Wo man ein Schiff braucht, um ans andere Ufer zu kommen.

Das alles schien mir dieses Dänemark zu versprechen. Ich wusste damals schon, ich spürte es ganz fest in mir, irgendwann wirst du das kontrollieren. Das habe ich selbstverständlich auch gemacht, denn ich habe Dänemark oft bereist, ich weiß gar nicht mehr, wie oft ich in Dänemark Urlaub gemacht habe. Eigentlich müsste es an dieser Stelle „Wir" heißen, denn meine Familie war immer mit. Und mit dem Wissen, mit den Erfahrungen, die ich dort gemacht habe, konnte ich dann all die Fragen, die ich auf diesem Hügel hatte, in den nun vergangenen fünfundfünfzig Jahren, in den meisten Fällen jedenfalls, selber beantwortet.

Nur das Fernweh ist geblieben, obwohl ich viel herumgekommen bin. Gerade deswegen genieße ich den heutigen Tag. Mit dieser wunderschönen, unverbauten und scheinbar endlosen Aussicht. Gleichzeitig prasseln Erinnerungen auf mich ein! Auf diesem Hügel wurde jedes Jahr die Biike entzündet, und sie brannte wirklich jedes Jahr, die Häuser, die bei ungünstigem Wind gefährdet sein könnten, gab es noch nicht. Bevor ich nun anfange, in Erinnerungen zu schwelgen, stelle ich mir selber die Frage: Was ist eigentlich eine Biike, was ist das eigentlich für ein Fest, das Biikebrennen? Ich habe das nie richtig hinterfragt. Als Kind war für mich das Biikebrennen, jedes Jahr aufs Neue, nur ein großes Abenteuer und das hat mir als Begründung immer gelangt. Aber auch solche Abenteuer sind natürlich zu irgendeiner Zeit einmal angefangen. Und deshalb bleibt immer die eine ganz große Frage übrig: Wofür? Und gleich danach: Seit wann? Theorien gibt es genug. Die Wahrheit wird wahrscheinlich für immer im Dunklen der Geschichte bleiben.

Ein alter Freund von mir hat mir einmal vorgeworfen, du kennst dich nicht einmal in deiner eigenen Geschichte aus und willst mir was von irgendwelchen Walfängern erzählen. Euer Biikebrennen war bei den Germanen die Sonnenwendfeier, es sollte der kalte Winter vertrieben werden, um das Erntegut einbringen zu können. Nun, ich fand die Bezeichnung „Deine eigene Geschichte" ausgesprochen bescheuert. Gleichwohl will ich ihm, wenn auch ausgesprochen ungern, konzedieren: Mag sein, dass er Recht hat.

In die gleiche Richtung geht wohl die These, das Entzünden dieser Feuer diente zum Vertreiben der bösen Geister und um gleichzeitig die guten Geister gnädig zu stimmen, damit diese die Ernte beschützen. Denn gute Ernten sicherten das Überleben.

Eine neuere, fast schon sichere Theorie besagt, dass bis zum Petritag am 20. Februar die Seefahrt ruhte. Eine Regelung, die schon um 1250, von der alten Hanse, festgelegt wurde. Am Tag darauf, am 21. Februar, brachen die Walfänger auf, um im Nordmeer reiche Beute zu machen, oder auch nicht! Als Abschiedsgruß, als Richtfeuer, als Navigationshilfe entzündeten die zurückgebliebenen Frauen mit ihren Kindern ein Feuer am Strand. Das ist einer der wenigen Punkte, über die ich mir schon als Junge Gedanken gemacht habe. Für mich machte das keinen Sinn, ich hätte eher ein Feuer entzündet, wenn die Seefahrer wieder zurückkehren, damit sie den Heimathafen nicht verfehlen. Da war mir nur noch nicht klar, dass viele von denen, die hinausgefahren waren, nicht zurückkehrten. Walfang war zur damaligen Zeiten auch immer ein Todeskommando. So gesehen, macht das Feuer bei der Ausfahrt wieder Sinn. Es war oftmals das Letzte, was die Seeleute von der Heimat sahen. Denn klar war auch: Nur die allerwenigsten waren freiwillig dabei. Bittere Not, akute Armut, trieben die Männer auf die See.

Was ich nicht glaube, ist die Behauptung, dass das Entzünden der Biike seit jeher Brauch war, also eine durchgehende Tradition war, oder ist. Das kann ich mir nun wirklich nicht vorstellen, von was sollten die Biiken brennen. Alles, was Brennbar war, wurde zum Kochen und Heizen gebraucht. In Keitum wurde bis ca. 1850 mit Kuhdung, getrocknetem Seegras und Treibgut geheizt. So etwas Kostbares verbrannte man nicht einfach. Das wurde erst anders, als Sylt nach und nach bepflanzt wurde.

Genug von der Vergangenheit, genug von der Geschichte. Mich haben diese Sagen und Mythen um Keitum, um Sylt immer fasziniert und ich wollte mich damit immer Mal näher befassen, leider waren andere Dinge immer wichtiger. Ich glaube, ich werde es jetzt wohl ganz lassen, es interessiert eh nur noch sehr wenige!

Nun aber wieder zurück zum Spaziergang. Wir wollten ein wenig laufen und davon erzählen, denn die Erinnerungen an unsere Kindheit sind viel interessanter und stecken zudem noch voller Abenteuer.

Schon als neun- oder zehnjähriger Junge, also in den Jahren 1953/54, habe ich geholfen, gemeinsam mit meinen Klassenkameraden den schweren Pferdewagen zu schieben, mit dem wir von Haus zu Haus gezogen sind, um Brennmaterial für die Biike einzusammeln. Es gab genug einzusammeln, schließlich war ja gerade Weihnachten vorbei und jede Familie hatte nun einen Tannenbaum über.

Diese Wagen, die wir da durch die Straßen schoben, hatten noch die richtig schweren, vom Stellmacher gefertigte und mit einem Eisenring beschlagene Holzräder. Solche schweren Pferdewagen findet man heute nur noch in gut sortierten Bauernhof-Museen.

Erst einige Jahre später bekamen wir einen Pferdewagen mit Gummirädern, solcher Art, wie heute noch die Kremser-Kutschwagen beschaffen sind, eine riesengroße Erleichterung. Und hier, am Fuße des Tipkenhügels, wurde das eingesammelte Brennmaterial gestapelt oder zwischengelagert und musste des Nachts bewacht werden.

Die Jungs von den Nachbardörfern hätten diesen Haufen zu gerne angesteckt. Es ist ihnen aber, soweit ich mich zu erinnern wage, nie gelungen.

Ich mag mir das auch gar nicht vorstellen, was passiert wäre, wenn es denn tatsächlich einmal gelungen wäre. Die Gefahr besteht heute nicht mehr, diese großen Biikehaufen werden von Gemeindearbeitern zusammengetragen und der Neid untereinander, wer denn die größte Biike hat, besteht nicht mehr.

Im Februar 1958 war es Mal wieder so weit, unser Biikehaufen musste bewacht werden. Ich war gerade erst 13 Jahre alt geworden, hatte allerdings, quasi als Qualifikation in dem vergangenen Sommer so viele ältere Jungen verhauen, dass ich als unschlagbar galt. Damit hatte ich alle Voraussetzungen erfüllt und durfte mit zu den Bewachern dieses riesigen Haufens. Eine ungeheure Ehre. Eigentlich war ich ein Jahr zu jung.

Das war insofern für mich wichtig, als die, die als Bewacher des Vorratshaufens galten, in die Höhle durften, die jedes Jahr in eben diesen Vorratshaufen hinein gebaut wurde. Die Höhle selbst war mit allerlei wärmenden Materialien, wie z.B. Tannenzweigen, alten Zeitungen und trockenem Stroh ausgestattet, so dass der Boden, auf dem wir lagen, nicht gar zu kalt war. Nur durch einen ziemlich langen, flachen Gang, der vorne mit einem großen Tannenbaum verschlossen werden konnte, war die Höhle zu erreichen. Und was, für die Dorfjugend des Jahres 1958 jedenfalls, ganz wichtig war, in dieser Höhle durfte geraucht werden. Ganz offiziell, niemand störte sich daran, einige Väter verteilten sogar Zigaretten, nur weil deren Väter es auch schon so gemacht hatten. Das ist, heute noch, für mich unfassbar.

Mir hatte mein Vater das Rauchen untersagt. Hatte aber erklärt, warum er nicht möchte, dass ich rauchte. Das habe ich für die Biikezeit zwar beherzigt, aber danach leider nicht. Ich habe viele Jahre lang gequalmt wie ein Schlot. Wie gefährlich das Rauchen in dieser Höhle war, habe ich erst begriffen, als ich schon lange nicht mehr auf der Insel lebte. Ich habe einmal von so einer Katastrophe gelesen. Ich meine, es war in Ostfriesland. Die Jungs, die in der Höhle waren, hatten keine Chance.

Schweren Herzens verlasse ich den Tipkenhügel und begebe mich wieder in die Gegenwart zu meiner großen Schwester Marianne, die am Fuße des Tipkenhügels auf mich gewartet hat. Während wir langsam zu unserem nächsten Anlaufpunkt gehen, habe ich sie gefragt, ob sie denn gar keine Erinnerungen an das Biikebrennen habe?

„Doch", antwortete Marianne, „aber für mich war, wie bei allen anderen Mädchen auch, der nächste Tag, der Petritag, immer viel wichtiger, denn da durfte getanzt werden."

Der Harhoog
Das Hünengrab

Mittlerweile haben wir den Harhoog erreicht. In meinen Erinnerungen heißt diese alte germanische Grabstelle schlicht und einfach Hünengrab. Die Bezeichnung „Harhoog" habe ich das erste Mal gehört, als ich in den 1960iger Jahren zu einem Wochenendtrip in Keitum war. Das war für mich sehr gewöhnungsbedürftig, auch deshalb, weil ich mit dem Namen nicht viel anfangen kann. Weil das so ist, bezeichnen wir Geschwister diese alte Grabstelle weiterhin als Hünengrab. Höchstwahrscheinlich auch deshalb, weil unser Vater damals den Begriff „Hüne" nicht nur mit körperlicher Größe, sondern auch als große, wichtige und bedeutende Persönlichkeit interpretierte. Nach unseren heutigen Wertvorstellungen von „Bedeutender Persönlichkeit" einem Fürsten gleich zu stellen. Und je umfangreicher und eindrucksvoller die Grabbeigaben ausfielen, desto bedeutender war zu seinen Lebzeiten der Tote. Obgleich Papi damals schon, wenn auch sehr leise und sehr verhalten, Zweifel hegte, ob es sich bei diesen riesigen Ausmaßen tatsächlich um die Grabstelle eines Einzelnen handelte, oder eher um die Grab- und Gedenkstätte einer ganzen Sippe.

Meiner lieben Schwester waren diese Betrachtungsweisen scheinbar völlig egal, die sowieso, glaube ich jedenfalls, auch heute noch diskutierbar sind. Sie überraschte mich Mal wieder mit einer sehr präzisen Frage: „Kannst du dich eigentlich noch daran erinnern, wo dieses Grab ursprünglich gelegen hat, ich meine den wirklichen Fundort? Ich weiß nur noch, dass dieser Platz hier nicht der ursprüngliche Fundort war, obwohl er mir ausnehmend gut gefällt. Ich kann mich auch noch sehr gut an die ausgesprochen heftige Diskussion erinnern, die die Verlegung damals ausgelöst hatte, aber damit hat es sich denn auch schon. Einer der damaligen Gemeindevertreter, ich glaube jedenfalls, dass er einer der Gemeindevertreter war, hatte doch die gewagte These aufgestellt: ‚In fünfzig Jahren fragt niemand mehr nach dem ursprünglichen Standort, das ist dann längst alles vergessen.' So, oder so ähnlich, war die Aussage damals, und wie du siehst, hat er Recht behalten, zumindest ich kann mich nicht mehr genau erinnern."

„Nicht ganz, er hat nicht ganz Recht behalten", vehement habe ich meine Schwester unterbrochen, "ich weiß noch sehr genau, wo dieses Grab ursprünglich gelegen hat. Das lag auf dem damaligen Flugplatzgelände der englischen Luftwaffe, der Royal Air Force!"

„Du meinst den alten Flugplatz bei Tinnum, der jetzt Flughafen Sylt heißt?" erwiderte sie leicht verunsichert, „... und du bist ganz sicher, dass da dieses Hünengrab lag?"

„Ja", sagte ich, "ganz sicher!" Etwa so, als würde ich fragen: Wie kannst du zweifeln!

„Lass mir bitte ein paar Minuten Zeit, Marianne, um mich zu sammeln und meine Gedanken zu ordnen, es kann sein, dass es etwas länger dauert." Nach einigen wenigen Minuten merkte ich tatsächlich, meine Gedanken sortierten sich, ich brauchte quasi nur noch abzulesen. "Kannst du dich noch an das kleine Kiefern-Wäldchen zwischen Keitum und Tinnum, ein gutes Stück hinter der Kleingarten-Kolonie, erinnern? Du weißt doch, ich meine die Kleingarten-Kolonie, in der wir auch unseren Schrebergarten hatten, du warst ja gelegentlich auch da. Und diese Kleingarten-Kolonie gibt es doch tatsächlich noch immer. Wenn du von Keitum kamst und nach Westerfand wolltest, stand hinter der Kleingarten-Kolonie direkt vor dem Kiefern-Wäldchen noch eine kleine grüne bewohnte Baracke. Mit einem großen Garten davor."

Wir waren in der Zwischenzeit einmal um die Grabanlage gewandert, standen nun wieder am Ausgangspunkt und drehten uns ein wenig aus dem Wind, um uns besser auf die Vergangenheit konzentrieren zu können. Marianne nickte leicht, das war für mich die Bestätigung, die ich brauchte, um sicher zu sein, dass sie mir folgen konnte.

„Direkt nach dieser Baracke", erklärte ich weiter, „kam dann gleich das kleine Kiefern-Wäldchen, das es seltsamerweise auch noch immer gibt. Und direkt hinter diesem kleinen Wäldchen gab es, rechts ab von der Hauptstraße, einen befestigten Sandweg. Dieser Sandweg führte, auf der linken Seite liegend, zu einer Schäferei. Ich meine, da wohnte niemand, es war lediglich eine Scheune, in der Schafe untergebracht waren. Aber... Und das erinnere ich genau, dort gab es einen ziemlich gefährlichen, mächtigen Schafbock mit gewaltigen Hörnern. Wenn der uns sah, nahm er sofort den Kopf nach unten, schnaubte gewaltig, scharrte mit den Hufen und drohte uns. Den haben wir aber auch zu gerne geärgert, konnten wir auch, denn wir standen ziemlich sicher hinter einer derben Holzbalustrade."

„Wenn ich mir das recht überlege", fuhr ich nach kurzer Überlegung fort, „dieser blöde Schafbock war deshalb so gefährlich, weil wir ihn dazu gemacht hatten! Einer von uns tat sich, bei der an sich harmlosen Trietzerei, besonders hervor. Das ist mir, damals als Kind, nie aufgefallen. Erst sehr viel später habe ich mir darüber so meine Gedanken gemacht. Ich hatte in Itzehoe einen Arbeitskollegen, der lebte in der Wilster-Marsch auf einem Resthof und nebenher züchtete er Schafe. Für diese Herde hatte er auch einen, separat gehaltenen, kräftigen Bock. Der war völlig harmlos und dazu noch sehr verspielt. Solange keine Schafe in der

Nähe waren, sobald er die riechen konnte verstand er allerdings überhaupt keinen Spaß mehr. Seit der Zeit weiß ich, dass der Schafbock aus meinen Kindheitserinnerungen genau wegen unserer völlig bescheuerten Trietzerei so gefährlich war, denn der war auch alleine, an jenem Tage jedenfalls. Der meinte nicht uns, der hatte es nur auf diesen einen Jungen abgesehen. Und eines Tages ist es tatsächlich passiert. Der Obertrietzer ist über die Balustrade gesprungen, um etwas aufzusammeln. Ich glaube, es war ein Feuerzeug. Beim Bücken, respektive beim Aufsammeln, hat's ihn dann erwischt."

Meine Erinnerungen an diese Episode bringen mich zum Lächeln. Obwohl das keine lustige Geschichte ist, kann ich mein Lachen nicht zurückhalten. In der Erinnerung, nach so vielen Jahren und aus heutiger Sicht ist das auch eine ziemlich kuriose Geschichte. "Dieser Blödmann konnte danach drei Tage nicht sitzen. Dabei hat er noch Glück gehabt, wirklich Riesenglück gehabt, dass da nicht mehr passiert ist, denn der Schafbock war ihm punktgenau und mit voller Wucht gegen das Hinterteil gesprungen. Der Bengel machte einen Riesensatz nach vorne und landete mit dem Gesicht genau in den Schafsködeln. Wortwörtlich! Der hatte tatsächlich Schafscheiße an der Nase. Ich sehe ihn noch da im Dreck liegen, den Hintern mit beiden Händen festhaltend, brüllte er seinen Schmerz in die Welt hinaus. So laut er konnte! Mit einer seltsam heiseren Stimme. Und wir standen daneben und wollten uns ausschütten vor Lachen. Der sah aber auch zu komisch aus, mit der Schafscheiße auf der Nase."

Wir beide standen immer noch vor dem Hünengrab, das jetzt Harhoog heißt und genießen den Blick auf das unendliche scheinende Wattenmeer. Während wir unseren Gedanken freien Lauf ließen. In diese nachdenkliche Stille hinein sagte ich leise zu

Marianne: „Ich mag es mir gar nicht vorstellen, was passiert wäre, wenn dieser kräftige Bock, mit seinen gewaltigen Hörnern, ein ganz klein wenig höher getroffen hätte. Der hätte ihm, bei der Wucht, dieses unerwarteten Angriffs auch leicht die Wirbelsäule brechen können. So war nur das Hinterteil ein paar Wochen grün und blau und dazu noch kräftig angeschwollen."

„Ach ja, " mir fiel plötzlich noch eine Kleinigkeit ein. „Bevor dieser wütende Bock noch einmal zustoßen konnte, er war gerade dabei, Anlauf zu nehmen, haben wir den fast bewegungslosen und immer noch schreienden Kerl schnell über die Balustrade gezogen. Der Bock ist in seiner blinden Wut ganz einfach und mit voller Wucht dagegen gerannt. Und zu unserer großen Überraschung plötzlich einfach in Ohnmacht gefallen. Das begreife ich bis heute noch nicht, während der Brunftzeit rasen die Böcke mit noch größerer Wucht gegeneinander, und es passiert nichts!

Es ist doch seltsam, was einem so alles einfällt, wenn man über Ereignisse nachdenkt, die in der eigenen Kinderzeit passiert sind. Wenn dieser Schafbock den Jungen ernsthaft verletzt hätte, vielleicht sogar tödlich, hätten die damaligen Erwachsenen mit Sicherheit aber seine Eltern, den Bock als viel zu gefährlich eingestuft und umgehend töten lassen. Wir Kinder hätten das zwar besser gewusst, wir hatten ihn schließlich zu dem gemacht, wie er sich zeitweilig aufführte, aber wir hätten geschwiegen, aus Angst vor Strafe. Und Strafe war immer, jedenfalls zu unserer Kinderzeit, eine ordentliche Tracht Prügel.

Der zweite, eigentlich viel wichtigere, Grund war: Widerspruch, zumal gegen Erwachsene, gab es damals nicht. Man hätte uns sowieso kein Wort geglaubt. Und so selbstbewusst, um einen Widerspruch zu wagen, waren Kinder damals noch nicht. Und die Erwachsenen hätten sich, wie immer damals, oder fast immer, hinter die verlogene Behauptung: „Die Kinder erzählen wieder dummes Zeug" versteckt.

Das hat sich heute, Gott sei Dank, grundlegend geändert! Kinder werden ernst genommen! Das ist für mich einer <u>der</u> Fortschritte, die wir erleben durften! Zu meiner Kindheit wurden Kinder zum Gehorsam gezwungen.

Das war übrigens jener Junge, der einige Jahre später als Feuerteufel von Keitum zur traurigen Berühmtheit wurde. Ich weiß es leider zu genau, der hat oft Prügel bekomme, und wie man heute weiß, hat es nichts, aber wirklich nichts gebracht.

„Bevor wir uns wieder der Standortbeschreibung des Harhoogs zuwenden, muss ich dir unbedingt noch eine Episode erzählen, die mit dem Wäldchen, an dem wir in Gedanken gerade vorbeigegangen sind, zu tun hat. Für mein Selbstwertgefühl, in der damaligen Zeit eine eminent wichtige Geschichte. Ich hoffe, du hast nichts dagegen, Schwesterchen?"

„Nö, mach man, ich glaube, ich weiß, worum es damals ging." Marianne blieb auffallend gelassen, ich hatte das Gefühl, die wusste wirklich, worum es ging, also erzählte ich weiter: "In diesem Wäldchen hatten wir uns im hinteren, nicht einsehbaren Teil in einer großen Kiefer eine Höhle hinein gebaut. Unser geheimer Treffpunkt, an dem wir allerhand Blödsinn verzapft haben. Logisch! Genauso logisch war, dass die Jungs aus Tinnum gerade auf diese Höhle ausgesprochen neidisch waren und ständig versucht haben, uns zu vertreiben. Es ist ihnen fast nie gelungen, wie gesagt fast. Einmal also doch, und das kam so: Ich hatte, wie so oft in der Zeit mal wieder irgendwas ausgefressen und hatte Stubenarrest. Natürlich war der Stubenarrest, nach meiner felsenfesten Überzeugung, völlig ungerechtfertigt, daher, genauso natürlich, ausgesprochen wütend. In genau dieser Situation kam mein Freund Kulle Strull (Karl-Heinz Franzen) und klingelte wie ein verrückt gewordener Handfeger an der Haustür. Zufällig war der, der mir den Hausarrest verpasst hatte, auch zu Hause und öffnete. Kulle, der immer noch völlig außer Atem war, brachte keinen zusammenhängenden Satz heraus und stotterte ziemlich laut: „Die Tinnumer sind da! Die Tinnumer! Unsere Höhle! Peter muss sofort kommen!"

Und das kleine Wunder geschah, ich habe tatsächlich Urlaub auf Ehrenwort bekommen, das da lautete: Wenn ihr eure Höhle zurück erobert habt, kommst du sofort zurück! Wir haben uns auf unsere Räder gesetzt und sind, so schnell wie wir konnten, zum Wäldchen gerast. Schon von weitem konnten wir das gehässige Gelächter hören. Daraufhin habe ich mir, aus einer Krüppel-Kiefer, einen kräftigen Knüppel herausgeschnitten und auf alles, was sich mir in den Weg stellte, eingedroschen. Mein ganzer Frust hat sich hier entladen. Damals sagte man zu solchen Gemütszuständen noch ganz passend: Meine große Wut. Nachdem die Tinnumer schreiend das Weite gesucht hatten, bin ich, nach einer kurzen Lagebesprechung, sofort wieder nach Hause gefahren."

An der Haustür stand mein lieber Vater und tat so, als hätte er auf mich gewartet. Er sah ganz erstaunt auf seine Armbanduhr und sagte, mit grinsendem Gesicht: „Das ging aber schnell." Mit einem entsprechenden Blick hat er mich wieder nach oben geschickt.

Wie beeindruckt er war, hat er mir am nächsten Morgen beim Frühstück gezeigt. Er sagte nur einen läppischen Satz: „Übrigens, der Stubenarrest ist aufgehoben."

„Ja", sagte Marianne, „genau diese Geschichte meinte ich. An das Frühstück kann ich mich noch erinnern, denn keiner von uns wusste, worum es ging, nur ihr beide, Papi und du. Erst ein paar Tage später haben wir das dann erfahren."

„Okay", sagte ich, „ich finde auch, das ist immer noch eine schöne Geschichte, aber wir müssen irgendwie wieder die Kurve kriegen, ich will dir ja erklären, wo der ursprüngliche Harhoog-Standort war. Dazu müssen wir den Weg hinter dem Wäldchen, der uns zu der Schäferei geführt hat, noch ein gutes Stück vor der Schäferei nach rechts abbiegen", ich nahm meine Erzählung wieder auf, „dann kam man zur Schietkuhle. Heute sagen wir zu solchen stinkenden Orten: Mülldeponie, aber damals hießen solche Orte noch ganz passend Schietkuhlen. Und unsere Schietkuhle, von der wir gerade sprechen, war etwas Besonderes, wir nannten sie alle nur Mörderkuhle. Seltsamerweise wusste jeder, was damit gemeint war. Ich weiß nicht, besser, ich habe es nie gewusst, warum diese Schietkuhle als Mörderkuhle bezeichnet wurde. Wir haben, wie bei vielen anderen Dingen auch, einfach nachgeplappert und auch nie die Bedeutung hinterfragt. Aber einen Grund wird es wohl schon gegeben haben."

Etwas oberhalb eben dieser Mörderkuhle, in nordöstlicher Richtung, auf die Sankt Severin Kirche zu, stand dieses mächtige Hünengrab, bis ins Jahr 1954 und dann wollte die Royal Air Force die Vampire Düsenjäger hier auf Sylt stationieren. Aber dafür wurde eine längere Start- und Landebahn gebraucht. Und ab da stand das Hünengrab im Weg." Die Vampire Düsenjäger waren die Flugzeuge, mit dem Doppel-Schwanz, der Einfachheit nannten wir sie so, aber auch weil wir die richtige Bezeichnung nicht kannten. Und gelegentlich fielen diese Dinger vom Himmel. Einer davon ist ganz in der Nähe von uns runtergefallen. Der Pilot kriegte die Maschine gerade noch über Keitum hinweg, rettete sich mit dem Fallschirm und ließ sie dann ins Watt stürzen. Ich kann mich sogar noch daran erinnern, dass der Pilot als Held gefeiert wurde. Wäre die Maschine damals ins Dorf gestürzt, hätte das zu einer großen

Katastrophe geführt. Bei den vielen Reetdachhäusern und bei der für solche Notfälle nur sehr unzureichend ausgestatteten Dorfwehr!

„Weißt du, Marianne, das Leben ist manchmal seltsam. Genau zehn Jahre später, ich war in Rheine, bei der Luftwaffe und hatte ein ziemlich geruhsames, manchmal auch ziemlich langweiliges Leben. Solange, bis bei uns die Starfighter stationiert wurden. Die fielen auch gelegentlich vom Himmel. Wenn man der Wahrheit Recht gehen will, viel zu oft. Genau wie die Vampire hier auf Sylt. Geschichten wiederholen sich manchmal eben doch!"

„In dem Zusammenhang erinnere ich mich noch an eine kleine, unbedeutende, aber dafür umso liebenswertere Neben-Episode. An jenem Tage, als der Vampire vom Himmel gefallen war, musste Herr Green, das war damals dein Klassenlehrer und gleichzeitig unser Schulleiter, zwangsweise schulfrei geben, weil einfach kein einziges Kind mehr da war. Alle waren zum Kliff gerannt, um das Flugzeug zu betrachten. Ein abgestürztes Flugzeug in unserem Wattenmeer, dazu noch ein ganz neuer Düsenjäger, hatte noch niemand von uns gesehen. Es war schon schwer genug, sich vorzustellen, dass diese Dinger, die sich Flugzeuge nennen, ohne die grässlich laut dröhnenden Motoren überhaupt fliegen können. Das Kreischen der Düsen war zwar genauso unerträglich, aber wir empfanden das, jedenfalls die Kinder, noch nicht so schlimm. Dass diese seltsamen Blechbüchsen auch noch vom Himmel fielen, passt dann überhaupt nicht in unsere kindliche Gedankenwelt.

Das hat es in dieser Form noch einmal gegeben, das mit dem schulfrei, meine ich, da war auch kein Kind mehr in der Schule. Als die Feuer-Sirenen Großalarm gaben, hatten wir gerade Pause und sind erst alle zum Feuerwehrhaus gerannt, denn das war ja gleich nebenan.

Dort haben wir dann erfahren: In Morsum brennen zwei große Bauernhöfe. Die paar Wenigen, die damals schon ein Fahrrad hatten, sind nach Morsum gefahren, die anderen sind, genau wie beim Flugzeugabsturz, wieder zum Kliff gerannt und standen an genau der gleichen Stelle, wie beim Flugzeugabsturz.

Auch dieses Mal standen alle nur da, schweigend und entsetzt.

„Das Besondere an diesem denkwürdigen Vormittag, als die Kinder am Kliff standen und das abgestürzte Flugzeug bestaunten, war, es herrschte absolute Stille, keines der Kinder sagte ein einziges Wort. Es waren Kinder, die dort standen, Kinder von der ersten bis zur neunten Klasse... Kinder haben sich eigentlich immer etwas zu erzählen, schnattern wild durcheinander, aber an diesem Vormittag standen alle beisammen... und alle schwiegen!"

„Von diesem Platz hier, wo wir jetzt stehen, von diesem Hünengrab, Ironie oder nicht, hättest du die abgestürzte Maschine gut sehen können, es war wirklich nicht weit draußen, ich bin damals, natürlich noch da gewesen und habe mir alles ganz genau angesehen und... nachher, als ich wieder zu Hause war, einen gewaltigen Anschiss eingefangen."

„Da habe ich das erste Mal erfahren, dass meine sonst so friedliche Mutti, aus Sorge um ihren Sohn ganz schön deutlich werden konnte!"

„Unter anderem hat sie mich gefragt, ob ich mir überhaupt nicht vorstellen kann, wie viel Ängste sie ausgestanden hatte?"

Nein. Das konnte ich damals leider noch nicht!

Der Parkplatz an der Schwimmbad-Ruine

Wenn wir vom Harhoog, unserem Hünengrab, auf der Straße Tipkenhoog Richtung Dorf gehen, kommen wir wieder zu dem Parkplatz, auf dem wir unser Auto abgestellt hatten. Für alle Urlauber, ein Parkplatz wie jeder andere auch. Für uns nicht.
Insbesondere nicht für mich, ich hätte nichts dagegen, wenn es diesen Platz nicht gäbe.
Nicht der Parkplatz an sich, der war damals nur noch nicht geteert, sonst hat sich an diesem winzigen Fleckchen Erde wirklich nicht viel verändert. Unsere gemeinsame Erinnerung, bei der wir heute noch leichtes Bauchweh kriegen, ist die Böschung, genauer, der kleine Weg, der hinunter zum Kliff führt. In dem Moment, in dem wir hier am Rand dieser Mini-Böschung stehen und hinunter zum Kliff sehen, fällt uns doch ein kleiner Unterschied zu den 1950iger Jahren auf. Dieser kleine Abhang war damals komplett frei von Sträuchern. Diesen kleinen Abhang haben wir im Winter manchmal als Schlittenbahn genutzt. Weil aber, wenn wir ganz unten waren, es gleich wieder hoch ging, und wir jedes Mal eine ziemlich scharfe Kurve fahren mussten, haben wir diesen Abhang wirklich nur als Ausweichbahn genutzt. Und zwar immer dann, wenn unsere Hauptbahn abgefahren war. So viel Schnee, dass solche Schlittenbahnen, manche sagen auch Rodelbahnen, unentwegt benutzt werden konnten, gab es auf Sylt nun auch wieder nicht.
Unsere Hauptbahn war dort, wo sich jetzt das große Gebäude hinter der nicht zu übersehenden Bauruine befindet. Dort konnten wir direkt bis ins Wasser fahren.
Hier aber, ich weiß gar nicht mehr, was wir hier wollten, hier an

dieser Stelle, hatte ich Marianne „ihre" Kinderkarre stibitzt. Ein großes Problem, aus Sicht meiner Schwester: Da lag nämlich noch Felix drin, unser jüngster Bruder, der erklärte Liebling meiner großen Schwester. Und ich? Was veranlasste mich, solch einen Mist zu machen?

Ich weiß es nicht wirklich, vielleicht wollte ich diesen Bengel auch nur einmal durch die Gegend karren, um vielleicht doch noch zu erfahren, warum dieser Knilch so verwöhnt wurde! Allerdings war der erst zweieinhalb Jahre alt und, nach fester Überzeugung meiner Schwester, noch viel zu jung für irgendwelche dummen Spielereien.

Meine, in den vielen zurückliegenden Jahren zu einer außerordentlich friedfertigen Frau gereiften, neben mir stehende Schwester, wurde, ohne Vorwarnung, zur feuerspuckenden Furie. Die wusste ganz genau, was nun passieren würde und fand das überhaupt nicht lustig. Wenn ich diese Kinderkarre noch etwas durch die Gegend schieben wollte, musste ich diesen blöden Trampelpfad erreichen und runter zum Kliff kommen. Dieser kleine, kaum erkennbare Weg war zu unserer Kindheit tatsächlich noch ein Trampelpfad, der wirklich nur äußerst selten begangen wurde.

Das, was jetzt passieren sollte, konnte nicht gut gehen, das wusste meine Schwester und wollte das auf jeden Fall verhindern. So entstand nun ein sehr ungleiches und absolut blödsinniges Wettrennen, das ich selbstverständlich verloren habe. Mit einer besetzten Kinderkarre vorweg, gegen eine ältere, deswegen auch viel schnellere und im Moment ziemlich böse Schwester, das geht gar nicht! Zu all dem bin ich auch noch ins Stolpern gekommen und habe diese lästige Kinderkarre nach vorne geschubst und bin danach ganz gepflegt auf die Schnauze gefallen

Die Bemerkung, mit der mich meine Schwester bedacht hat, habe ich vorsichtshalber überhört und längst vergessen. Die Karre rumpelte derweil den Trampelpfad hinunter, überschlug sich ein paar Mal und dann herrschte absolute Totenstille.

Wir hörten nur ein seltsames, scheinbar sehr zufriedenes Gekreische von einem Kind. Als meine Schwester ihren Liebling endlich wieder auf dem Arm hatte, strahlte der sie an und sagte: „Noch Mal."

Ich weiß nicht mehr, wie gut mein kleiner Bruder Felix damals schon sprechen konnte, aber meine Schwester schwört heute noch, dass er tatsächlich „Noch Mal" gesagt hat.

Die Schwimmbad-Ruine

Wir stehen jetzt also vor der wahrscheinlich bekanntesten Bauruine von, na sagen wir Mal, mindestens ganz Schleswig-Holstein. Bekanntermaßen kommen Urlauber ja nicht nur aus Deutschland, sondern darüber hinaus auch aus dem gesamten europäischen Raum, um hier auf Sylt und in diesem Fall in Keitum entspannt Urlaub zu machen. Man kann also davon ausgehen, dass der Bekanntheitsgrad weit über die Landesgrenzen hinausgeht.

Wir beide, Marianne und ich, stehen im Moment, zum wiederholten Male, vor der riesigen Hinweistafel und lesen die Ist-Beschreibung. Ich habe in den vergangenen Jahren immer wieder vor dieser Hinweistafel gestanden und habe die Erklärungsversuche immer und immer wieder gelesen, aber richtig begriffen, habe ich das nicht. Ich bin ja anfangs, ich glaube, das war in den Jahren 2007 oder 2008, aus dem Kopf weiß ich das nicht mehr genau, hier vorbeigekommen und habe gesehen, wie hier gewerkelt wurde und die Baustelle stetig wuchs. Manchmal habe ich so für mich gedacht: Na ja, für so ein kleines Dorf ganz schön üppig, aber vielleicht gelten hier auf Sylt ja andere Maßstäbe.

Und irgendwann war dann Schluss. Nichts mehr zu sehen. Keine Baumaschinen, keine Arbeiter. Nur Stillstand. Da habe ich noch ganz blauäugig angenommen, es würde sich nur um einen vorübergehenden Baustopp handeln, das kommt ja hin und wieder vor. Im Normalfall geht das dann meistens so: Man setzt sich an einen Tisch, man wird sich einig und es geht weiter. Hier nicht. Hier geht gar nichts. Und das schon seit einigen Jahren. Wenn man diese Ruine einmal ganz sachlich betrachtet und sich die Frage stellt: Was wird denn nun daraus? Soll das für die Enkel-Generation erhalten bleiben, damit die auch noch was zum Lachen, in diesem Fall wohl eher was zum Weinen, haben? Es wird allen Beteiligten wohl keine andere Wahl bleiben, als noch einmal eine Stange Geld in die Hand zu nehmen und alles zuzuschütten, planieren, was auch immer, sonst bleibt dieser Makel für alle Ewigkeiten bestehen. Und die Enkel lernen, den Begriff: Hochmut kommt vor dem Fall, neu zu definieren. Mir fällt dazu leider nur Helmut Schmidt ein, nach der Definition des Altkanzlers, von Notwendigkeit und Verwendung, ist bei uns jeder zu gebrauchen, einige allerdings nur als abschreckendes Beispiel.

Wenn juristische Auseinandersetzungen immer öfter dazu führen, unabhängig von der Frage, was schließlich zu diesen juristischen Auseinandersetzungen geführt hat, dass es zu solchen Schandflecken kommt, hat dieser Staat eine Entwicklung genommen, die schnellstens korrigiert werden muss. Dann ist da nämlich etwas ganz gewaltig falsch gelaufen. So etwas dürfte überhaupt nicht möglich sein. Doch genug damit.

Nachtrag

Ich habe das Kapitel Schwimmbad-Ruine ja schon im Jahr 2014 geschrieben. Die ersten Notizen dazu hatte ich schon lange vorher gemacht. Immer, wenn mir etwas eingefallen ist, habe ich es in mein kleines blaues Büchlein eingetragen. So ist nach und nach meine Betrachtungsweise entstanden. So konnte ich auch mit der Zeit meine Gedanken ordnen. Nun ist doch tatsächlich mein Wunsch, besser vielleicht, meine Vorstellungen, man möge noch einmal eine Stange Geld in die Hand nehmen, in Erfüllung gegangen. Diese wirklich alte Bauruine wird endlich abgerissen.

Dieser einzigartige Schandfleck soll endlich verschwinden. Als eifriger „Schleswig-Holstein-Magazin"-Seher verfolge ich den Fortschritt an den Abbrucharbeiten mit großem Interesse. Wenn wir im September 2018 wieder in Keitum sind, werde ich mir das alles ganz genau ansehen.

Es bleibt aber nur zu hoffen, dass dort etwas entsteht, das dem guten Ansehen von Keitum gerecht wird.

Keitum ist immer noch ein sehr schönes Dorf. Ein wirklich sehenswertes, schönes Dorf, das seinesgleichen sucht. Es lohnt sich, hier mit offenen, wachen Augen spazieren zu gehen und das in sich stimmige Gesamtbild auf sich wirken zu lassen.

Keitum gerät allerdings langsam in Gefahr, die gleiche Entwicklung zu nehmen wie andere Inseldörfer, es verödet, und es ist dann auch nicht mehr so grün, wie zu unserer Kinderzeit. Aber zu erwarten, dass sich jemand findet, der da gegensteuert, wäre wohl doch eine Nummer zu hoch gegriffen. Es wäre aber dringend angeraten.

Weil uns diese Schwimmbad-Ruine nicht wirklich interessiert, wenden wir uns lieber dem zu, wie es hier vor der Ruine, auch noch vor dem Schwimmbad, vielleicht auch noch davor, ausgesehen hat. 1958 war dieser Ort, das wissen wir beide sehr genau zu erinnern, noch ein Sportplatz. Und dieser Sportplatz war Treffpunkt der Dorfjugend. All das, was der heutigen Jugend so wichtig ist, wie Haus der Jugend oder Jugendtreffs, meinetwegen auch noch die Skate-Parks, also all die Einrichtungen, die Jugendliche heute unbedingt brauchen, um sich wohlfühlen zu können, gab es damals schlicht und einfach noch nicht. Wir haben uns hier an diesem Platz getroffen, um miteinander ein wenig zu Bolzen.

Fußballspielen konnte man dazu wohl nicht sagen, dafür waren wir ständig zu wenig. Auf einer Insel ist das nun Mal so. Und... seltsamerweise haben wir uns immer rundum „wohl" gefühlt. Der Sportplatz selber war in einem fürchterlichen Zustand. Kein Rasen, nur Sand, lediglich an den Seiten hielt sich etwas Gras, das sich selbst gesät hatte und nie gemäht wurde. Fußballregeln kannten wir natürlich noch nicht, es wurde gerangelt und gerempelt, es wurde laut gemeckert und noch lauter beschimpft, es wurde so oft gefoult, dass immer wieder jemand auf dem Boden lag und auch noch diesen blöden Sand schluckte, so viel, dass die Zähne sogar abends im Bett noch knirschten. Oft, sehr oft sogar, hatten wir aufgescheuerte Schienbeine und noch öfter aufgeschlagene Knie. Aber es war einfach herrlich. Es gibt dafür keine andere Beschreibung: Es war wirklich herrlich für uns!

Und wenn diese Bolzerei zu Ende war, haben wir friedlich und gemeinsam Heidebeeren genascht. Wo jetzt das große Haus steht, mit den Geschäften zur Straßenseite, war 1958 noch eine freie und windzerzauste Heidefläche, auf der jedes Jahr die Heidebeeren reif wurden, von denen wir zu gerne naschten, um uns nachher gegenseitig die blaue Zunge zu zeigen. Wenn sie denn reif waren. Manchmal, wenn sie eben noch nicht ganz reif waren und wir trotzdem schon Mal probiert hatten, hat es uns ganz deftig den Darm gereinigt. Oder deutlicher gesagt, wir hatten ganz prächtigen Durchfall. Das haben wir dann zu Hause erledigt. Und jedes Jahr haben wir uns geschworen, nie wieder halb reife Heidebeeren zu naschen, um im nächsten Jahr, natürlich, genau den gleichen Fehler wieder zu machen. Zwei von denen, die eben noch heftig genascht hatten und eine Babyblase hatten, wie wir stets spottender Weise feststellten, gingen ab und an ein ganz kleines Stück zur Seite und pinkelten ungeniert in die Gegend. Einer der beiden war mein kleiner Bruder Felix, der andere war Kulle Strull, deswegen hieß er so.

Daran, an solchen Nebensächlichkeiten, hat sich damals noch kein Mensch gestört. Genauso, wie keiner von uns nachtragend war. Nach den heftigen und groben Rangeleien war das ganz sicher, nach den heutigen Wertevorstellungen mehr vielleicht noch, nach den heutigen aktuellen Lebenseinstellungen, auch keine Selbstverständlichkeit. Warum sollte jemand nachtragend sein, niemand konnte weglaufen. Wir waren auf einer Insel. Aber... sobald die Schürfwunden verheilt waren, ging es weiter, jeder wollte mitspielen. Ungefähr dort, wo jetzt die Terrassen sind, die zu dem Haus gehören und die fast perfekt vor allzu neugierigen Blicken geschützt sind, man kann sie nur von der Wasserseite einsehen, eher nur erahnen. Dort haben wir nach dem Bolzen noch öfter zusammen gesessen, geklönt und die frische Brise, die dort oben ständig wehte, genossen.

Von dem etwas erhöhten Standort, der heute ebenfalls nur noch von der Wasserseite zu erkennen ist, hatten wir einen guten Überblick über die gesamte Sportanlage. Inklusive der damals schon erschöpften Kiesgrube, die fast übergangslos hinter dem Sportplatz lag.

Diese Kiesgrube hatte allerdings eine Besonderheit. Direkt in unserem Blickfeld, im hinteren Teil der Kiesgrube gelegen, gab es eine Steilwand. In dieser Steilwand brüteten jedes Jahr Schwalben. Ich habe leider keine klaren Erinnerungen daran, wie viele es waren und auch nicht daran, welche Art es war. Damals interessierte mich so etwas noch nicht, ich wusste nur, dass es Schwalben waren.

Was ich noch sehr genau erinnere, das habe ich ja jedes Jahr beobachten können, die Schwalben, die dort brüteten, bauten Jahr für Jahr neue Nester und dazu wurde, ebenfalls jedes Jahr, eine neue Röhre in die Steilwand gegraben. Für so kleine Vögel eine ziemlich anstrengende und aufwendige Arbeit. Für die Schwalben scheinbar nicht, es hat mich immer wieder erstaunt, wie der Sand aus diesen Röhren flog und wie schnell diese kleinen Vögel mit dem Nestbau fertig waren.

Ein paar Jahre nach unserem Wegzug habe ich meinen Vater einmal gefragt, ob er sich noch an die Schwalben erinnern könne. Er konnte sich tatsächlich erinnern, und er war sich sicher, dass es Uferschwalben waren.

Unsere alte Schule

Von der Schwimmbad-Ruine bis zu unserer alten Schule sind es nur einige wenige Schritte. Apropos alte Schule. Irgendwann, wenn wir Geschwister uns wegen unserer Sylt Erinnerungen selber auf den Arm nahmen, hatte mich mein Bruder Ferdinand gefragt: „Warum sagst du immer alte Schule?" Das war mir <u>so</u> nie aufgefallen, ich meine mit, „alt" auch eigentlich nur: Aus einer längst vergangenen Zeit. Das sind immer die Tage, an denen wir uns aus der Realität verabschieden und die meine Schwägerin Uschi scherzhaft als „Sylto-Manie" bezeichnet. Aber... es gab ja noch die neue Schule, der heutige „Friesensaal". Den Umzug dorthin, mit Musikkapelle vorne weg, haben wir noch mitgemacht. Als der reguläre Schulbetrieb nach den Sommerferien anfing, waren wir längst schon von der Insel weg.

Ich stelle immer wieder mit einiger Verwunderung fest, dass ich mich in Keitum nur nach meinen Erinnerungen orientiere und nicht nach den Straßennamen. Die einzelnen Straßennamen erschließen sich mir nicht mehr so recht. Muss es auch nicht, denn mit traumwandlerischer Sicherheit finde ich mich zurecht, auch nach fünfundfünfzig Jahren. Das bringt mich gelegentlich in leichte Schwierigkeiten, wenn ich jemandem erklären will, wo genau in Keitum ich war. So auch jetzt, ich muss mich erst einmal umsehen, um festzustelle, wo ich bin. Die Straße, in der wir jetzt stehen, heißt also Muehlen Path, ein zarter Hinweis darauf, dass es hier einmal eine Mühle gegeben haben muss. Wir stehen in diesem Augenblick auf der rechten Straßenseite, direkt vor unserem ehemaligen Schulhof und blicken auf unsere ehemalige Schule. Wir sehen auf eines der ganz wenigen Häuser in Keitum, das noch immer mit dem grauen Schiefer eingedeckt ist, genau wie zu unserer Schulzeit und ist somit eines der wenigen Konstanten, in dem ansonsten sehr veränderten Dorf. Aber, es ist längst keine Schule mehr, sondern ein ganz normales Wohnhaus. Nur die Fensterfront, von denen ich Mal eine mit einem Fußball zerdeppert habe, ist genauso geblieben, wie zu meiner Schulzeit.

An dem Standort, wo wir jetzt stehen, stand auf der rechten Seite eine Mühle, die ist jetzt komplett weg. Ich weiß nicht, ob die Straße deswegen Muehlen Path heißt? Sei's drum. Wenn man nicht weiß, dass es dort einmal eine Mühle gab, würde das niemand auch nur vermuten. Ich kann mich auch nicht mehr erinnern, wie die Mühle von Innen aussah. Das ist für uns auch gar nicht wichtig, von außen war das ein schmutzig graues Gebäude aus Holz und bildete die natürliche seitliche Grenze unseres Schulhofes.

Auf der gegenüberliegenden Straßenseite, also in unserem Rücken, gab es damals eine kleine Bäckerei. Links, neben dem Eingang zum Verkaufsraum dieser kleinen Bäckerei lag die Backstube, in der immer ein ganz bestimmtes Fenster einen Spalt offen stand. Das ist an sich nichts Besonderes, aber diese Bäckerei backte jeden Tag, den der liebe Gott werden ließ, so was von guten und schmackhaften Heißen Wecken, ich habe nie wieder in so etwas Herrliches hineingebissen. Ich weiß es natürlich nicht mehr wirklich, wie diese Heißen Wecken geschmeckt haben, aber in meinen Erinnerungen sind sie einzigartig. Und diese Heißen Wecken verkaufte der Bäcker direkt aus der Backstube, durch jenes offene Fenster und zwar immer dann, wenn wir Pause hatten. Für sage und schreibe fünf Pfennig. Das wären, nach heutiger Währung, etwas über zwei Cent, dafür bekämen wir heute nicht einmal mehr die Rosinen, die da drin waren. Das durfte er zwar damals auch schon nicht, deshalb legte er jedes Mal wieder den Haken ein, so dass nur der kleine Spalt offen war, aber interessieren tat das niemanden und Herr Siemchen (der Dorf-Polizist) war weit.

Zu diesem Komplex, Bäckerei und Schule, fällt mir noch eine ganze Menge ein, ich will es aber bei der einen Geschichte belassen, die mit dem Messerschmitt Kabinenroller, der zu der Mühle gehörte. Diese Kabinenroller hatten ein zur Seite klappbares Plexiglasdach und hatten damit eine wind- und regengeschützte Kabine.

Die beiden Sitze waren, wie bei den Motorrollern, noch hintereinander angebracht, hatten aber Rücklehnen. Und die Sitze hatten erstmals etwas Ähnlichkeit mit den Sesseln, wie wir sie aus unseren guten Stuben kannten. Die Kabinenroller hatten auch noch kein Lenkrad, so wie wir es aus unseren Autos kennen, die hatten noch so einen Lenker, wie sie bei Motorrädern und Motorrollern üblich waren. Als geradezu innovativ galt, dass diese Dinger drei Räder hatten, vorne zwei und hinten eins. Und damit unglaubliche 100 km/h schnell waren. Später gab es dann noch den Tiger, der hatte dann schon vier Räder, mit denen er tief flog. Mit ungeheuren 140 Sachen!

Da hatte mir doch jemand, ich weiß noch immer, wer es war, wenn ich inzwischen auch seinen Namen vergessen habe, eine Kartoffel in die Hand gedrückt und mir aufgetragen, diese in den Auspuff des Kabinenrollers zu drücken. Was ich sofort erledigt habe. Was das für Folgen haben könnte, davon hatte ich natürlich keine Ahnung. Was dadurch passiert ist, weiß ich schon, denn von dem lautstarken Streit, der am späten Nachmittag entstand, habe ich umgehend erfahren, noch am selben Nachmittag, vielleicht nur eine halbe Stunde später, stand der Bote, der schon einmal erwähnte Kulle Strull, vor unserer Haustür und hat mir alles erzählt. Seltsamerweise ist *mir* das nie zugeordnet worden. Ich habe jedenfalls nie etwas davon erfahren.

Wir wollen hier ja keine Wurzeln schlagen, sondern wir wollten ein wenig laufen. Nach fünf, sechs, sieben zügigen Schritten bleibt meine liebe Schwester schon wieder stehen. Sie sieht mich dann einen Moment besonnen, vielleieicht auch eher fragend, an und sagt dann: „Ich weiß, du hast mir die Geschichte schon erzählt, aber ich vergesse immer wieder einige Details. Und ich finde sie viel zu schön, um sie einfach in Vergessenheit geraten zu lassen! Also, bitte, wie war das mit dem Mehlsack?"

„Na gut", sagte ich, „ich glaube es auch, die Geschichte mit dem Mehlsack habe ich dir schon erzählt, aber wenn du sie noch einmal hören möchtest. Bitteschön! Das war so: In der, gerade schon erwähnten, Backstube saßen der Bäcker, der dort hingehörte, der Müller von nebenan sowie der Schornsteinfeger vom anderen Ende des Dorfes. Die drei haben sich gegenseitig von ihren Kriegserlebnissen erzählt, der war ja gerade erst vor neun Jahren zu Ende gegangen. Und haben sich dabei gegenseitig, so mein Vater, als ich ihn 1964 danach fragte, kräftig was vorgelogen. Und die drei hatten dabei, Gründe mussten damals nicht gesucht werden, die gab es immer, ungefähr ein halbes Glas, vielleicht auch ein ganzes Gläschen zu viel getrunken. Anderweitig kommt man nicht auf solche verrückten Ideen. Es ging um die Frage, wie weit wohl ein kräftiger Mann einen Mehlsack schleppen könne. Der Bäcker und der Müller, die das Gewicht eines vollen Mehlsacks ganz genau kannten, reizten den Schornsteinfeger mit der Aussage: „Wenn du den ohne abzusetzen nach Hause schleppst und immer noch deinen Zylinder auf dem Kopf hast, kannst du ihn behalten!" Das war immerhin durch das ganze Dorf, das war den beiden Schelmen sehr wohl bewusst. Aber gesagt ist gesagt, und ein Wort ist dann ein Wort!" Und so kam es, dass ein nicht ganz nüchterner Schornsteinfeger am frühen Nachmittag mit einem vollen Mehlsack auf den Schultern und in voller Montur durch das ganze Dorf trabte. (Er hat diesen Quatsch wirklich im Dauerlauf absolviert, nur dieser lange, rote Schlips, der ihm da aus dem Mund hing, hat ihn ein ganz klein wenig behindert.) An der Haustür, vor unserer sichtlich entsetzten Mutter, hat er formvollendet seinen Zylinder gezogen, seiner Frau, unserer Mutter, einen kräftigen Schmatz gegeben, den Mehlsack vor der Tür abgestellt, ihn nie wieder beachtet und ist auf der Stelle, so dreckig wie er war, schlafen gegangen. Und ich durfte diesen schweren Mehlsack in die Küche schleppen. Und... wir brauchten fast ein Jahr lang kein Mehl mehr zu kaufen."

In dieser kleinen, aber erlebnisreichen Backstube, ist heute eine schnieke Mode-Boutique untergebracht. Auch gut, aber Schade. Wirklich sehr Schade.

Die Turnhalle

Auf der linken Seite von unserem Schulhof steht immer noch unsere Turnhalle. Unsere gute alte Turnhalle, in der im Besonderen ich viele schöne Stunden erleben durfte. Der Fußboden war mit Sägespänen angefüllt, so wie es heute noch in Reithallen üblich ist. Die Sägespäne brauchten nur geharkt und im Sommer gelegentlich etwas angefeuchtet zu werden, schon machte das immer einen sehr gepflegten Eindruck. Ich weiß allerdings nicht, ob die Halle auch heute noch als Turnhalle genutzt wird. Um hineinsehen zu können, sind die Fenster zu weit oben. Auf der Vorderseite der Halle stand zwar die Eingangstür offen, wir haben uns aber nicht getraut, einfach hinein zu gehen. Im gleichen Augenblick haben wir natürlich auch die Treppe gesehen, die uns zu meinem ehemaligen Klassenzimmer geführt hätte und haben kurz überlegt, weil ja alles offen stand, hoch zu gehen. Ich hätte zu gerne gewusst, ob es den kleinen Kanonenofen noch gibt, den wir, wenn wir es im Winter warm haben wollten, selber beheizen mussten. Im Vorflur, oben auf dem Treppenpodest, stand eine kleine Kohlenkiste, die war immer voller Brikett, das war der einzige Luxus, den man uns gönnte.

In diesen Kanonenofen habe ich, aus lauter Übermut, erst das Quecksilberthermometer hineingeschmissen, das war uns, weil wir erneut herumgetobt haben, runtergefallen und dann, weil gerade Silvester war, noch einen Kanonenschlag hinterher. Das hat dieser Kanonenofen alles brav ausgehalten und auch nach diesem hinterhältigen Anschlag unser Klassenzimmer immer schön warm gehalten. Wir aber, meine Schwester und ich, haben uns dann doch entschieden, lieber weiter zu gehen.

Leider habe ich all das, was ich einmal in dieser Turnhalle gelernt habe, nicht weiterverfolgt. Im Elmshorner MTV, in den ich nach dem Wegzug damals eingetreten war, war Geräteturnen eine ziemlich kleine Nebenabteilung. Geräteturnen interessierte niemanden. Heute würde man sagen, das war Out. Deswegen habe ich mich anderen, vermeintlich attraktiveren Sportarten zugewandt. Heute weiß ich: Es war schade.

Als zwölfjähriger Junge, am Reck die Riesenfelge zu beherrschen, war auch im Jahr 1956 die absolute Ausnahme! Die genaue, vom DTB festgelegte Bezeichnung, ist: Von der Kammgriff-Schwungstemme in den Handstand, mit anschließender Riesenfelge rückwärts. Daran habe ich sehr, sehr lange intensiv geübt und manchen Hautlappen der Innenhandfläche geopfert. So lange bis es dann die Handschoner gab.

Aber an den Ringen beherrschte ich eine Übung, deren Name ich nicht einmal wusste. Beherrschen ist vielleicht etwas übertrieben, aber auf dem besten Wege dorthin, war ich ganz sicher. Diese Übung an den Ringen hatte ich ein einziges Mal im Kino gesehen, in der „Fox Tönenden Wochenschau" und... sie hat mich nicht wieder losgelassen.

Diese Wochenschauen nannten sich in einem Nebensatz noch „Die Stimme der Welt" und waren damals für die meisten Menschen die einzige Möglichkeit, die Ereignisse in der Welt in bewegten Bildern zu verfolgen. Man darf die Zeit nicht vergessen, in der wir damals lebten. Fernsehen steckte noch in den ersten Kinderschuhen, war auch, meistens jedenfalls, für einen normalen Arbeitnehmer fast noch unerschwinglich.

Auf der anderen Seite unseres Erdballes, im fernen australischen Melbourne, fanden 1956 die Olympischen Spiele statt. Über solche Großereignisse wurde selbstverständlich in der „Fox Tönenden

Wochenschau" berichtet. Im Besonderen natürlich auch über die Erfolge des Geräteturners und Olympiasiegers Helmut Bantz. Der turnte in dem Film eine Übung vor, an der ich dann einige Wochen heimlich geübt habe. Inklusive Krafttraining, um sie dann ganz stolz meinem Vereins-Turnlehrer vorzuführen. Es hatte sich nun als großen Vorteil erwiesen, dass meine Klasse, wie gerade schon erwähnt, in dieser Turnhalle lag, ich konnte, immer wenn ich Zeit hatte oder die Gelegenheit günstig war, ungestört üben.

An der Reaktion meines Turnlehrers merkte ich, ich muss offensichtlich etwas ganz Besonderes vollbracht haben. Der schlug die Hände vors Gesicht, war völlig fassungslos, tat so, als würde er den lieben Gott anflehen und sagte dann: „Ich werd' verrückt, da macht der einen Christus und sagt mir nichts davon!" Wenigstens wusste ich nun den Namen.

Später habe ich dann erfahren, dass die Bezeichnung Christus bei den Turnern durchaus üblich war, weil sie dem Bild des gekreuzigten Christus sehr ähnlich kam. Die korrekte Bezeichnung dieser Ringe-Übung ist übrigens: Kreuzhang.

Zurück zum Spaziergang. Wir stehen mittlerweile zwischen der Turnhalle und dem ehemaligen Schulgebäude und sehen auf das vor uns liegende Grundstück, das einmal unser Schulhof war. Genau in diesem Viereck, Schule/Bäckerei und Mühle/Turnhalle lag unser Schulhof, den wir wirklich in völlig anderer Erinnerung behalten haben, dieser Platz hier, auf dem wir jetzt stehen, ist seit einigen Jahren mit vielfältigen Pflanzen bewachsen und schön begrünt. Und sieht im Übrigen schön freundlich aus.

Unser Schulhof im Jahr 1956 war trist und grau, hatte aber genau die richtige Größe für ein Schlagballfeld. Dieses alte Turnspiel haben wir damals auf dem Schulhof mit wachsender Begeisterung gespielt. Die Regeln zu erklären, würde hier zu weit führen, sie sind für die folgende Geschichte auch völlig unwichtig, deshalb lasse ich es. Wichtig war aber, unter bestimmten Voraussetzungen durfte man sich gegenseitig mit dem Schlagball abwerfen. Der Schlagball ist ein, mit einem sehr festen Leder ummantelter, 80 Gramm schwerer Ballt von ca.10 cm Durchmesser. Ich glaube, er ist gefüllt mit Holzwolle.

Mit so einem harten Schlagball habe ich, anlässlich der Bundesjugendspiele 1958, 105 m weit geworfen. Ich sehe noch das entgeisterte Gesicht des Aufsicht führenden Lehrers aus Westerland, als ich dem sagte, dass mir das Feld zu klein wäre. Der hat sich da aufgeführt, als wenn... egal. Und ich, ich verstand diese ganze Aufregung nicht und habe aus dem Stand einen Probewurf gemacht, als der fast am anderen Ende des Feldes landete, durfte ich dann endlich, allerdings mit dem allergrößten Widerwillen und immer noch kräftigen Kopfschütteln, 10 m zurückgehen. Trotzdem landete mein Ball auf der anderen Seite des Sportplatzes in einem Vorgarten der angrenzenden Häuser.

Wenigstens gab es zwischen dem Gemüse einen deutlich sichtbaren Abdruck. Für diesen Rekordwurf gab es dann so viele Punkte, dass die Tabelle nicht ausreichte. Es gab dafür auch keine passende Urkunde, es konnte sich damals niemand vorstellen, dass ein 14jähriger Junge soweit werfen könnte! Ich erwähne das auch deswegen, weil es das nachfolgende erklären kann oder begreifbar macht. Wer nämlich von so einem Lederball während eines Schlagball-Spieles getroffen wird, scheidet aus und muss zuschauen.

Als wir einmal Klein gegen Groß spielten, waren wir Großen auf dem besten Weg, dieses Spiel zu verlieren. Die Kleinen waren, mangels Masse, einfach schwerer zu treffen. In den nächsten Wurf habe ich meinen ganzen Frust mit hineingelegt und getroffen. Genau aufs Herz. Die Auswirkungen waren fatal. Der kleine Uwe S. brach zusammen, wie ein erlegtes Wild. Mitten im Laufen hörte er mit den Bewegungen auf. Und genau so, völlig regungslos, knallte er in den Dreck von unserem Schulhof. Das hat, nicht nur bei mir, eine heftige Panikattacke ausgelöst. Er hat sich zwar schnell wieder erholt, aber der Schock saß tief. Die Gefahr, unglücklich zu treffen, ist mir immer gegenwärtig geblieben. Auch später, beim Handball, sogar beim Faustball, wenn einer vor mir stand, hatte ich Hemmungen.

Zwischen der Turnhalle und der Schule Lag noch ein kleiner Neben-Schulhof, vielleicht so ungefähr 10 m x 15 m, ich weiß es nicht mehr genau, das ist auch überhaupt nicht wichtig, denn nichts von alledem gibt es heute noch. Aber in meinen Erinnerungen lebt einiges von dem, was es damals dort gab und für uns ungeheuer wichtig war, noch weiter. Genau in der Mitte von diesem Neben-Schulhof stand ein Fahnenmast, an den erinnere ich mich deshalb so genau, weil ich den einmal so richtig schön getroffen habe, allerdings mit meinem Kopf.

Als ich dort, auf dem viel zu kleinen Platz, völlig idiotischerweise versucht habe, einen Drachen steigen zu lassen, stand mir dieser blöde Fahnenmast im Weg. Die Beule an der linken Augenbraue schwoll innerhalb weniger Minuten so enorm an, dass ich auf dem Auge absolut nichts mehr sehen konnte. Das rief bei Mutti Besorgnis bis Panik hervor und wurde umgehend mit kaltem Wasser behandelt. Erfolgreich! Papi wollte sich Mal wieder ausschütten vor Lachen, sah aber auch zu komisch aus. Er hat sich dann doch noch zu der Frage hinreißen lassen: „Wie hast du das denn wieder hingekriegt?" Solche und ähnliche Kapriolen waren die beide von mir ja gewohnt, nur die Reaktionen waren stets, so möchte ich einmal sagen, enorm unterschiedlich. Heute weiß ich so etwas einzuschätzen, denn Monika und ich reagieren auch höchst unterschiedlich, wenn mit Sohnemann Frank etwas ist.

Und überall auf diesem Neben-Schulhof waren die Symbole in den Sand gezeichnet, die man brauchte, um Hinkepott zu spielen. Dazu wurden in einer bestimmten Anordnung kleine Kästchen auf den Fußboden aufgezeichnet, die dann in unterschiedlichen Schwierigkeitsgraden abgehüpft werden mussten. Ich habe absolut keine Ahnung, ob Hinkepott die richtige Bezeichnung ist, ich kenne nur diese eine. Und unsere Mädchen haben das genauso gerne und mit der gleichen Begeisterung gespielt, wie wir Schlagball.

Noch etwas fällt mir da ein. Für damalige Verhältnisse überaus wichtig. Überall auf unserem Schulhof, nicht nur auf dem Neben-Schulhof, gab es kleine Löcher. An den Seiten, in den Ecken, bei der Mühle, bei der Turnhalle, überall gab es diese kleinen Löcher, manchmal auch nur Mulden. Mit irgendetwas Scharfem, irgendwas Hartem, haben wir ein Loch ausgekratzt. Fertig! Dort haben wir Murmeln gespielt.

Jeder von uns lief damals mit einem kleinen Stoff-Säckchen durch die Gegend, um jeder Zeit bei einem Murmelspiel mit einsteigen zu können. Mit dem Zeigefinger mussten die Murmeln von einem bestimmten Platz aus in dieses vorgefertigte Loch geschnippt werden. Die genauen Regeln habe ich leider vergessen, ich weiß nur noch so viel, dass derjenige, der die letzte Kugel ins Loch schnippte, alle behalten durfte. Was natürlich ständig zu kleinen Streitigkeiten führte. Das ist mir auch nicht so wichtig, wichtig sind mir, auch wir Kinder aus einer längst vergangenen Epoche, hatten Spiele, die ganz einfach sehr viel wichtiger waren, als alles andere.

Schulaufgaben machen zum Beispiel. Murmelspieler konnte man daran erkennen, dass deren Zeigefinger zwischen dem ersten und zweiten Gelenk immer schwarz war. Murmel spielen war damals eine ähnliche Sucht, wie heute mit dem Handy spielen.

Auf der anderen Seite der Turnhalle, direkt zur Schulseite, waren unsere Schul-Toiletten untergebracht, auf der linken Seite für Jungs und auf der rechten Seite für Mädchen. In unangenehmer Erinnerung ist mir dieser penetrante Urin-Gestank geblieben, eine Spülung für die Pinkel-Rinne gab es ganz einfach noch nicht. Bei den Mädchen, ich bin einmal heimlich oben gewesen, war der Gestank nicht ganz so stark.

Nach Schulschluss wurden diese Toiletten sorgfältig verschlossen. Es war für alle Verantwortlichen undenkbar, und es war bislang auch noch niemals vorgekommen, dass jemand außerhalb der Schulzeiten dringend aufs Klo musste. So weit kommt das noch, das sind schließlich keine öffentlichen Toiletten, die werden, so wie es sich gehört, nach Schulschluss zugesperrt. Mit grimmigen Stabgittertüre und angespitzten Stäben, wie Dornen! Und genau das wurde meinem jüngeren Bruder Ferdinand zum Verhängnis. Der musste Mal. Nach Schulschluss. Dringend!

In seiner Not (ich müsste ihn Mal fragen, ob die Not wirklich so dringend war) ist er über das Gitter hinweg geklettert, auf dem Rückweg dann abgerutscht und hängengeblieben. Dabei hat er sich einen dieser spitzen Dornen in die Kniekehle gerammt. Und in dieser prekären Situation, mit beiden Händen an den Querstreben festgeklammert, fast am Ende seiner Kräfte, habe ich ihn vorgefunden. Einer seiner Spielkameraden, ich meine, es war sein Freund Werner, bin aber nicht sicher, hat mich auf dem, eben schon erwähnten, Sportplatz erwischt und mir vor gestottert, es wäre etwas ganz Schlimmes passiert.

Mir ist heute noch nicht ganz klar, wie es mir, einem zwölfjährigen Jungen, so alt war ich damals, möglich war, solche Kräfte zu entwickeln, um die Befreiung einfach so leisten zu können. Ich habe sein Bein aus dem Dorn ausgehakt, es hat seltsamerweise fast gar nicht geblutet, ihn mit einer Hand festgehalten, sein Bein dann über das Gitter gedrückt, dann runter gehoben und auf mein Fahrrad gesetzt. Ohne zu zögern... ohne nachzudenken und ... ohne abzusetzen!

Der damalig Dorf-Arzt, Thies-Dokter, zu dem ich Ferdinand in Begleitung aller seiner Freunde mit meinem Fahrrad gebracht habe, hat sich diese, wie er sagte, „Bescherung" angesehen, den genauen Hergang immer wieder erklären lassen und immer wieder den Kopf geschüttelt. Dann hat er die Wunde gründlich gereinigt und danach geklammert.

Das war's. Einen guten Rat hat er ihm noch für immer und alle Zeiten mit auf den Weg gegeben: „Pinkel in Zukunft hinter einen Baum, der hat keine scharfen Dornen. Du hast dein Glück für lange Zeit im Voraus verbraucht. Bei diesem Blödsinn hättest du auch dein Bein verlieren können!"

Die Wunde ist, trotz dieser Minimalbehandlung, ohne Komplikationen verheilt und nur, wenn man ganz genau hinschaut, ist die Narbe noch zu erkennen! Unser Vater ist auf den ausdrücklichen Rat von Thies-Dokter noch in der Nordsee-Klinik zur Kontrolle gewesen. Die haben nur gefragt, wer das gemacht hat und dann alles so gelassen, wie es war. Sage noch einer was gegen die Dorfärzte. Das war einfach großartig!

Übrigens, wir Keitumer, wir Dörfler, sagten zu unserem Dorfarzt: Thies-Dokter. Kein Mensch kam auf die absurde Idee, dass das falsch sein könnte.

Das Feuerwehrmuseum

Nun gehen wir wirklich ein kleines Stück weiter. Unser nächstes Etappenziel ist nur einen Katzensprung entfernt, das heutige Feuerwehrmuseum. Ich muss zugeben, ich bin noch nie drinnen gewesen, obwohl es mich schon interessieren würde. Ob es dort wohl noch Bilder von meinem Vater gibt?

Damals, an die Zeit, an die ich mich erinnere und an die ich mich deshalb so gut erinnere, weil wir, mein Vater und ich, hin und wieder da waren und ich diesen Ort dann stets als großen Abenteuerspielplatz betrachtete. Wir waren fast immer zu außerdienstlichen Zeiten dort, weil mein Vater dort immer etwas zu tun hatte und er das dann in aller Ruhe erledigen konnte, von niemandem gestört wurde und sich ganz auf seine Nebentätigkeiten konzentrieren konnte. Da war es noch das Feuerwehrgerätehaus, kurz: das Spritzenhaus. Hier sind der Fortschritt und der Wandel der Zeit am deutlichsten sichtbar. Das neue Feuerwehrhaus, auf der gegenüberliegenden Seite, hat große, moderne Sektional-Rolltore mit einem schönen, ausreichend dimensionierten Vorplatz, auf dem notwendige Wartungs- und Reparaturarbeiten ausgeführt werden können.

Das habe ich tatsächlich einmal beobachten können und festgestellt, das ist überall in Schleswig-Holstein gleich, an Wochenenden wird an den Feuerwehr-Fahrzeugen herumgewerkelt, um sie jederzeit einsatzfähig zu halten, manchmal auch, um sie nach einem Einsatz wieder so herzurichten, dass sie jederzeit und ohne Unterbrechung ausrücken können. Das hat in jeder Wehr oberste Priorität. Wahrscheinlich ist in dem Gebäude auch noch ein Schulungs- und

Versammlungsraum untergebracht, so wie es inzwischen Standard in Schleswig-Holstein ist.

Unser kleines Feuerwehrhäuschen stand damals im Schatten riesiger Buchen, die ich, weil ich ja ein kleiner Junge war, besonders groß in Erinnerung habe. Ich habe an dem Spritzenhaus auch noch einen Turm in Erinnerung, es kann aber auch gut sein, dass ich hier etwas verwechsele. In meiner Zeit als Schornsteinfegergeselle bin ich in Schleswig-Holstein sehr viel herumgekommen und folglich in sehr vielen kleinen Feuerwehrhäusern gewesen, es ist also möglich, dass ich da etwas verwechsele.

Im Spritzenhaus selbst stand ein grüner Löschwagen, und ich meine, irgendwo stand noch eine TS8, bin mir aber auch da nicht sicher. Ich weiß auch nichts mehr von der Marke des Löschwagens, ich glaube Magirus, aber richtig wissen oder genau wissen, kann ich es nicht mehr. Und noch eine Nuance undeutlicher sind meine Erinnerungen an den Typ, dafür war ich einfach noch zu jung. Ich weiß nur noch, dass der Löschwagen grün war und das war sehr wohl ungewöhnlich.

An was ich mich aber sehr gut erinnere, sind die unendlich vielen, manchmal schon sehr alten Löschutensilien, die alle, mehr oder weniger, gut sortiert untergebracht waren. Alles musste ich ganz genau betrachten, alles musste ich anfassen und immer wieder hatte ich irgendwelche Fragen, die mein Vater ausnahmslos beantworten konnte. Ich weiß natürlich nicht mehr, ob die Antworten, die er mir damals gab, auch alle korrekt waren. Das ist mir heute auch nicht mehr wichtig, wichtig ist mir vielmehr die Erkenntnis, wie schnell Söhne zufrieden zu stellen sind, wenn Väter auch nur so tun, als würden sie interessiert zuhören. Das hat mich mein ganzes Leben begleitet. Natürlich bin ich das eine oder das andere Mal ungeduldig gewesen. Aber erinnert an meine Kindheit, habe ich mich immer! Wichtig ist mir auch die Aussage von meinem Sohn Frank, der in seinem Kindergarten lauthals heraus krähte: Mein Papa weiß alles! Genau diese Empfindungen hatte ich damals für meinen Vater auch!

Ich weiß von meinem Bruder Ferdinand, dass er mit seinem Sohn ähnliche Erfahrungen gemacht hat. Wahrscheinlich fangen Söhne in dem Alter an, Erfahrungen zu sammeln und Orientierungshilfen zu suchen, die sie für ihr ganzes späteres Leben prägen.

Sehr gut in Erinnerung behalten habe ich, zurück zur Feuerwehr, die Feuerhaken, mit denen im Brandfall das Reet von den Dächern geragt werden sollte. Die bessere Beschreibung ist vielleicht: Das Reet sollte vom Dach heruntergeharkt werden.

Bei dem Großfeuer in Morsum, das ich im Kapitel „Harhoog" schon erwähnt hatte, habe ich zugesehen, wie Feuerwehrleute, gestandene Männer, vergeblich versuchten, mit diesen Haken das brennende Reet vom Dach zu reißen und es letztendlich aufgeben mussten, es war einfach zu heiß. Ich erinnere mich deswegen so genau an die Feuerhaken, weil ich genau die gleichen Hake in der kleinen Dorfwehr von Raa-Besenbek bei Elmshorn wieder gesehen habe. Der damalige Wehrführer wunderte sich sehr darüber, dass ich genau wusste, wofür diese Dinger gebraucht wurden. Raa-Besenbek ist ein kleines Straßen-Dorf, in dem ähnlich wie in Keitum noch sehr viele alte Bauernhöfe mit Reet gedeckt sind. In der Gefahrenklasse ist Raa-Besenbek lange nicht so hoch angesiedelt wie Keitum, weil die einzelnen Gehöfte sehr viel weiter auseinanderliegen.

Eine kleine erzählenswerte Episode, in Sachen Feuerwehr, fällt mir da noch ein. Dann soll es auch gut sein. Als in Raa-Besenbek in den späten 1950iger Jahren der Bauernhof von eben jenem besagten

Wehrführer lichterloh niederbrannte und sehr viele Rinder und Schweine ums Leben kamen, stand in dem Polizeibericht: Fleisch: Gar. Haut: Kross. Gemeint waren die Schweine, die sich in ihrer Not noch in die, neben dem Hof fließende Wetter gestürzt hatten und dort elendiglich verreckten. Keine schöne Geschichte, ich weiß, es zeigt aber sehr deutlich, welche unvorstellbare Hitze bei so einem Brand entsteht. Es zeigt aber auch, wie unsinnig die Sache mit den Feuerhaken war.

Nachhaltig imponiert hat mir aber etwas ganz anderes, nämlich, wenn die ganze Wehr vor dem Spritzenhaus angetreten war. Einer stand davor, gab Kommandos und alle taten genau das, was der da vorne sagte. Nur einer nicht, mein Vater! Der stand etwas abseits, hatte mich an der Hand und wenn ich irgendwo anders rumwuselte, hatte er beide Daumen in das Koppel eingehakt, guckte interessiert zu, rührte sich aber nicht von der Stelle.

„Warum machst du das?" habe ich ihn gefragt, natürlich erst zu Hause, damit keiner merkt, dass ich etwas nicht weiß. Das verstehst du noch nicht, war die übliche Phrase, mit der Kinder damals abgespeist wurden. Eines der ganz wenigen Dinge, die mich heute noch ärgern, wenn ich an meine Kinderzeit zurückdenke. Wenn ich, meinetwegen auch wir, verstanden hätten, hätten wir/ich nicht gefragt.

Erst einige Jahre später, als ich selber Mitglied einer Freiwilligen Feuerwehr war und das erste Mal einen Lehrgang in der Feuerwehrschule in Harrisleefeld besuchte und dort den Leiter dieser Feuerwehrschule, Jonny Matthiesen, wieder getroffen hatte, den ich noch von Keitum als Onkel Jonny kannte, dämmerte es mir langsam. Darüber hinaus kannte ich mich inzwischen selbstverständlich in den Hierarchien der Feuerwehren aus und habe dann endlich begriffen, warum mein Vater damals abseits stand.

Das Dorf, in dem die Landesfeuerwehrschule Schleswig-Holstein untergebracht war, vielleicht war es auch nur ein Ortsteil, hieß damals tatsächlich noch Harrisleefeld. Ich weiß nicht genau, seit wann es jetzt nur noch Harrislee heißt.

Mein jüngster Bruder, Paul-Hein, hat zu einem besonderen Ereignis der Freiwilligen Feuerwehr Keitum eine ebensolche besondere Erinnerung. Paul-Hein war 1980 13 Jahre alt und hat den gesamten Festkommers und die Feiern zum 100jährigen Bestehen der Freiwilligen Feuerwehr Keitum miterleben dürfen, weil sein Vater einer der Ehrengäste war. Und er sagt heute noch, 35 Jahre später, das war ein Ereignis, an das ich heute noch mit großer Hochachtung zurückdenke.

Unser Kaufmann

Bevor wir hier an dem ehemaligen Spritzenhaus zu sehr in alten Erinnerungen verweilen und eventuell noch wehmütig werden, gehen wir lieber ein Stück... und merken sofort den Unterschied. Früher, als wir beide hier noch jeden Tag zur Schule und wieder zurückgingen, gingen wir durch eine sehr schattenreiche Allee. Mächtige Buchen mit schönen, dichten Kronen säumten die Straße. Bis zum Kaufmann Christiansen streckte sich die Allee und war ein Teil vom grünen Herz der Insel. Davon ist leider nichts geblieben, von den Buchen nicht und von dem Kaufmann schon gar nicht. Das Haus, in dem zu unserer Kinderzeit der Kaufmann untergebracht war, gibt es immer noch. Es hat den alles beherrschenden Charakter behalten. Dort ist heute das gute italienische Restaurant Àmici' untergebracht und strahlt Gemütlichkeit und Ruhe aus.

Gerade dieser Kaufman war fast so etwas wie eine Institution. Hier bekamen wir alles, was eine Familie zum Leben braucht, alles war peinlichst genau sortiert und für fast alles gab es eine kleine Schublade und wenn es denn irgendwann nötig wurde, auch eine größere Schublade. Und für alles gab es ein Regal, und alles war beschriftet. Schrauben und Nägel, Mehl und Zucker, Käse und Margarine, Schuhe und auch Pantoffeln, Fahrräder und kleine Spielzeugautos, sogar Schubkarren habe ich dort gesehen.

Noch etwas habe ich in guter Erinnerung behalten, es war immer und überall peinlichst aufgeräumt. Wer Ordnung hält, erspart sich das Suchen.

In Wilster, eine kleine Stadt bei Itzehoe, gibt es einen Kaufmann, den wir alle nur unter der Bezeichnung „Klein-Karstadt" kennen, ich glaube bei dem könnte man sogar rostige Nägel bekommen. Und eben dieser Klein-Karstadt erinnert mich in ganz viele Dingen an unseren Kaufmann in Keitum. Ähnlich, wie bei „Klein-Karstadt", sah es auch bei dem Christiansen aus. Und bei beiden war und ist „Suchen" ein Fremdwort.

Bei Christiansen gab es wirklich alles, daher war es dann auch nicht sehr verwunderlich, dass hier das halbe Dorf hat anschreiben lassen. Daran erinnere ich mich wirklich sehr gut. Das, was es sonst nur in Städten gab, ermöglicht durch die Konsum-Genossenschaften, dass man einkaufen konnte, ohne gleich bezahlen zu müssen und, was noch viel wichtiger war, ohne für den Einkauf und nach dem obligatorischen Anschreiben für die nun entstandenen Schulden auch noch ein paar Zinsen berechnet zu bekommen.

All das hat dieser kleine, örtliche Kaufmann auch praktiziert, ohne eine große Organisation hinter sich. Das unscheinbare, ziemlich abgegriffene Büchlein, in dem die ausstehenden Beträge sorgfältig eingetragen wurden, lag links in einer Schublade, versteckt unter dem langen Verkaufstresen. Angeschrieben wurde selbstverständlich mit einem Bleistift, um jederzeit, wenn zwischendurch etwas gezahlt werden sollte, radieren zu können. Ansonsten wurde freitags, spätestens samstags, bezahlt.

Viele junge Menschen können sich das heute nicht mehr vorstellen, freitags, manchmal auch erst samstags den Lohn in einer Tüte zu bekommen und dann erst einmal alle Schulden begleichen zu müssen. Und so manches Mal hatte Papa nicht genug übrig gelassen, weil er an dem damals üblichem Lohntütenball zu heftig teilgenommen hatte. Dann kamen zu den neuen Schulden auch noch die von der letzten Woche hinzu, oftmals war dies eine ziemlich unangenehme Situation.

Noch etwas ist mir in Erinnerung geblieben. Ich habe nie gesehen, dass irgendjemand zu irgendeinem Zeitpunkt jemals irgendetwas unterschrieben hätte, es ging alles ganz einfach nur nach „Treu und Glauben". Das ist heute nicht mehr denkbar! Schulden ohne Unterschrift werden nicht bezahlt. Von diesem liebenswerten Service ist nichts geblieben.

Nicht nur in Keitum.

Magnus Weidemann, Kunstmaler

Kurz vor unserem ehemaligen Kaufmann biegen wir schon nach rechts ab, Richtung Kliff, denn wir wollen unbedingt an dem Weidemannhaus vorbeikommen, es genauer ansehen, aber auch, um unsere ganzen Erinnerungen aufzufrischen. Als wir davor stehen, sind wir überrascht, beinahe schon überwältigt. Es ist fast noch so, wie wir es in Erinnerung haben, nur einen Tick schöner, sauberer, vielleicht auch ein wenig gepflegter. Nein, nicht vielleicht, es macht einen sehr gepflegten Eindruck. Gartenarbeit war nämlich seine Sache nicht.

Eigentlich ist es ganz schön vermessen von uns, zu glauben, wir könnten uns, nach über 50 Jahren, noch genau daran erinnern, wie dieses Haus einmal ausgesehen hat. Das ist natürlich Unsinn! Damals haben wir dieses Haus mit Kinderaugen gesehen, und die haben einen ganz anderen Blickwinkel. Heute stehen wir als Erwachsene vor diesem Haus, können es sehr genau einschätzen und... wir können vergleichen. Aber... mir scheint, in diesem Fall ist die Restauration gerade hier an diesem Haus ganz prächtig gelungen.

Was Marianne wieder einmal überhaupt nicht berührt, obwohl ihr Mann Architekt ist. Sie interessiert sich mehr für die Menschen, die hier einmal gelebt haben und fragt mich deshalb: „Kannst du dich eigentlich noch an den Herrn Weidemann erinnern? Ich habe nach den vielen Jahren einige Probleme damit. Ich meine, mich an einen weißen Kinnbart zu erinnern, glaube aber auch, dass ich ihn irgendwie verwechsele?"

„Das glaube ich auch, einen Kinnbart hatte er ganz sicher nicht, jedenfalls nicht in der Zeit, an die wir uns erinnern, im Gegenteil, er war immer glatt rasiert und hatte ein etwas rundliches und leicht rötliches Gesicht. So, als wenn er zu hohen Blutdruck gehabt hätte. Ach ja... er hatte fast keine Haare mehr auf dem Kopf."

Im Übrigen irritiert mich die Frage von Marianne etwas. Ich, für meinen Teil, kann mich überhaupt nicht daran erinnern, jemals „Herr Weidemann" gesagt zu haben. Ich kann mich nur daran erinnern, dass wir alle im Dorf, egal wer, ob klein oder groß, immer nur von „Magnus" gesprochen haben, wenn wir denn überhaupt von ihm gesprochen haben. So wichtig war er uns, wenigstens uns Kindern, nun auch wieder nicht. Zu seinen Lebzeiten, so allerdings die Aussage meines Vaters, war er durchaus nicht unumstritten, nicht als Maler, versteht sich, die Kunst beurteilen die meisten Menschen, damals wie heute, alle gleich, nämlich gar nicht.

Selbstverständlich hat es, Anfang der 1950iger Jahre, Menschen gegeben, die etwas von Kunst verstanden und sie deswegen auch entsprechend zu schätzen und zu würdigen wussten. Die wussten genau, was Künstler vollbrachten, was Menschen wie Magnus Weidemann schafften und der Nachwelt hinterließen. Diese Menschen mussten sich nur aus ihren Verstecken heraus trauen. Nur wenige Jahre früher war es opportun, seinen Kunstverstand besser zu verstecken. Er lebte also in unserem kleinen Dorf weitgehend unbehelligt und konnte ungestört seiner Passion nachgehen. Und doch, es gab natürlich auch einige in unserem Dorf, die glaubten, an seinem Lebenswandel gäbe es das Eine oder das Andere auszusetzen. Und taten das auch. Stichwort Freikörperkultur. Ein ehemaliger Pastor, der nackt in der Gegend rum rennt, war für ganz viele eine Schande. Eine Provokation.

Dafür gibt es in Nordfriesland, seit vielen Jahren schon, das passende Getränk! Hat auch was mit einem Pastor zu tun.

Weil Magnus Weidemann den 1950iger Jahren das eine oder auch das andere Mal nicht genug Bilder verkaufte, war er stets etwas klamm. Und so kam es, dass in eben diesen Jahre Magnus Weidemann die Kehrgebühren für den Schornsteinfeger nicht bezahlen konnte. Danach, so mein Vater, hat er sich mit Magnus dahingehend geeinigt, dass er die fälligen Kehrgebühren für einige Jahre mit Bildern bezahlen konnte.

Ich habe keine Ahnung, auf welchen Kurs sich die beiden geeinigt hatten, oder welchen Umrechnungsfaktor die beiden benutzt haben. Ich weiß nur noch, dass zwei Bilder bei uns in unserem Haus in Elmshorn an der Wand hingen.

Zumindest eines der Bilder könnte ich heute noch beschreiben, so oft bin ich daran vorbeigelaufen und auch so manches Mal davor stehen geblieben. Denn es zeigte die Keitumer Bucht genauso, wie ich sie in Erinnerung habe. Leider habe ich überhaupt keine Ahnung, was aus den Bildern geworden ist. Ich bin ja schon 1963 in die Welt hinaus gezogen und hatte die Bilder vollkommen aus meinem Gedächtnis getilgt. Erst 1983, nach dem Tod meines Vaters, sind mir die Bilder wieder eingefallen, da waren sie schon spurlos verschwunden. Keiner meiner Geschwister konnte sich an die Bilder erinnern. Schon gar nicht, dass sie, in all den vielen Jahren, möglicherweise immer wertvoller geworden waren. Zumindest das eine, das die Keitumer Bucht zeigte, denn das war signiert.

Da hingen Bilder, ja, daran konnten sich meine Geschwister erinnern ... aber??

Übrigens, in Naturalien zu bezahlen, war damals eine durchaus gängige Praxis. So manch ein Bauer hat in diesen Aufbruch-Jahren mit Speck oder Schinken bezahlt und dabei Riesengewinne gemacht. Und nur sehr selten wurde überbezahlt!

Der Malerwinkel

In Gedanken versunken gehen wir weiter. Der Keitumer Maler Magnus Weidemann beschäftigt uns mehr, als wir geglaubt haben. Wir gehen durch den kleinen Hohlweg, der, an dem Toilettenhäuschen vorbei, uns direkt zum Kliff führt und, am Ende des Weges, wenn wir nach links abbiegen würden, uns an die Rückseite des Heimatmuseums bringt. Bevor wir diesen Weg zum Heimatmuseum weitergehen, halten wir einen Moment inne.

Genau hier, am Ende des kleinen Weges, direkt am Abhang stehend, mit freiem Blick auf das Wattenmeer, ist der Standort, an dem Magnus Weidemann öfter gestanden hat. Das muss auch der Standort sein, an dem er gestanden hat, als er das Bild gemalt hat, welches bei uns in Elmshorn an der Wand hing.

Ich nenne diesen Platz: Malerwinkel.

Ich habe am Königssee einmal an einem Platz gestanden, der heißt Malerwinkel. Dieser Platz hat mir ausnehmend gut gefallen. Weil ich dort im Berchtesgadener Land den Blick auf den See gerichtet, einen genauso freien Blick hatte wie hier in Keitum. Deshalb habe ich für mich beschlossen, diesen Ort hier am Kliff Malerwinkel zu nennen. Ich weiß, dass es vermessen ist, einen Begriff einfach zu transferieren. Das ist mir aber egal! Denn hier habe ich Magnus Weidemann, immer in sich ruhend, gelegentlich stehen gesehen.

Damals habe ich noch geglaubt, der pennt im Stehen. Und mich immer gewundert, dass der nicht einfach umkippt. Naja, als kleiner und noch ziemlich unerfahrener Junge urteilt man manchmal etwas vorschnell, und ein kleiner Junge verrennt sich auch schon Mal. Er stand immer etwas nach links versetzt, neben den kleinen Büschen, die damals dort noch wuchsen, fast regungslos, wie eine

Statue. Ich habe ihn dort nie mit einer Staffelei gesehen und im Sommer überhaupt nicht, nur im Winter. Seine Hände hatte er stets ganz tief in seinem grässlichen Lodenmantel versteckt. Er stand einfach nur da, um diesen grandiosen Blick auf sich einwirken zu lassen. Ich weiß natürlich nicht wirklich, was Magnus Weidemann dort gemacht hat, oder gar, was er gedacht hat, genauso wenig weiß ich, ob er mich jemals wahrgenommen hat, obgleich er, und das weiß ich wiederum genau, mich sehr wohl kannte. Immer, wenn ich ihn dort, an meinem Malerwinkel, stehen sah, habe ich einen respektvollen Bogen um ihn gemacht. Ich habe mich damals einfach nicht getraut, ihn zu fragen, obgleich ich ein rechter Rotzlöffel war und vor nichts Respekt hatte. Ich hätte das gerne tun können, denn nach Aussage meines Vaters, der ihn sehr gut kannte, soll er ein ausgesprochen freundlicher Mann gewesen sein.

Was ich hingegen ganz genau weiß, ist, wie ich mich fühle, wenn ich an diesem Standort stehe und die Natur auf mich einwirken lasse: tiefe innere Ruhe. Und ich spüre hier jene Gelassenheit, die ich manchmal an mir vermisse.

Wenn wir von hier, dem Weidemann-Standort, nach links sehen, haben wir die gesamte nördliche Insel vor uns, jedes einzelne Dorf ist zu erkennen, manchmal sogar einzelne Häuser. Bei klarer Sicht, und das ist heute der Fall, können wir sogar den Leuchtturm vom Ellenbogen erkennen. Den zur Wattseite natürlich. Offiziell Sylt-Ost. Oder auch die vielen Ausflugsdampfer, die da oben herumschippern und, wenn sie denn gerade da ist, die Sylt Fähre. Das ist ein Teil des Lebens auf der Insel, in der Vielfalt, wie wir es heute kennen. Das gab es damals noch nicht. Aber war es deswegen langweiliger? Die Austernbänke, die schemenhaft zu erkennen sind, gab es damals auch noch nicht. Es gab, natürlich,

162

auch zu unserer Kinderzeit Austern, aber nur in Wildform und es war eine andere Art. Und... beim ersten Blick fällt es nicht gleich auf, es sind fast keine Fischkutter unterwegs. Das allein für sich, ist auch eine Aussage!

Im Hafen von Munkmarsch habe ich die ganzen letzten Jahre keinen einzigen Fischkutter gesehen!

Dabei kann ich mich noch erinnern, dass Mutti mich dann und wann nach Munkmarsch geschickt hat, um direkt von den Fischkuttern fangfrischen Fisch zu kaufen. Sehr oft konnte man auch die gerade gekochten frischen Krabben kaufen. Für viele eine nicht zu überbietende Delikatesse, für mich nicht, ich mag die Dinger heute noch nicht. Ich kann mich aber noch gut an die englischen Soldaten erinnern, die es vom Flugplatz nach Munkmarsch ja nicht weit hatten, die meisten kannten keine Krabben und standen dafür Schlange. Aber manchmal, wenn wir Glück hatten, gab es Miesmuscheln, das war für mich eine Delikatesse, die mochte ich damals schon.

Wenn wir uns nun, von dem Standort, an dem Magnus Weidemann öfter gestanden ist, der rechten Seite zuwenden, sehen wir auf den östlichen Teil der Insel, der für mich immer viel faszinierender war. Der südliche Teil der Insel ist von hier aus nicht einsehbar. Warum ich den östlichen Teil der Insel immer interessanter fand? Da ist zunächst einmal das Morsum-Kliff. Das Morsum-Kliff ist schon durch seine strikte Farbtrennung eine Besonderheit. Dieses Schwarz-Weiß-Kliff ist geologisch etwas ganz Besonderes, durch die nebeneinander liegenden Schichten, ursprünglich einmal übereinander. Ich bin als Schuljunge selbstverständlich da gewesen, dabei habe ich festgestellt, dass die Schwarz-Weiß-Färbung, so, wie ich sie aus der Ferne wahrgenommen habe und auch heute immer noch wahrnehme, eigentlich eine Braun-Weiß-Färbung ist. Sei es, wie es sei, mich stört es nicht.

Das Besondere an dieser Formation ist, dass sie nicht durch Erdplattenverschiebungen entstanden ist sondern durch die Urgewalt eines Eiszeitgletschers. Der hat durch seinen ungeheuren Druck die abgelagerten, übereinanderliegenden Schichten hoch geschoben und aufgestellt. In den abgelagerten Mineralien kann man sicher sehr viel über die Geschichte unserer Erde erfahren. Und damit will ich es, mit meinem bisschen Schulwissen zum Thema Geologie gut sein lassen. Das würde wirklich etwas zu weit führen. So gut kenne ich mich darin nun auch wieder nicht aus.

Aber... wenn man ein ganz klein wenig Glück hat und die Sonne steht im richtigen Winkel am Himmel, ich glaube, es war immer am frühen Nachmittag, dann bietet uns die Natur an unserem Morsum-Kliff ein weiteres, ganz vortreffliches Schauspiel. Man kann den Glimmer glitzern sehen. Wie tausende und abertausende Sterne in der Nacht.

Und dann natürlich der Hindenburgdamm. Den Hindenburgdamm kann man von hier aus prima sehen, und er gehört genauso zur Insel Sylt wie die Nordsee, die Dünen und der Wind. Und er bedeutete damals schon Leben. Daran hat sich bis heute nichts geändert. Denn das war und ist der Ort, wo wir die Insel verlassen konnten. Wenn wir es denn wollten. Der Hindenburgdamm war aber auch der Ort, über den wir zurückkehren konnten. Wenn wir es denn wollten. Und hier ist einer für die Insulaner brisantesten Punkte erreicht, hier hat sich einiges dramatisch geändert. Nur noch ganz, ganz wenige Insulaner können sich eine Rückkehr leisten. Wohnraum wird unbezahlbar. Das müsste schnellstens geändert werden. Oder Sylt verödet. Es gibt jetzt schon Ortsteile, in denen es nur für ein paar Wochen im Jahr Leben einkehrt. Und danach herrscht Totenstille.

Zurück zum Hindenburgdamm. Es ist noch immer ein sehenswertes Schauspiel, wenn, wie aus dem Nichts, ein Autozug auf den Hindenburgdamm fährt. Der Unterschied zu unserer Zeit ist, damals kündigten sich die Züge durch eine schwarze Rauchfahne an. Der Zug selbst war lange, lange nicht zu sehen, nur die Rauchfahne stieg in den Himmel und blieb noch lange dort stehen, auch wenn der Zug schon längst wieder weg war.

Was mich aber immer wieder nachhaltig beeindruckt, damals wie heute, ist das Anwachs-Gebiet zwischen Keitum und Archsum. Es ist überhaupt nichts Besonderes, nur flaches, dem Meer abgerungenes Land. Eigentlich ist der Begriff „Abgerungen" irreführend, denn genau genommen, bringt das Meer das Land. Jede neue Flut enthält kleinste Schwebeteilchen, die lagern sich ab und lässt das Land ein winziges Stückchen wachsen.

Es führt schon wieder etwas zu weit, auf dieses sehr spezielle Thema näher einzugehen, obwohl es sehr reizvoll wäre. Denn diese Art der Landgewinnung gibt es nur hier bei uns, nur hier an der Wattenmeer-Küste. Und gerade weil es so unspektakulär ist, ist es so einzigartig. In der Nähe von Archsum konnte man es damals am besten beobachten, wie sich die Insel verändert. Mit meinem Fahrrad bin ich öfter dort gewesen. Es gab noch keine Wege, nur Matsch, und manchmal sackte man knöcheltief ein und der Schuh blieb stecken. Überall stand Wasser, manchmal vom Regen, meistens aber von der letzten Flut. Nur wenn die Vögel davon tranken, war es Regenwasser.

Und gerade deswegen, gerade weil es so war, wie es war, war es so sehenswert! Mir war damals schon klar, sofern man akzeptiert, dass ein elf jähriger Junge zu diesem sehr komplizieren, aber ebenso komplexen Thema klare Gedanken haben kann.

Dieses Land ist von der Natur abgerungenes, von der Natur geschenktes, neues Land und wird irgendwann einmal fruchtbares und ganz sicher auch ertragreiches Ackerland sein. Heute wissen wir: Zumindest die Insel braucht kein Ackerland mehr. Dort, wo früher Pferde grasten, wird heute Polo gespielt. Das braucht auch keiner. Doch. Einige wenige, eher gut betuchte.

Aber genauso, die Zusammenhänge von Ebbe und Flut erkennend, haben wir es in der Schule gelernt, noch hier in Keitum. Die These damals: Alles, was sich die Nordsee auf der einen Seite holt, lagert sie auf der anderen Seite wieder ab. Das ist sehr wahrscheinlich immer noch zutreffend. Obwohl sich dieses gewaltige Naturereignis, durch die Sandvorspülungen auf der Westseite der Insel, deutlich verändert hat, vielleicht ist der Landverlust der Insel auch nur verlangsamt worden. Es ändert aber grundsätzlich nichts an dem Wandel, dem die Insel unterworfen ist. Das Anwachs-Gebiet wird immer größer. Natürlich auch durch den immensen Aufwand, der mit dem Buhnen betrieben wird. Eigentlich glaube ich noch immer daran, dass unser Wattenmeer einmal zuwächst, also Sylt keine Insel mehr sein wird. Es sei denn, wir bekommen mit dem Klimawandel wieder so eine verheerende Sturmflut, mit der die Natur wieder einmal alles durcheinanderwirbelt und wir wieder bei Null anfangen müssen.

Ich weiß natürlich genau, dass das, was auf der Wattseite im Meer verbaut wird, eigentlich „Lahnungen" heißt oder „Lahnungen" sind. Ich kenne auch den feinen Unterschied zwischen Buhnen und Lahnungen. In meiner Kindheit spielten diese Unterscheidungen überhaupt keine Rolle, wir sagten immer nur Buhnen. An etwas anderes erinnere ich mich auch nicht. Aber... 1978 lernte ich jemanden kennen, der hat sich mit Verschienen binden ein paar Groschen nebenbei verdient. Diese Verschienen sind das Reisig-

Gestrüpp, das in die Buhnen gelegt wird, damit sich dort der angespülte Sand besser ablagern kann. Das fand ich schon faszinierend, dass jemand der weit, weit weg von der Küste Verschienen bindet und damit zum Küstenschutz beiträgt.

Mein Vater hat mir, einige Jahre später, einmal erzählt, dass er das Gefühl, das ich 1955 hatte, genau kannte. Im Jahr 1925, also genau 30 Jahre früher und er, genau wie ich, elf Jahre alt war, wurde gerade der Sönke-Nissen-Koog eingedeicht. Der Sönke-Nissen-Koog liegt ungefähr sieben Kilometer westlich von Bredstedt, also dort, wo mein Vater aufgewachsen ist. Diese Eindeichung hatte eine Größenordnung, die man bis dahin noch nicht kannte. Kein Wunder also, dass ihn der Deichbau genauso interessierte, wie mich der Landgewinn im Keitumer/Archsumer Anwachs. Das hat ihn sogar so sehr interessiert, dass er mit seinem Fahrrad so manches Mal dorthin gefahren ist und sich, genau wie ich auf Sylt, alles genau angeschaut hat. Der Unterschied war, er brauchte eine gute Stunde und ich nur knappe zehn Minuten.

Durch den Damm zur Hamburger Hallig war es zu unerwarteten, enormen Aufschlickungen gekommen, es war, ohne dass es geplant war und ohne, dass jemand etwas dazu getan hatte, zur unvorhergesehenen Landgewinnung gekommen.

Weitsichtige, einheimische Bauern hatten schnell erkannt: Hier entsteht kostbares, landwirtschaftlich nutzbares Land. Und sie hatten dabei doppeltes Glück. Ein junger Eisenbahnbauer, Sönke Nissen, war in Südafrika, richtigerweise in Deutsch-Südwest-Afrika, dem heutigen Namibia, zu Reichtum gekommen. Mit seinem Vermögen hat sich Sönke Nissen an den Kosten für den Deichbau beteiligt. Er hat aber weder die Fertigstellung, noch den Baubeginn erlebt.

In den 1990iger Jahren bin ich noch einmal mit dem Fahrrad im Anwachs gewesen und habe mich in aller Ruhe umgeschaut. Es ist alles so gekommen, wie ich es mir vorgestellt hatte. So, wie ich es in Keitum in der Schule gelernt hatte. Es gibt befestigte Wege, die Wiesen sind inzwischen begehbar, so dass Schafe und Rinder friedlich grasen können. Sogar Pferden scheint dieses frische Gras gut zu bekommen, manchmal habe ich dort einige zwischen den Rindern laufen sehen. Lediglich zwei Unterschiede habe ich festgestellt: Der erste war: Der Landzuwachs, die Veränderung des Küstenverlaufes, ist nicht ganz so gravierend, wie man (ich) es erwartet hatte. Der zweite Unterschied war eine ganz persönliche Empfindung: Ich habe die immer dreisten und laut kreischenden Kiebitze vermisst. Das typische, durchdringende „Kiwitt" habe ich nicht gehört. Früher war es zur Brutzeit nicht möglich, sich dort aufzuhalten, ohne von den Kiebitzen, mit eben diesem bösem „Kiwitt" angegriffen zu werden! Einer dieser wütenden Vögel hat mir damals sogar meine Mütze vom Kopf gerissen.

So etwas Ähnliches hatte ich auch wieder erwartet, aber vielleicht war die Brutzeit ja schon vorbei, Kiebitze habe ich jedenfalls weder gesehen noch gehört.

Eher etwas für Genießer ist das besondere Schauspiel, das uns die Natur schenkt, wenn wir von unserem Standort, wir stehen ja immer noch an meinem Malerwinkel, geradeaus aufs Watt sehen, Richtung Dänemark. Es ist gerade Flut, und die Sonne steht fast senkrecht am Himmel. Zusätzlich liegt ein leichtes Flimmern über dem Wasser. Das sind die Voraussetzungen, die es braucht, damit sich am Horizont das Land im Wasser spiegelt. Und spiegeln heißt immer, auf dem Kopf stehen.

Das hat mich schon als kleiner Junge fasziniert. Ein Land steht Kopf. Ein Land steht Kopf, ist nämlich ein gutes Stichwort und führt uns zu einem ganz anderen Thema. 1954 stand Keitum Kopf, nicht wegen der Fußballweltmeisterschaft, die war zwar gerade für Deutschland sehr erfolgreich zu Ende gegangen, aber für Keitum war es fast genauso wichtig, dass 1954 Fisch Fiete eröffnet hatte. An das genaue Datum kann ich mich nicht mehr erinnern, ich weiß nur noch, dass es Sommer war. Ebenso kann ich mich an die Aufregung nur noch sehr bruchstückhaft erinnern. Wozu auch, es war in erster Linie die Aufregung der Erwachsenen, nicht die Aufregung von uns Kindern.

Selbstverständlich haben wir die erregten Gemüter miterlebt, haben aber nicht so recht begriffen, worüber die sich denn nun so sehr aufregten. Nur eines hatten wir begriffen: Mit einem Paukenschlag hatte Fisch Fiete eröffnet!

Da hatte es doch einer aus dem Dorf gewagt und hat etwas völlig unerwartetes gemacht. Fische räuchern und anschließend verkaufen reichte ihm nicht mehr, und so ist er, weil er festgestellt hatte, wie gut sich Fische verkaufen ließen, ausgezogen, um etwas ganz und gar verrücktes zu tun. Ist sozusagen ganz alleine gegen den Strom geschwommen und hat ein piekfeines Fisch-Restaurant eröffnet. Damit nicht genug, in irgendeinem Verein hat er die These ausgegeben: Ich brauche euch nicht, und ich will euch auch nicht in meinem Lokal haben, das könnt ihr sowieso nicht bezahlen. Das hat eingeschlagen wie eine Bombe. Er muss das in einem Verein oder einem Club gesagt haben, in dem mein Vater auch Mitglied war, denn der hat mir das eben Beschriebene bestätigt. Besser gesagt, er hat mein sehr lückenhaftes Wissen aus dieser Zeit, als Fisch Fiete gegründet wurde, ergänzt.

Und trotz aller Aufregungen, trotz massiver Skepsis in den Monaten vor der Gründung ist Fisch Fiete eine Erfolgsgeschichte geworden. Warum? Bei Fisch Fiete war das Essen nicht nur gut, es war auch anders. Fette Bratkartoffeln gab es nur auf ausdrücklichen Wunsch. Ansonsten war das Essen strikt auf den Geschmack der Gäste abgestimmt. Der gut zahlenden Gäste. Hier habe ich dann das erste Mal den Spruch gehört: „Der Kunde ist König".

Für die Dörfler allerdings war bei Fisch Fiete das Essen unerschwinglich teuer. Und dann machte der doch tatsächlich erst abends um 18.00 Uhr sein Restaurant auf. Um diese Zeit denkt ein rechtschaffener Bürger daran, sich auf die Bank vor dem Haus zu setzen, die Abendsonne zu genießen und vielleicht noch etwas im Garten zu tun, damit sich der Ertrag auch lohnt und danach denkt er denn auch schon daran, ins Bett zu gehen. Es war Mal wieder ein schwerer Tag und Morgen erwartet uns wieder ein schwerer Tag!

Für die Dorfjugend hatte die Eröffnung von Fisch Fiete zwei tolle Nebeneffekte. Der Erste: es gab immer die neuesten Autos zu bestaunen, Autos, die wir auf Sylt (noch) nicht kannten und die immer auf Hochglanz poliert waren und immer nagelneu waren. Den Satz: „Mehr Schein als Sein" kannten wir noch nicht. Schon gar nicht den Begriff „Nobel geht die Welt zu Grunde", den einige auf Sylt nach Herzenslust auslebten.

Der Zweite, viel wichtigere Nebeneffekt, wir konnten unser Taschengeld aufbessern. Wir haben für Fisch Fiete Krebse gefangen!

Wenn wir von unserem jetzigen Standort ein ganz klein wenig nach rechts blicken, sehen wir genau auf die Stellen, an denen ich als elf- oder zwölfjähriger Junge die meisten Krebse gefangen habe. Am Ufer, in kleinen, unterspülten Höhlen, in denen noch etwas Wasser stand, saßen sie. Man musste nur den Mut haben, da hinein zu langen, das hatten die nämlich gar nicht gern und haben herzhaft mit ihren Scheren zugekniffen. Aber für jeden gefangenen Krebs habe ich 5 Pfennig bekommen, dafür ließ ich mich denn auch schon Mal von einem kleinen Krebs kneifen. Dieser kleine Krebs wusste ja nicht, dass ich ihn dadurch leichter aus dem Wasser bekam und er dafür in meinem Blecheimer landete, um letztendlich bei Fisch Fiete im Kochtopf zu (ver)enden.

Und der deutsche Meister im Mittelgewichts-Boxen, Bubi Scholz, hat sie alle aufgegessen, für fünf Mark das Stück. Na gut, nicht alle vielleicht, aber die meisten.

Als Boxer war Bubi Scholz uns eigentlich noch ziemlich fremd, um nicht zu sagen, vollkommen uninteressant, vom Boxen kannten wir nichts, wenn es eine Definition für weniger als nichts gebe, würde ich die benutzen, die Feinheiten und Finessen des Boxsports hatten sich noch nicht bis zu uns durchgesprochen! Aber sein Auto... Hmm... Ein silberfarbener Mercedes-Benz 190 SL. Ein Traum. Wir haben uns die Nasen platt gedrückt.

Ganz viele Jahre später, als Bubi Scholz gerade aus dem Gefängnis entlassen und für viele wieder eine Story wert war, habe ich dann gelesen, dass sein damaliger Manager dieses Auto extra nur für diesen Urlaub gemietet hatte.

Genug von Fisch Fiete, genug von Bubi Scholz, die beiden bringen unser Konzept noch völlig durcheinander, dadurch, dass wir auf sie fokussiert sind, verhindern sie unser eigentliches Vorhaben. Wir wollten in aller Ruhe und Gemütlichkeit etwas spazieren gehen. Und was machen wir? Wir stehen immer noch auf dem gleichen Fleck und haben uns immer noch kein Stück bewegt.

Und das wird auch noch für ein paar Minuten so bleiben, mir ist nämlich schon wieder etwas eingefallen, in diesem Fall würde besser passen: Mir ist etwas aufgefallen. Es gibt von unserem jetzigen Standort, von meinem Malerwinkel, nicht nur etwas zu sehen. Diese Wahrnehmung deutlich zu machen, ist mir sehr wichtig, es gibt auch etwas zu hören! Man muss sich nur die Zeit dafür nehmen! Vielleicht auch ein Gefühl dafür entwickeln! Ich meine das immerwährende Gekreische der Seevögel. Das ist Musik in meinen Ohren.

Genauso habe ich es in Erinnerung behalten, denn genau _so_ habe ich es als Kind gehört. Ich weiß nicht mehr sehr viel über Seevögel, das meiste habe ich vergessen. Ich bin auch schon viel zu lange von der Insel weg. Ich weiß zum Beispiel nicht, welche Vögel hier heimisch sind, also hierhergehören, welche Vögel standorttreu sind, oder welche Vögel Zugvögel sind und sich hier nur sattfressen wollen, um danach, wenn sie alles kahlgefressen haben, zu ihren eigentlichen Brutgebieten weiterfliegen.

Ich kann selbstverständlich einzelne Möwenarten voneinander unterscheiden und Möwen von Seeschwalben auch, aber wenn ich es mir recht überlege, von sehr vielen Seevögeln weiß ich nur die Namen und damit hat es sich denn auch schon, wie beispielsweise Strandläufer, Regenpfeifer oder Knut und noch einige andere und immer wieder stelle ich verblüfft fest, dass ich sie mit schöner Regelmäßigkeit durcheinanderbringe. Marianne, die das auch nicht viel besser kann, lacht sich trotzdem immer kaputt und ärgert sich über sich selber, weil sie schon wieder vergessen hat, ein Vogelheft zur Bestimmung der einzelnem Arten zu kaufen.

Ich tröste mich derweil damit, dass ich das damals schon nicht konnte, weil es mich nicht interessiert hat, und sich das bis heute auch nicht geändert hat. Wozu auch? Das war für mich nie wichtig. Wichtig ist mir, das sie da sind! Der Gesang der Seevögel gehörte einfach zu meinem, zu unserem Leben auf der Insel. Es gehörte schon immer zu Keitum, und es gehörte schon immer zur Insel Sylt. Ich bin froh, dass diese Musik wieder erklingt, denn für eine kurze

Zeit schien dieser Gesang schon fast verstummt zu sein. Oder ich habe ihn aber nicht gehört.

Wenn ich an die 70iger und 80iger Jahre denke und mich daran erinnere, was ich gesehen habe, wenn ich in diesen Jahren hier, an diesem Standort, gestanden habe, fange ich noch immer an zu frösteln. Denn in dieser Zeit hatte sich der Schlick zu einer undefinierbaren, schwarzen Masse, fast ohne Kleinstlebewesen, entwickelt, und die Vögel wurden immer weniger. Ich habe damals ernsthaft geglaubt, Sylt entwickelt sich nun zu einer „ruhigen" Insel. Ich war fest davon überzeugt, dass die Vögel auch deswegen wegblieben, weil sie hier, in unserem Wattenmeer, nichts zu fressen fanden. Und ich sie wohl auch deswegen nicht, oder weniger, gehört habe.

Das hat sich, langsam, aber beharrlich, wieder geändert! Grundlegend! Der Schlick hat wieder die graue Farbe, wie ich ihn aus meinen Kindertagen gekannt habe. Und immer, wenn ich oben am Ellenbogen stehe, staune ich über das goldgelbe und saubere Wasser, das da aus dem Wattenmeer zurückkommt.

Übrigens, wer diese Musik, diesen Vogelgesang genießen will, sollte sich, irgendwo am Keitumer Kliff, eine Bank suchen, es sich für ein paar Minuten gemütlich machen und die Augen schließen. Das immerwährende Gekreische der Vögel hört niemals auf! Es ist wirklich nicht zu glauben, wie schön Vogelgeschrei klingen kann!

Unsere Kinderfeste

Wenn wir von unserem jetzigen Standort, den von mir gerne „Malerwinkel" genannten, ungefähr dreißig bis vierzig Meter weitergehen, stehen wir vor der kleinen rückwärtigen Pforte des Keitumer Heimatmuseums. Hier drehen wir uns so schön langsam, dass wir die Pforte im Rücken haben und auf den terrassenförmigen Platz sehen können, der direkt vor uns liegt, mit dem endlos erscheinenden Wattenmeer als Hintergrund.

Wir schließen beide langsam und bedächtig unsere Augen und finden uns plötzlich in eine Zeit zurückversetzt, die es leider schon lange nicht mehr gibt.

Wir sehen uns noch einmal als Kinder. Wenigstens fühlen wir uns für diesen einen Moment so. Wir werden in eine Zeit zurückversetzt, in der, jedes Jahr aufs Neue, vor den großen Sommerferien unsere Kinderfeste stattfanden.

Direkt vor uns, auf dem leicht abschüssigen Plateau, fand für die Mädchen das damals überaus beliebte Topfschlagen statt. Zunächst spielten alle gemeinsam, es wurde nicht nach Alter getrennt, das passierte erst etwas später, wenn die Königin ermittelt wurde. Das laute Gejohle allerdings, wenn eines der Mädchen einen der Tontöpfe getroffen hatte oder, wenn's denn Mal daneben ging, das enttäuschte Stöhnen der mitfiebernden Eltern und Klassenkameradinnen waren wahrscheinlich im ganzen Dorf zu hören.

Etwas weiter nach rechts, für die Kleinsten, das Kringel hüpfen. Ich weiß leider nur noch, dass die Kringel herrlich süß schmeckten und auf einem Band aufgezogen waren, das wiederum von zwei Eltern kräftig gerüttelt wurde. Die Kinder versuchten, einen dieser hin und her tanzenden Kringel mit dem Mund zu erwischen. Für die Ernsthaftigkeit, für die Verbissenheit, um einen dieser tanzenden Kringel endlich zu erwischen, steht mein Bruder Ferdinand. Der hatte nach einigen Fehlversuchen, bei denen er einige Male ganz dicht dran war, diese unnütze Hopserei ziemlich überdrüssig, hat sich einen Kringel gegriffen und sofort kräftig hineingebissen. Die Mütter, die das Band zum Tanzen brachten, waren zwar einigermaßen verblüfft, aber die eiserne Regel, wer einen erwischt, darf ihn aufessen, griff auch hier, also hat er ihn genussvoll aufgegessen. Das war in den fünfziger Jahren noch etwas Besonderes, Essen gab es jetzt gratis. Das kann sich heute niemand mehr vorstellen.

Ganz unten, fast schon am Wasser, weil man ja etwas mehr Platz brauchte, das Eierlaufen und das Sackhüpfen. Hier hörte der Spaß gelegentlich auf, Spaß zu sein, es wurde um jeden Platz sportlich und ernsthaft gerungen. Aber nur solange, bis der Sieger, beziehungsweise die Siegerin ermittelt war, danach stand die Spielfreude wieder im Vordergrund. Ich kann mich noch, wenn auch nicht mehr detailgenau, erinnern, dass unser jüngster Bruder Hans-Felix, bittere Tränen vergossen hat, weil ihm ständig dieses blöde Ei vom Löffel gefallen ist. Nachher, bei der Siegerehrung und Preisverteilung, mischten sich dann die Tränen der Enttäuschung mit Freudentränen und alles war wieder gut.

Auf der linken Seite, direkt hinter der letzten Bodenwelle, schon auf dem geraden Klippteil, stand jedes Jahr der Mast für das heiß erwartete Vogelschießen hoch aufgerichtet. Der, einem großen Adler nachempfundene Vogel, bestand aus vielen Teilen, die zusammengesteckt werden konnten. Der Kopf, der Schwanz, zwei Flügeln und zwei Füße, sowie dem Rumpfteil. Und genau danach, die Wertigkeit stand seit Jahren fest, das war ungeschriebenes

Gesetz, gab es auch die verschiedenen Preise.

Natürlich wurde mit einer sehr kräftigen Armbrust geschossen, mit sehr kräftigen Bleistücken. Senkrecht, am Mast entlang, nach oben. Wenn eines der Vogelteile oft genug getroffen war, fiel der Teil herunter, der erste Preisträger stand fest und schied vorübergehend aus. Er durfte erst dann wieder teilnehmen, wenn nur noch das Rumpfteil auf dem Mast steckte. Diese Art zu schießen, senkrecht den Mast hoch, würde in der heutigen Zeit jeden Verantwortlichen in Ohnmacht fallen lassen. Am Mast senkrecht nach oben, das geht gar nicht, die Bleistücke kommen ja alle zurück, was kann da alles passieren. Es ist aber damals nichts passiert, außer, dass Kinder Spaß hatten.

Die ersten Jahre, an die wir uns noch erinnern können, wurde hier, beim Vogelschießen, auch der König ermittelt. Wer das, eben schon erwähnte, Rumpfstück, das auf dem Mast richtig festgeklemmt war, herunterholte, war dann der König.

Das wurde später, im Jahr 1956 geändert, der König wurde durch Luftgewehrschießen ermittelt und dieses Luftgewehrschießen war fortan, jedenfalls für die großen Jungs, der Höhepunkt schlechthin, für unsere Kinderfeste.

Als ich an diesem Schießstand saß und von den fünf Schuss, die ich abgeben durfte, schon vier geschossen hatte, tippte mir jemand auf die Schulter und sagte so leise, dass nur ich es hören konnte: „Der nächste geht ins Watt, wir wollen morgen los."

Leider durfte ich nicht König werden, denn das letzte Kinderfest, an dem wir alle vier Geschwister teilgenommen hatten, fand im Sommer 1958 statt. Einen Tag vor unserem Wegzug aus Keitum. Ganz am Anfang dieser Erzählung, erwähnte ich es bereits. Wenn es um Keitum geht, gibt es ein Vorher und ein Nachher. Vorher ist...

Damit war auch dieses Kinderfest gemeint!

Ich hatte mit den vier Schüssen, die ich bis zum Schulter-Tippen abgeben hatte, immerhin so viele Ringe erzielt, dass es zum zweiten Platz reichte. Das war für mich eine riesengroße Enttäuschung. Einer meine größten Jugendträume war, innerhalb weniger Sekunden, geplatzt. Erst sehr viel später habe ich begriffen, dass die Entscheidung richtig war. Für den zweiten Platz gab es ein paar schicke, weiße Turnschuhe, mit denen ich damals in Keitum noch Aufsehen erregt hätte. In Elmshorn interessiert das niemanden. Weiße Turnschuhe gab es da schon. Allerdings konnte ich sie in Elmshorn sehr gut gebrauchen.

Marianne erging es genauso, die haute so dilettantisch an diesem kleinen Tontopf vorbei, dass ich befürchtete, die umstehenden Zuschauer würden etwas merken. Auch hier hatte Papi regulierend eingegriffen. Ein paar Jahre später hat sie mir dann erzählt, dass sie den Topf genau gesehen hat und es als ganz schön schwierig empfand, an diesem blöden Topf vorbei zu hauen. Bei Ferdinand und Felix weiß ich es nicht, immerhin gab es noch den „kleinen König", auch das war ein sehr begehrter Titel und ich meine, wenigstens Ferdinand war in dem entsprechenden Alter. Ich wollte ihn schon immer danach fragen, das muss ich jetzt unbedingt nachholen.

Ich habe nie wieder so viele lachende Gesichter, nie wieder so viele fröhliche Menschen auf so einem kleinen Fleckchen gesehen. Obwohl ich später, als Schornsteinfeger, viel in kleinen Dörfern und Gemeinden zu tun hatte, so viele engagierte Lehrer und Eltern habe ich nie wieder gesehen. Die Kinderfeste in Keitum gehören deshalb zu meinen schönsten Kindheitserinnerungen, noch vor dem ganz wichtigen Biikebrennen.

Einen riesengroßen Anteil an diesen positiven Erinnerungen hatte die Bude von Schackert. Die Bude von Schackert war, nach dem heutigem Standard, nichts anders als ein ziemlich kleiner Kiosk. Trotzdem, für mich war diese Bude schon fast eine Institution. Sie gehörte zu unseren Kinderfesten, ebenso wie Topfschlagen oder Sackhüpfen. Ständig war diese Bude belagert von Kindern und ihren Eltern. Es gab immer das, was Kinderherzen höher hüpfen ließ. Ohne diese Bude wären unsere Kinderfeste nicht vollständig gewesen.

Meine Schwester, mit ihrem Hang zum Pragmatismus, meinte nun, wir standen immer noch an der gleichen Stelle: „Wir haben jetzt so viel gesabbelt, ich hab mir fast die Beine in den Bauch gestanden, ich würde mich gerne irgendwo hinsetzen. Außerdem habe ich einen schrecklichen Durst und einen ganz trockenen Mund. Ein schönes kaltes Glas Wasser oder so etwas Ähnliches, viel lieber noch ein gemischtes Eis, würde mir nun ausgesprochen gut gefallen, aber die grüne Bude gibt es ja nicht mehr!" Womit wir Mal wieder heim Thema wären: Die Bäckerei, Konditorei und Café Schackert, die waren da, wo jetzt das Fischrestaurant „Karsten Wulf" ist, betrieben den, gerade schon erwähnten, kleinen, grün gestrichenen Verkaufskiosk, direkt am Kliff.

Dieser kleine Kiosk lag knappe 10 m weiter hinter der kleinen Pforte zum Heimatmuseum auf der linken Seite. Fast jeder im Dorf kannte diesen kleinen Kiosk nur als „die Bude von Schackert", einige wenige sagten auch „Die grüne Bude" so wie meine Schwester gerade eben, was genauso passend war.

Leider gibt es diese schöne, alte Tradition lange nicht mehr. Schade. Heute würden wir natürlich nicht mehr so despektierlich „Bude" sagen, sondern eher „Strand-Kiosk" oder „Eissalon mit Kliffblick" oder so etwas ähnlich Überspanntes. Fakt ist allerdings... da ist nichts. Der Platz ist und bleibt leer.

In unserer Kinderzeit gab es diese Bude halt, sie war zwar nicht jeden Tag besetzt, es gab auch keine bestimmten Öffnungszeiten, sie war eben nur geöffnet nach Bedarf. Wenn sie besetzt war, wurde vorne eine große Klappe hochgezogen, die so manches Mal auch als Regenschutz diente. Hinter dieser Klappe wurde der kleine Verkaufstresen sichtbar, und schon konnte es losgehen. Links und rechts, nur geschützt durch eine ganz normale Glasscheibe, waren diverse Süßigkeiten aufgebaut. Wie damals üblich, noch in großen Gläsern und alles, was verkauft wurde, musste abgewogen oder einzeln abgezählt werden.

Als besonderen Service für Erwachsene wurden Zigaretten in Fünfer Packungen vorgehalten, solche Marken wie Gold Dollar, Oval oder Eckstein, die heute kein Mensch mehr kennt, weil sie alle ohne Filter und viel zu stark waren. Und in einem unscheinbaren Extra-Karton gab es die ersten Filterzigaretten der Marke „Gloria" in Dreier-Packungen. Weil Frauen angeblich nicht so viel rauchen wie Männer und Männer keine Filterzigaretten mögen. Es ist unglaublich, wie viel Quatsch man sich im Laufe der Jahre von angeblichen Experten hat anhören müssen.

All dies waren nur Nebenschauplätze, die bedient werden mussten, weil es verlangt wurde. Die unschlagbare Attraktion war das Eis, das in dieser Bude verkauft wurde. Es gab drei Sorten: Vanille, Schoko und Zitrone. Zu unseren Kinderfesten gab es, weil dann gerade die Erdbeeren reif waren, das besondere Kinderfesteis, ein absolut köstliches Erdbeereis. Das reißt heute auch niemanden mehr vom Hocker... aber vor sechzig Jahren, da war Eis an sich schon eine köstliche Leckerei und dann auch noch mit Erdbeere... unschlagbar, zumal es seit einigen Jahren eine neue Erdbeersorte gab, Senga-Sengana, die inzwischen schon wieder vom Markt verschwunden ist. Es zeigt aber, exemplarisch, wie kurzlebig so ertragreiche Früchte sind. Das Markenzeichen dieser

Senga-Sengana waren: Neben dem Ertragsreichtum, besonders süße und besonders große Früchte, wie geschaffen für die Herstellung von Erdbeereis. Einfach lecker!

Wie gut dieses Eis war, hat ein Onkel von uns festgestellt. Der war, eher zufällig, zu unserem Kinderfest das erste Mal auf der Insel und hatte dabei scheinbar einen Fehler gemacht. Was heißt Fehler gemacht, er hatte eigentlich gar keine andere Wahl. Er war von München mit dem Zug angereist. Das muss damals eine halbe Weltreise gewesen sein. Wie lange er unterwegs war, weiß ich nicht mehr genau, es muss aber ziemlich lange gewesen sein, denn er war schwer genervt. Das ist für diese Geschichte auch gar nicht wichtig. Wichtig ist nur, in München gab es damals schon die ersten italienischen Eissalons und deshalb behauptete er: Unser italienisches Eis ist besser als euer deutsches Eis. So oder so ähnlich, ich bin nicht ganz sicher. Tatsache ist, dass unser Onkel sich ganz kräftig den Magen verdorben hatte, nicht, weil unser Eis schlecht war, sondern weil er nicht aufhören konnte. Behauptung widerlegt! Gutes deutsches Eis schmeckt prima.

Den Wunsch von Marianne nach einem Eis oder nach etwas Kaltem, den wir uns in der Bude von Schackert gerne erfüllt hätten, mussten wir also notgedrungen verschieben, den wollten wir uns in „Nielsens Kaffeegarten" erfüllen. Das ist ja nicht weit.

Bevor wir dort ankommen, führt uns unser Weg noch am „Altfriesischen Haus" vorbei, an das wir auch eine ganze Menge Erinnerungen haben. Ich habe einmal unfreiwillig ein paar Stunden in der engen und von außen zu verriegelnden Schlafkoje verbracht. Seitdem weiß ich, wie unbequem diese Kojen sind. Ich kann mir immer noch nicht vorstellen, dass man in so etwas entspannt schlafen kann. Wir gehen an diesem Paradebeispiel altfriesischer Baukunst heute vorbei. Vielleicht nächstes Mal.

Als wir schon fast an dem Grundstück vorbei sind, fällt mein Blick gerade noch auf die Bäume, die dort stehen, mit der mächtigen Kastanie in der Mitte. Beim Anblick dieser Kastanie fällt mir noch eine kleine Geschichte ein. Und sie hat mit dieser Kastanie zu tun. Denn diese Kastanie war schon in meiner Kindheit ein imponierender Baum, unter dem wir uns gelegentlich getroffen haben, um darin herum zu klettern. Viel wichtiger war uns, die Äste von dieser Kastanie hingen so schön weit herunter, und wir konnten nicht sofort gesehen werden, also haben wir uns unter dem dichten Laubdach auch getroffen, um heimlich zu rauchen.

An diesem einen, bewussten Tag kam auf einmal der schon erwähnte Thies-Dokter auf uns zu, den hatte keiner von uns vorher bemerkt. Der gab sich ziemlich leutselig und hat uns in ein ziemlich blödes Gespräch verwickelt. Hat so bescheuerte Fragen gestellt wie: Was macht ihr denn hier? Sind die Kastanien schon reif? Und noch einige solcher seltsamen Fragen. Wir hätten den sonst wohin gewünscht, aber der rührte sich Partout nicht von der Stelle. Unterdessen brannten in unseren Jackentaschen die gerade angesteckten Zigaretten weiter.

Und unser lieber, guter Thies-Dokter stand vor uns und grinste sichtlich vergnügt. Erst als die Qualmwolken nicht mehr zu übersehen waren, verabschiedete er sich mit einem viel zu höflichen: „Na denn macht's man gut, Jungs." Mit sichtlichem Vergnügen, beschwingt ein Liedchen vor sich hin summend, dazu noch leicht tänzelnd, verschwand er aus unserem Blickfeld.

Ich für meinen Teil hatte ein ziemlich großes Loch in der Jacke und erhebliche Probleme, das meinem Vater zu erklären. Der war, als er ganz gezielt nach diesem Loch fragte, ausgesprochen human. Das konnte ich mir damals natürlich nicht erklären, heute aber schon. Das hat er mir irgendwann Mal erzählt, die beiden waren gemeinsam im Gesangverein und haben sich, nach dem Singen, köstlich über die harmlos in den Himmel guckenden Jungs amüsiert. Qualmende Jacken, wo gibt's denn so etwas?

Nun wird es aber Zeit, dass wir uns auf den Weg machen, um uns zu stärken, dafür hatten wir ja „Nielsens Kaffeegarten" ausgesucht. Den kleinen, abschüssigen Weg, den wir nun hinunter müssen, wenn wir ins Café wollen und der uns vorübergehend zum Kliff führt, habe ich seltsamerweise viel steiler in Erinnerung. Wohl auch deswegen habe ich einmal versucht, ihn mit meinem Schlitten zu befahren und bin kläglich in der Böschung gelandet. Wichtig für mich damals: Es hat glücklicherweise niemand gesehen!

„Nielsens Kaffeegarten"

Als wir von unten, vom Kliff, auf das Café und die Veranda sehen, sagt Marianne verwundert: „Ich denke, wir sind mitten in der Saison, wieso haben die heute Ruhetag? Da ist alles dunkel" Wir stehen da unten am Kliff, sehen nach oben und realisieren das nicht so recht. Wieso ist es da dunkel?

„Und mir fällt da gerade, wenn ich auf den gesamten, dunklen Komplex schaue, eine ziemlich dunkle Geschichte ein, die erzähl ich dir gleich, lass uns aber erst hochgehen", antworte ich ihr.

Als wir bei „Nielsens Kaffeegarten" ankommen, stellen wir verwundert fest, dass wir hier zwar Brot und Brötchen kaufen können, aber das Café ist immer noch geschlossen. Brot und Brötchen kaufen haben wir als Kinder oft genug gemacht, daran haben wir heute kein Interesse, wir brauchen keine Brötchen, denn gefrühstückt haben wir schon.

Ich kann mich zwar noch genau erinnern, dass ich hier früher öfter frische Brötchen geholt habe, aber wie oft ich mit meinem Fahrrad hier gewesen bin, das weiß ich wirklich nicht mehr genau. Ich weiß nur noch, es war immer an einem Sonntagmorgen. Frische Brötchen, an einem Alltag, heute eine ganz normale Selbstverständlichkeit, gab es einfach noch nicht. Jedenfalls nicht bei uns.

Wenn ich mich hier etwas genauer umsehe, fällt mir auf, wie bei meinen früheren Besuchen auch schon, viel verändert, jedenfalls von außen, hat sich hier nicht. Wenn ich einmal eine gewisse Schludrigkeit mit dem Inventar übersehe, bleibt ein ziemlich böser Gesamteindruck, denn ein zerbrochener Treppen-Handlauf geht nun wirklich nicht! Die zu dem Handlauf gehörende Treppe die zur

Wattseite ligt, ist irgendwann erneuert und verändert worden, aber in meinen Erinnerungen gab es diese Treppe schon immer.

Die Gartenterrasse, links von der Treppe, ist ebenfalls irgendwann in den vergangenen Jahren leicht modernisiert und eventuell auch etwas vergrößert worden, gegeben hat es sie damals aber auch schon. Deutlich zu erkennen ist der Renovierungsstau, der stetig und beständig, Jahr für Jahr deutlicher erkennbar, zugenommen hat und wahrscheinlich auch der Grund sein wird, dass hier geschlossen ist.

Ich war in den vergangenen Jahren sehr oft in Keitum und selbstverständlich bin ich auch jedes Mal in „Nielsens Kaffeegarten" gewesen und sei es nur, um hier einen Kaffee zu trinken. Und jedes Mal, wenn ich am Fuße dieser Treppe stehe, die hinauf zum Café führt, sehe ich mich als kleiner Junge wieder, der diese Treppe hinaufflitzt, um Brötchen zu holen. Gleichzeitig habe nur an dieser Treppe das Gefühl, nach Hause zu kommen.

An keinem anderen Ort in Keitum befällt mich dieses Gefühl. Warum es ausgerechnet hier ist, kann ich mir nicht recht erklären, wahrscheinlich liegt es daran, dass es das Haus, in dem wir damals gelebt haben, schon lange nicht mehr gibt und mir ein echter Bezugspunkt fehlt. Möglicherweise liegt es auch daran, dass hier der Ort ist, an dem ich Abschied genommen habe. Auf eine etwas eigene Art. Vielleicht liegt es auch daran, dass hier der Ort ist, an dem ich eine Lektion für mein späteres Leben lernen musste, nämlich, dass Neid ein ganz schlechter Ratgeber ist und ein noch schlechterer Lehrmeister. Ich weiß nicht genau, was da vorgefallen war, was diesen grässlichen Neid ausgelöst hat, ich weiß nur, dass der einzige Fischer von Keitum sich ganz gewaltig mit unserem Vater erzürnt hatte. Über den Grund des Streites weiß ich nur, es ging, wie so oft im Leben, um das liebe Geld. Das hat mir dann der ältere Bruder von Werner Paulsen, ich weiß leider nicht mehr, wie er hieß, erzählt, beim gemeinsamen Bewachen der Biike. Wobei die lapidare Bezeichnung „Älterer Bruder" eine mächtige Untertreibung ist. Der war schon irgendwo Mitte zwanzig, passte also gar nicht so recht zu uns, aber beim Bewachen der Biike war er immer noch dabei und hat uns vor so manchem Blödsinn bewahrt. Und Werner war der beste Freund von meinem Bruder Ferdinand.

Der besagte Fischer war ständig in Geldschwierigkeiten und deshalb immer extrem neidisch auf den finanziell unabhängigen Bezirks-Schornsteinfegermeister, unseren Vater. Das ging so weit, dass der sogar seine drei fast erwachsenen Söhne aufhetzte, richtig heiß machte, immer wieder! Diese Bastarde sollte man vernichten, wo immer man sie antrifft. Das war noch einer der harmloseren Sprüche, mit denen er seine Söhne aufhetzte. Wir waren für den Fischer die „Zugereisten", eben die Bastarde, die dazu noch finanziell besser dastanden als viele Einheimische.

Und mich hat es dann getroffen!

Und ich wusste, als es mich traf, nicht warum!

Letztendlich hat die Erinnerung an diese Geschichte dazu geführt, dass ich mit dem Gefühl „Neid" nie viel anfangen konnte, wenn es mich denn Mal überkam. Ganz zaghaft zumeist hat diese Episode dafür gesorgt, dass ich schnell wieder zur Vernunft kam.

Ich habe lange überlegt, ob ich diese Geschichte überhaupt erzählen soll. Da es hier aber um Erinnerungen geht und Erinnerungen manchmal schmerzlich sind, oder für den Betroffenen unangenehm sind, muss man sie nicht weglassen.

Die 50iger Jahre, unserer Kindheit, waren ganz gewiss nicht nur Schönwetter-Jahre. Um diese Geschichte erzählen zu können, verschieben wir unseren Durst ein weiteres Mal, um fünf bis zehn

Minuten, denn wir müssen uns die Zusammenhänge in unsere Erinnerung zurückrufen und dafür müssen wir bis zum Alten Kirchenweg gehen.

Deswegen gehen wir an dem fast verwaisten Parkplatz von „Nielsens Kaffeegarten" vorbei und an den Pius-Weinstuben gleich mit. Die Straße am Kliff macht hier einen kleinen Bogen und führt direkt zum Alten Kirchenweg. Die Häuser, an denen wir vorbeigehen, gab es damals auch schon, sie hießen nur anders. Die kleine Andenken-Boutique, an der wir gerade vorbeigekommen sind, war früher ein kleines, aber feines Wohnhaus.

An dieser Andenken-Boutique bleibe ich etwas zögerlich stehen, drehe mich zu meiner Schwester und sage zu ihr: „Du bist die erste, der ich diese Geschichte erzähle. Sie hat sich genau hier, vor dieser Boutique, abgespielt. Das war damals allerdings noch ein normales Wohnhaus. Ich habe aber keine Ahnung, wer da gewohnt hat."

Wir gehen gemütlich weiter und kommen an das Eckgrundstück mit den ungewöhnlich vielen Krokussen, das gehörte dem Altbürgermeister Dierks. An diesem Krokussgrundstück biegen wir in den Alten Kirchenweg ein und gehen bis zum Ende des Grundstücks. Hier bleibe ich wieder stehen und zeige auf die andere Straßenseite: „Genau dort gab es früher einen kleinen, fast nicht erkennbaren Fußweg, der beidseitig mit dichten Büschen fast zugewachsen war. Dieser Weg heißt heute: Frachtenstegelk. (Ich habe extra nachgesehen.) Oberhalb dieses Weges, auf der linken Seite, lag damals schon ein Haus. Drumherum sah es immer wie auf einer Müllhalde aus, und da wohnte die besagte Fischerfamilie."

„So, Marianne, nun zu der angekündigten Geschichte. Lass uns dabei langsam zurückgehen, wir wollen nachher ja in der Kleinen Küchenkate einkehren, und ich kann während wir gehen ebenso erzählen. Also, das war so. An dem eben erwähnten kleinen Wohnhaus standen wir, drei Jungs aus einer Klasse. Wir wollten gerade nach Hause, denn es war später Nachmittag. Da kamen vom Hoyerstieg her drei große Jungs auf uns zu, die Söhne vom Fischer. Der Jüngste von den Dreien, damals fünfzehn Jahre alt, hatte eine kleine Gerte in der rechten Hand, heraus geschnitten aus einem Fliederbaum Mit dieser Gerte schlug er sich immer wieder selber in die linke Hand. So blieb er vor mir stehen und fragte seinen ältesten Bruder: „Ist er das?"

Als der nickte, hat er mir mit der Gerte und mit voller Kraft auf den Hintern geschlagen und hat danach die Gerte achtlos beiseite geworfen. Ich war wie gelähmt vor Schreck, und für einen Moment habe ich geglaubt, die Schmerzen nicht ertragen zu können und habe laut geschrien. Gleichzeitig schossen mir die Tränen in die Augen. Und es befiel mich eine unsagbare, kaum bezähmbare Wut, denn ich wusste nicht, warum ich geschlagen worden bin.

Warum schlägt der mir mit solcher Wucht mit einer Gerte auf den Hintern? Ich hatte dem nichts getan, kannte den kaum. Als die Tränen langsam versiegten und das gehässige Gelächter der drei Brüder immer leiser wurde, habe ich mich an die Gerte erinnert und sie aufgehoben. Danach bin ich, immer wieder meinen lädierten Hintern betastend, nach Hause gegangen. Bei Willi Borstelmanns kleiner Hofstelle habe ich kurz Halt gemacht und in seinem Pferdestall, hinter dem Futtertrog von Liese, habe ich die Gerte versteckt. Liese war das jüngere von den beiden Pferden, die zu dem kleinen Hof gehörte, sie war ausgesprochen schwierig. Da trauten sich nur wenige hin. Dort hat die Gerte dann zwei Jahre gelegen. Bevor ich endgültig nach Hause gegangen bin, habe ich dem Jungen, der mich dermaßen misshandelt hatte, geschworen: Es kommt der Tag, da bin ich genauso groß wie du, dann kriegst du das von mir garantiert zurück!

Das war im Mai/Juni 1956, da war ich dann 12 Jahre alt.

Zwei Jahre später, 1958. Ich war 14 Jahre alt. Und... Ich war mittlerweile 176 cm groß und bärenstark. Durch das Krafttraining, welches ich für das Geräteturnen brauchte, hatte ich eine extrem gut ausgebildete Muskulatur.

Nach dem schon beschriebenen Kinderfest, am selben Tag noch, habe ich dann auf ihn gewartet. Es war wieder später Nachmittag und ich stand punktgenau an dem Ort, an dem er mich mit der Flieder-Gerte so traktiert hatte. Ich wusste natürlich ganz genau, dass er in der Zwischenzeit bei seinem Vater Fischer lernte und immer um die gleiche Zeit vom Kutter kam. Ich wusste natürlich ebenso genau, welchen Weg er immer benutzte. Auf seinem Weg nach Hause musste er zwangsläufig an mir vorbei. Und so ist es auch geschehen.

Wenn das noch was werden sollte, mit der Erfüllung meines selbst gestellten Schwurs, musste das jetzt passieren, eine zweite Chance bekam ich nicht. Morgen fährt der Zug. Die Gerte hatte ich in der Mittagspause schon aus dem Versteck geholt, damit Willi nichts merkte. Und so ausgerüstet, habe ich mich in seinen Weg gestellt. Die Gerte hatte ich in der rechten Hand und habe damit immer in die Linke geschlagen. Genau wie er damals. Als er mich sah, versuchte er weg zu rennen, weil er genau wusste, was ihn nun erwartete. Er wusste natürlich von meiner körperlichen Fitness. Vor dem Biikebrennen, im Januar, Februar hatte sich ja herumgesprochen, wen ich alles aus dem Weg geräumt hatte, um zu der Mannschaft zu gehören, die die Biike bewachen durfte. Sein panischer Versuch, zu fliehen, scheiterte jämmerlich. Er hatte auch bei diesem Wettrennen keine Chance.

Ich will es abkürzen. Den Schlag mit der Gerte hat er irgendwann zurückbekommen, mit der gleichen Härte, mit der er zugeschlagen hatte, die Gerte ist dabei natürlich in Tausend Stücke zerbrochen, so ausgetrocknet war die. Er hat trotzdem genauso laut gebrüllt wie ich. Dabei hätte ich es belassen sollen. Habe ich aber nicht. Ich habe mir den armen Kerl geschnappt, auf den Erdboden geschmissen und dermaßen verdroschen, dass ich ganz bestimmt größeren Schaden angerichtet hätte, wenn mich nicht jemand gehindert hätte. Ich habe auf ihm gesessen, und er jammerte kläglich. Mit beiden Fäusten habe ich auf den völlig Wehrlosen eingeschlagen. Immer und immer wieder. Ich weiß nicht mehr, wo ich ihn getroffen habe. Ich habe mich selber nicht gekannt.

Dieser Jähzorn hat mir später noch einige Male zu schaffen gemacht.

Bei meiner Prügelei hatte, Gott sei Dank, der eben schon erwähnte, große Bruder von Werner Paulsen zugesehen. Der wusste von der Vorgeschichte und hat mich daher ein paar Minuten gewähren lassen. Dann hat er energisch eingegriffen. Ich weiß noch, dass er mich an den Schultern gepackt hatte und dann, mit allergrößter Mühe, von dem Jungen runterzerrte. Der soeben geprügelte gab keinen Ton von sich.

In einem Anfall von Panik, haben wir uns beide davon überzeugt, dass er noch atmet und sind dann unseres Weges gegangen. Jeder in eine andere Richtung. Den Jungen haben wir dort liegen lassen. Wahrscheinlich hat der sich wieder erholt, sonst hätte ich ja was von ihm gehört. Oder von seinen Eltern.

Ich habe über diese sinnlose Prügelei öfter nachgedacht. Ich weiß es wirklich nicht, ob ich ihm irgendwelche Wunden zugefügt habe. Ich weiß auch nicht, ob er geblutet hat.

Was mich hin und wieder heute noch berührt, wenn ich an diese sinnlose Prügelei denke, ich habe von dem Jungen nie den Namen gewusst."

Und ich? Ich habe mit meinen Eltern am nächsten Tag die Insel verlassen. Für immer. So, als wäre nichts gewesen. Ich hatte nicht einmal ein schlechtes Gewissen, wozu auch, er hatte ja nur das bekommen, was er verdient hatte. Vorsorglich habe ich diese Prügelei die ganzen Jahre für mich behalten. Es war mir immer ein wenig unangenehm. Irgendwann kam natürlich die Einsicht, dass ich an dem Tag etwas ganz blödes angestellt hatte. Genug von Hauen und Stechen, zurück zum Spaziergang.

Möglicherweise liegt der Grund, dass ich ausgerechnet in „Nielsens Kaffeegarten" das Gefühl habe, nach Hause zu kommen, auch an der freundlichen Begrüßung, mit der ich jeden Sonntagmorgen vom Verkaufstresen herunterbeschenkt wurde. Dieses lächelnde Gesicht habe ich noch sehr gut in Erinnerung behalten. Ich kann mich wirklich noch sehr genau an das runde freundliche Gesicht erinnern. „Guten Morgen, Peter, was darf's denn heute sein?", war jedes Mal die Begrüßung. Leider weiß ich aber nicht mehr, wer das war. Sei's drum!

Deshalb empfinde ich es als ausgesprochen schade, dass dieses alte traditionsreiche Café immer noch geschlossen ist. Wir, in diesen Fall, meine Frau, mein Sohn und ich, haben ausgesprochen gerne in der Veranda gesessen und jedes Mal den Blick aufs Wattenmeer genossen. Und dabei, das eine oder andere Mal, auch ein Glas Wein, oder auch zwei, zu viel getrunken, wenn wir uns denn Mal wieder nicht losreißen konnten von dieser wunderschönen Aussicht.

An einem ganz bestimmten Tag, an den wir uns gerne erinnerten, hat es schlicht und einfach geregnet, heftig sogar und wir haben diesen verregneten Tag dann genutzt, um es uns gut gehen zu lassen, anschließend mussten wir ein Taxi bestellen.

Ein Stück auf der Straße zurück, bis zum Hoyerstieg, liegt die „Kleine Küchenkate", dort haben wir es uns in einem der windgeschützten Strandkörbe gemütlich gemacht und erst Mal unsere Partner angerufen und erklärt, wo wir jetzt sind. Und dann haben wir endlich, nicht nur unseren Eishunger, gestillt. Hier, in der „Kleinen Küchenkate", haben wir, weil in der Zwischenzeit unsere Partner eingetroffen waren, auch besprochen, wo wir denn nun weiter gehen wollen. Unsere Partner, meine Frau Monika und mein Schwager Kurt, verspürten keine allzu große Lust, mit uns die Straße entlang zu trotten und auch immer dann stehenbleiben zu müssen, wenn uns die Erinnerungen allzu heftig überkommen. Die beiden wollten, schlicht und einfach, etwas laufen und die frische Luft genießen. So haben wir uns dann entschlossen, direkt am Wasser weiter zu gehen.

Der Platz, an dem zu unserer Kindheit noch das alte Barackenlager aus der NS-Zeit stand, zu dem wir auch noch viele Erinnerungen, gleichermaßen aber auch viele Fragen haben, lassen wir denn diesmal aus. Vielleicht ein anderes Mal.

Obgleich ich zu gerne wüsste, was aus der Schmiede geworden ist, in der ich öfter dem Hufschmied beim Beschlagen der Pferde zugesehen habe. Die Schmiede war das alles beherrschende Bild des ehemaligen riesigen Exerzierplatzes. Oder was aus der kleinen Werkstatt, hinten in der Ecke, neben der Schmiede, geworden ist. Dort gab es die legendären Heinkel Roller und die ebenso legendäre NSU-Max, etwas später die schon erwähnten Messerschmitt-Kabinenroller und noch etwas später die ersten Goggo-Mobile.

Sturmfluten

Wenn wir heute noch die Kirche erreichen wollen, müssen wir uns langsam auf den Weg machen. Es liegen nämlich noch einige Punkte auf unserem Weg, die wir unbedingt noch ansteuern wollen. Also machen wir uns, nunmehr zu viert, von der „Kleinen Küchenkate" aus gemeinsam auf den Weg... über den Hoyerstieg direkt runter zum Kliff. Hier fällt uns als erstes die Seegras-Grenze auf, die uns anzeigt, wie weit das Wasser hier auf der Wattseite beim letzten Sturm angestiegen war. Marianne nimmt spontan etwas von dem Seegras auf, riecht daran, berubbelt es ausgiebig, strahlt mich ein wenig hinterlistig an und meinte dann: „Das ist ziemlich genau zehn Tage her!" Mein Schwager Kurt ist so überrascht, der bleibt wie vom Blitz getroffen stehen und blickt seine Frau an, als wäre sie gerade vom Mars gekommen. Diese Facette seiner Frau kannte er noch nicht. Der hatte doch tatsächlich geglaubt, seine Frau könnte erschnüffeln, wann das letzte Mal Sturmflut war. Schade, diese Fähigkeit, so etwas zu ertasten oder zu erschnüffeln, hätten wir beide gerne, haben wir aber nicht und hatten wir auch nie.

Wir können uns auch so, ohne irgendwelchen Hokuspokus, an die Tage erinnern, als uns die Nordsee besuchen kam. Es gab in den Jahren, in denen wir auf der Insel lebten, einige Sturmfluten, wovon die meisten relativ harmlos waren. Ich erinnere mich an drei schwerere Sturmfluten, bei denen uns jedes Mal der Keller volllief.

Eine besonders schwere hatten wir im Jahr 1955, im Spätherbst, da hat uns die Nordsee tatsächlich einen Besuch abgestattet. Noch ein wenig länger, oder noch ein klein wenig höher und sie wäre bis in unsere Küche gekommen. Dabei hat sie sich nicht vorgestellt oder etwa angekündigt, sie ist einfach gekommen. In der Realität hieß das stets, das Wasser (die Nordsee) kam durch den Sickerschacht, der sich hinter unserem Haus, direkt zur Wattseite, befand. Und das war überhaupt nicht lustig, denn über diesen Sickerschacht ist uns jedes Mal ganz schnell der Keller vollgelaufen. Genauso hoch, wie draußen das Wasser war, so hoch stand bei uns das Wasser im Keller. Die, erst ein paar Jahre später, erhältlichen Rückschlagventile, gab es noch nicht. Heute, wo auch das kleinste Dorf kanalisiert ist, frage ich lieber nicht, wer denn noch weiß, was ein Sickerschacht ist und wie die funktionieren. Nur wenn man weiß, wie Sickerschächte damals funktionierten, begreift man, warum durch einen Sickerschacht ein Haus volllaufen kann.

1955, an das Jahr kann ich mich deswegen so gut erinnern, weil es exakt das Jahr war, in dem in Wenningstedt das Hotel „Zum Kronprinzen" soweit unterspült wurde, dass es nicht mehr zu halten war und abgerissen werden musste.

Wir waren zwar nicht unterspült, dafür stand bei uns alles unter Wasser, wirklich alles, eine ungefähr 60 cm tiefe, dreckige, stinkende Brüh hatten wir im Keller. Das lief nachher, als die Nordsee sich wieder beruhigt und zurückgezogen hatte, von ganz alleine wieder ab, trotzdem, wir mussten alles hochstellen. Das Eingemachte, die selbstgemachten Säfte, Brause, Selters, die Vorräte und die Kartoffeln. Die Fahrräder und die unhandliche und schweren Hundekiste. Die Arbeitsgeräte, wie Stiel- und Stoßbesen, die Seife und die Pflegemittel, die ein dreckiger Schornsteinfeger zur Körperpflege braucht, sogar die schwarzen Arbeitsanzüge für die Schornsteinfeger, einfach alles.

Und am nächsten Tag mussten wir sogar die Kohlen und die Briketts nach draußen schleppen, damit sie trocknen konnten, die klitschnassen Dinger brannten einfach nicht! Im nächsten Frühjahr, nachdem es endlich einigermaßen abgetrocknet war, mussten die Wände neu geweißt werden, denn die sahen einfach fürchterlich aus.

Das war aber noch nicht alles, denn das Wasser im Haus war die eine Sache. Die Wucht und die Zerstörungskraft des Wassers, die andere. Eigentlich die viel Schlimmere!

Vor unserem Haus gab es einen Wall, der dem einer Warft sehr ähnlich war, eine Art Deich, der uns vor normalem Hochwasser ganz gut schützte.

In dem gerade vergangenen Sommer hatten die Männer, die in den umliegenden Häuser wohnten, eine Treppe in diesen Wall hineingebaut. Ich weiß nicht mehr genau, wer daran alles beteiligt war, ich weiß nur, dass es eine Gemeinschaftsarbeit war und, dass es damals eine recht mühsame Angelegenheit gewesen ist. Denn alles, wofür wir heute Maschinen zur Verfügung haben, musste noch mit der Hand erledigt werden. Mit den selbst gefertigten Gehwegplatten fing es an, die waren so schwer, die mussten mit einem Blockwagen transportiert werden. Heute heißen diese Blockwagen auf gut Neu-Deutsch Bollerwagen. Die kann man in jedem Badeort mieten und seine Kinder damit umher kutschieren. Zu meiner Kinderzeit konnte man die Seitenwände noch herausnehmen, und schon hatte man eine ebene Ladefläche, auf der konnten die schweren Platten, die für die Treppe verbaut werden sollten, herangekarrt werden. Und genau an dieser Stelle, an dieser in mühsamer Gemeinschaftsarbeit erstellten und gerade fertigen Treppe hat sich die Nordsee ausgetobt. Sie hat alles, was die so mühsam dort hineingebaut hatten, wieder herausgerissen. Der alte Opa Lorenzen, dem das Haus gehörte, hatte im Sommer noch eindringlich vor dem Treppenbau gewarnt. Da gehört keine

Treppe hin, sondern eine schräge Abfahrt, damit sich das Wasser totlaufen kann. Leider hat niemand auf ihn gehört. Auf die Idee, diesen erfahrenen, alten Mann ernst zu nehmen und für ein paar Momente zuzuhören, ist niemand gekommen und so konnte sich die Nordsee an dieser Stelle nach Herzenslust und genüsslich austoben. Mit jeder neuen Welle, egal ob groß oder klein, hat sie auch ein Stück Erde mitgenommen.

Mein kleiner Bruder Hans-Felix, damals fünf Jahre alt, stand an dieser Abbruchkante und hat dem Naturschauspiel neugierig zugeschaut. Zu neugierig, und natürlich zu dicht an der Abbruchkante. Nur einen klitzekleinen Augenblick hat er nicht aufgepasst und wurde mit einem gewaltigen Erdrutsch mit ins Wasser gerissen und drohte abgetrieben zu werden. Das hat der spätere Besitzer vom „Haus am Watt", Waldemar Arndt, gesehen, hat den Kleinen, im letzten Moment, zu fassen bekommen und ist dann mit dem nächsten Erdrutsch selber in die tobende See gefallen. Hat Felix aber noch, reflexartig, an Land werfen können. Weil der dabei unglücklich gelandet ist und sich kräftig gestoßen hat, hat der aus Leibeskräften geschrien und so die ganze Aufmerksamkeit auf sich gezogen. Alle anderen haben dabei übersehen, dass der Retter erhebliche Probleme hatte, sich aufrecht zu halten und wieder aus dieser tosenden See herauszukommen.

Mit der Hilfe meines Vaters, der ein paar Minuten vorher ins Haus gegangen war, um eine Tasse Kaffee zu trinken und dies vorsichtshalber am Küchenfenster tat, um die Übersicht behalten zu können. Und aus eben diesem Küchenfenster hatte er das alles beobachtet, ist wie ein geölter Blitz, wie er es nannte, wieder raus geflitzt und hat dem in Not geratenen Retter einfach nur die Hand hingestreckt und der ist wieder sicher an Land gekommen.

Das war wirklich ziemlich haarsträubend, wie mein Vater damals in seiner Muttersprache, dem schönem alten Plattdeutsch, sagte: „Dicht bien sülvern Lepel" Auf Hochdeutsch: Dicht beim silbernen Löffel. Und das bedeutet, dass man dem Tod noch einmal von der Schippe gesprungen ist.

Ich war damals elf Jahre alt und stand staunend vor dieser Abbruchkante neben unserem Haus. Ich habe mir immer wieder dieselbe Frage gestellt: Wie ist so etwas bloß möglich? Die selbst gemachten Betonplatten, die in dieser Treppe verbaut worden waren, waren so schwer, dass ich sie nicht anheben konnte. Wieso kann dann Wasser, das ja an diesen Platten vorbeifließt, diese fest verankerten Platten dort herausheben und auch noch wegschwemmen? Welche Kraft muss Wasser haben, wenn Beton darin schwimmen kann? Eine dieser unglaublich schweren Gehwegplatten haben wir sogar aus dem Schilf zurückgeholt! Das waren ungefähr 15 Meter. Wieso hat Wasser denn solche zerstörerische Kraft?

Von diesem Schauspiel völlig fasziniert, habe ich mich dann hingehockt, d.h. ich habe mich auf meine eigenen Fersen gesetzt. Selbstverständlich in sicherer Entfernung zu der Abbruchkante mit dem tobenden Wasser. Sicherheitshalber auch etwas seitlich versetzt zu der inzwischen weggeschwemmten Treppe. Von diesem relativ sicheren Standort habe ich das Wasser beobachtet. Schweigend und ziemlich lange.

Ich erinnere mich sogar noch daran, dass ich ein kleines Stöckchen in der Hand hatte und damit auf dem Erdboden herumkritzelte. Leider hören genau hier meine Erinnerungen auf, auch, weil mir durch meine seltsame Sitzhaltung die Beine einschliefen und ich mich so nicht mehr halten konnte. Ich weiß deshalb nicht mehr genau, was ich dort in den Fußboden gemalt hatte. Leider weiß ich auch nicht mehr, ob das, was ich da in den Sand gekritzelt hatte, im Zusammenhang mit dieser Sturmflut, eventuell auch mit den anderen Sturmfluten und somit mit der Kraft des Wassers, zu tun hatte.

Ich weiß nur noch, dass ich in der Zeit, in der ich da hockte, einiges begriffen habe. Jedes Mal, wenn eine Welle gegen die steile Kante schlug, nahm die, wenn sie zurück ins Meer floss, auch etwas Erde mit. Mal mehr. Mal weniger. Das kam sehr auf die Größe der Welle an. Inklusive all dem Geröll, also alles, was da so eingelagert war. Und wenn diese steile Wand dann genug unterspült war, brach ein großes Stück, ähnlich einer Erdscholle, heraus. Genau _so_ sind die riesigen Abbrüche an unseren Steilufern in Kampen und Wenningstedt, teilweise auch in Westerland und, wenn auch in etwas abgeschwächter Form, auch in Morsum zu erklären.

Dabei wirken zwei Kräfte zusammen! So meine Annahme, meine innere Überzeugung, damals! Die erste Kraft war: Die immense Wucht, des heranbrausenden Wassers, die hier, für jeden wunderbar zu beobachten ist. Wenn man es denn sehen will.

Die zweite Kraft war: Nach meinen Beobachtungen an diesem Tag, war ich fest davon überzeugt, dass Wasser alles aufweicht. Dazu gibt es eigentlich keine Alternative. Nur noch die zusätzliche Erkenntnis, mit welcher Beharrlichkeit dies alles geschieht. Und ich habe begriffen, wie wertvoll Erfahrung ist, Erfahrung aus einem langen Leben. Opa Lorenzen hatte also Recht, mit seiner These „Wasser muss sich totlaufen."

Ich habe, an diesem, für mich unvergesslichen Tag, auch begriffen, dass das, was wir als Schwimmen ansehen, eigentlich irreführend ist, es müsste eigentlich „Tragen" heißen, denn Wasser trägt. Und zwar durch die Unterströmungen oder Unterspülungen! Dadurch entsteht, für einen Moment, der Eindruck, dass Beton im Wasser schwimmt.

Es hat einige Jahre gebraucht, bis ich das, was ich da, auf meinen Fersen hockend, plötzlich und intuitiv begriffen hatte, auch in Worte fassen, also formulieren konnte. Genug jetzt von dem, was Wasser alles kann! Das sind Erinnerungen und sollen es auch bleiben. Nur eines noch: Wasser ist Fluch und Segen zugleich!

Und dennoch, das größte Rätsel für mich war: Wo kommt das ganze Wasser her? Und dann noch hier bei uns, an der sonst so friedlichen Wattenmeer-Seite? Ich habe das alles für eine riesengroße Katastrophe gehalten. Solange, bis ich, nur ganze sieben Jahre später, die schwere Flutkatastrophe 1962 miterlebt habe. Ich war gerade in die Feuerwehr eingetreten und habe mit angesehen, wie in Elmshorn die Innenstadt voll Wasser gelaufen ist. Elmshorn liegt zwar weit weg von der Küste, aber die Krückau, an der Elmshorn liegt, war damals so voll, dass das Wasser von oben in die Kläranlage gelaufen ist. Der Druck, der dadurch auf die Kanalisation entstanden ist, hat dann die Innenstadt volllaufen lassen, weil die Innenstadt von Elmshorn deutlich unterhalb des Meeresspiegels liegt.

Die Deichbrüche in der Haseldorfer Marsch habe ich mir ein paar Tage später angesehen. Durch die Haseldorfer Marsch fließt die Pinnau. Damals, 1962, einer der bekanntesten Einsatzorte der Bundeswehr. Nach Hamburg natürlich.

Gemeinsam haben wir, Vater und Sohn, respektvoll, schweigend und zutiefst beeindruckt, ein paar Tage später an einer Deichbruchstelle gestanden. Mein Respekt, meine ehrliche, Hochachtung, galt den vielen freiwilligen Helfern, die ohne viel Aufhebens gekommen sind und einfach angepackt haben. Ebenso den Soldaten, die erstmals zeigen durften, dass sie mehr können, als nur schießen. Die damals alle gemeinsam und unverdrossen die vielen Sandsäcke geschleppt haben. Die bei heftigem Sturm mit orkanartigen Böen und so manches Mal auch bei strömendem Regen der aufgewühlten See Pfähle eingeschlagen haben, um Verschienen legen zu können und somit schlimmeres verhindert haben.

Durch diese unbürokratische Hilfsaktion hat die Bundeswehr das positive Ansehen in der Bevölkerung um ein vielfaches steigern können. Ich habe in diesen Tagen erstmals begriffen, dass „Bürger in Uniform" keine leere Phrase ist.

Ich glaube nach wie vor, dass solche Heldentaten viel zu wenig gewürdigt werden. Aber auch meine große Ehrfurcht vor der unglaublich zerstörerischen Kraft des Wassers hat sich seit jenen Tagen enorm verfestigt. Seit jenen Tagen weiß ich natürlich ganz genau, „woher das Wasser kommt"!

Es gab, nach 1962, viel zu lesen, es gab aber auch genau so viel aufzuarbeiten. Und... es gab jede Menge Vergleiche mit Sylt!

Seither habe ich eine etwas differenziertere Ansicht von Katastrophen.

Willi oder die „Pension Borstelmann"

Wir kommen, bevor wir „unser" Haus erreichen, nur noch an der Pension „Haus Borstelmann" vorbei, wo wir eine kleine Weile stehen bleiben, denn diese Pension, dieses Haus, kannten wir noch, als es noch eine Klein-Bauern-Stelle war und haben es auch so in liebevoller Erinnerung behalten.

Vor einigen Jahren habe ich hier auf Sylt das erste Mal von der bitterbösen Geschichte des Ludwig Borstelmann, den Vater von Willi und Hans, sowie den Ehemann von Sophie Borstelmann, gehört. Mit bitterböse Geschichten meine ich den Tatbestand der Denunziation.

In meinem Heile-Welt-Keitum, in so einer kleinen lebenden Dorfgemeinschaft, habe ich das für völlig ausgeschlossen gehalten. Ich habe bis zu diesem Tage, ich glaube es war so um das Jahr 2000 herum, nicht gewusst, nicht einmal geahnt, dass Ludwig Borstelmann zu den Nazi-Verfolgten gehörte. Mit an Sicherheit grenzender Wahrscheinlichkeit ist er ermordet worden. Und die, die dafür gesorgt haben, dass er verhaftet und schließlich in ein KZ verschleppt wurde, haben seinen Tod billigend in Kauf genommen. Hier bin ich wieder beim Thema Neid. Ich wollte das nicht. Aber auch so etwas kann Neid anrichten. Es ging, wenn ich das richtig weiß, um Land, um Entschädigung für Land.

Für mich war der Vater von Willi im Krieg gefallen, so wie Willi es mir immer erzählt hat. Es gab für mich auch überhaupt keinen Grund, das anzuzweifeln. Das es da noch etwas anderes gab, als im Krieg erschossen zu werden, wusste ich zu dem Zeitpunkt noch nicht. Und das mit „Gefallen" nicht das Hinfallen, so wie ich es bis dato kannte, sondern auch der Tod, fast immer ein grässlicher Tod, gemeint war, habe ich da auch noch nicht gewusst und erst begriffen, als wir schon in Elmshorn lebten.

Mein Verständnis, mein Begreifen, für all die fürchterlichen Dinge, die da während des Nazi-Terrors passierten, an Menschen, die für ihr „Anderssein" verhaftet und eingekerkert wurden. An Menschen, die eine andere politische Überzeugung hatten und dafür ebenfalls eingekerkert wurden und fast ausnahmslos bestialisch umgebracht wurden, setzten bei mir sehr viele Jahre später ein. Auf Sylt war ich dafür noch viel zu jung!

Die beiden Borstelmänner, die ich kannte, Mutter Sophie und Sohn Willi, waren unsere unmittelbaren Nachbarn, von denen wir immer unsere frische Milch bekommen haben. Manchmal, als besondere Leckerei an warmen Sommertagen, hat Mutti einen oder zwei Teller von der frischen Milch, die ich gerade geholt hatte, in der Küche auf die Fensterbank gestellt, um daraus Dickmilch werden zu lassen, die wir dann mit etwas Zucker bestreuten und schichtweise weggelöffelt haben. Das geht heute leider nicht mehr.

Zwischen den beiden Häusern lag nur noch eine kleine Streuobstwiese. Den Ausdruck Streuobstwiese kannte ich damals noch nicht. Für mich war das immer die Wiese, in der im Frühjahr, natürlich noch mit der Sense, gemäht wurde, um dieses saftige, frische Gras als Kaninchenfutter zu verwenden. Und im Herbst wurde Heu daraus gemacht. Das ergab immer einen Dieben, in manchen Gegenden sagt man auch Stadel, zu den Haufen aufgeschichtetes Heu. Ansonsten lagen auf dieser Streuobstwiese massenhaft Äpfel herum. Anfangs, in den ganz frühen fünfziger Jahren gab es zwischen dieser Streuobstwiese und dem Ertragsgarten, der zu unserem Haus gehörte, noch eine ziemlich große Abfallgrube, in der, neben den Gartenabfällen, auch alles andere hineingeschmissen wurde, was in einem Haushalt an Müll produziert wird, inklusive Steinkohle- und Brikettasche.

Irgendwann ist da wohl Erde drüber geschmissen worden, alles schön glatt und platt gemacht, anschließend sorgfältig planiert und mit Platten verlegt, um die Sitzfläche für die Gastronomie zu erweitern. Es ist, jedenfalls für einen Ortsfremden, absolut nicht erkennbar, dass da mal eine Abfallgrube war. Ich habe es jedenfalls nicht mehr erkannt.

Übrigens, von den Äpfeln, die auf der Wiese lagen, überwiegend Holsteiner Cox und Gloster, die wir sammeln durften, hat Mutti jedes Jahr Apfelmus gemacht, das es dann mittags zum Eierpfannkuchen gab.

An diesem Klein-Bauern-Hof war alles noch genau so, wie es heute manchmal, wenn auch verklärt oder geschönt, in Bilderbüchern für Kinder im Vorschulalter dargestellt wird. Leider wird dabei immer vergessen, dass das Leben auf so einem kleinen Bauernhof härteste körperliche Arbeit war. Für kargen Lohn. Für sehr kargen Lohn!

Ich erinnere mich gut an eine andere Bauern-Familie, mitten im Dorf, die jeden Abend, aber wirklich jeden Abend, Bratkartoffeln mit Speck und für jeden Mann ein Spiegelei gegessen haben. Nicht, weil das allen so gut schmeckte, es war einfach das einzige, was sie hatten. Im Winter war ein Schwein geschlachtet worden und lieferte mit dem Speck auch die nötigen Kalorien. Genau die Kalorien, auf die wir heute so sehr gerne verzichten möchten. Alles andere wurde verkauft, damit etwas Geld ins Haus kam, um Schulden und Pacht tilgen zu können.

Die Erinnerung an diesen Bauernhof passt zwar nicht ganz hierher, denn er liegt wirklich etwas abseits unseres Wanderweges, es ist auch nur als Vergleich gedacht. Aber Ferdinand hatte zu unserer

Kinderzeit zu diesem Hof intensiven Kontakt. Werner war sein Freund. Der Vergleich hinkt auch deswegen ein bisschen, denn der Hof war bedeutend größer als die Hofstelle der Borstelmanns. Das war schon ein prachtvolles, repräsentatives Anwesen. Ich meine, die hatten sogar fünf Pferde, eines immer als Ersatz, falls tatsächlich Mal etwas passiert. Hinter dem Hof stand eine große Remise, die war voll mit landwirtschaftlichen Maschinen. Die hatten fast alles, große ertragreiche, fruchtbare Ländereien, einen großen Maschinenpark, nur kein Geld. Der Hof war gepachtet.

Und heute ist das alles Schnee von gestern, es gibt sie beide nicht mehr.

Zurück zu Willi.

Wenn ich zu den Borstelmanns rüber rannte, um Milch zu holen, kam ich ja immer von der Hofseite und musste durch die Klönschnacktür, die sich genau in der Ecke zwischen Wohnhaus und Stall befand und durch die ich direkt in den Stall kam. Links vorne standen die Kühe, dahinter die Einjährigen(Starken), rechts vorne die Ochsen und dahinter die Kälber. Der Schweine- und der Pferdestall waren durch einen schmalen Gang, vorbei an der Futterkammer, zu erreichen.

Es gab hier auch noch jede Menge Kleingetier, Hühner, Enten und ich glaube, es gab sogar noch Gänse. Ich weiß nur nicht mehr genau, wo die untergebracht waren. Ich weiß nur noch, dass es keine Ratten und keine Mäuse gab, denn dafür gab es Katzen, jede Menge Katzen, halbwilde versteht sich, die nur sehr zurückhaltend gefüttert wurden. Satte Katzen jagen nämlich nicht. Und einen mächtigen und durch die unendlich vielen Revierkämpfe schon ziemlich zerrupften Kater. Sein unübersehbares Markenzeichen: Ein abgebissenes Ohr. Willi schwor Stein und Bein, dass das eine große Ratte war, die allerdings auch keine Chance hatte. Dieser

Kater genoss wegen diesem halben Ohr bei allen, die zum Hof gehörten, allerhöchste Wertschätzung und war der einzige, der in die Wohnung durfte.

Wenn ich in den Wohntrakt wollte, das heißt in diesem Fall, in die Küche, musste ich, direkt nach der Klönschnacktür noch einmal scharf nach links abbiegen, die nächste Tür öffnen und schon stand ich, nach einem Schritt, in der Küche.

Hier gab es die unbehandelte, frische Milch. Abgefüllt wurde mit einem Messbecher, direkt aus der Kanne. Jeden Tag habe ich drei Liter geholt und so manches Mal kamen nur zwei Liter zu Hause an. Hier wurden aber auch, der Herd stand etwas rechts im Hintergrund, mit abgekochtem Wasser die Milchkannen penibel sauber gehalten.

Alles, was ich vom bäuerlichen Leben weiß, hat seine Wurzeln hier. Willi hat mir alles gezeigt, hat mich mit auf seine Felder genommen, hat mich, selbstverständlich mit einem Pferd pflügen und eggen lassen. Sogar Kunstdünger durfte ich streuen, aus der Kiepe, die vor dem Bauch hing. Und ja nichts vergeuden, immer schön vorsichtig, mit drei Fingern.

Aus dieser Zeit stammt auch meine Vorliebe für „Milchkaffee", den ich immer noch gerne trinke. Wenn wir, Willi und ich, auf den Feldern arbeiteten, kam nachmittags, um Punkt Drei zur Kaffeezeit, Willis Mutter mit dem Fahrrad angeschoben und hat uns mit Essen und Trinken versorgt. Das bestand aus Rosinenbrot mit Butter, richtig dicke Scheiben und dick Butter und dann zusammengeklappt, ich konnte da knapp rüber beißen. Dazu gab es das eben schon erwähnte Milchmischgetränk. Das bestand aus zweieinhalb Liter Milch und zweieinhalb Liter Muckefuck. Wer es nicht mehr weiß, Muckefuck war Ersatzkaffee, meistens aus Gerstenmalz. Den Geschmack von diesem Ersatzkaffee fand ich toll. Ich kam mir groß und erwachsen vor, schließlich durfte ich als zehn oder zwölfjähriger Pimpf schon Kaffee trinken. Kaffee war sonst nur etwas für Erwachsene, auf die ich so manches Mal neidisch rüber blickte. Ich wollte so gerne so sein wie die!

Und... ich mag den Geschmack heute noch. Eine Vorliebe, die ich im Übrigen mit meinem Bruder Ferdinand teile, das haben wir jetzt erst, nach so vielen Jahren, festgestellt. Meine Schwester Marianne dagegen fand den Muckefuck immer zum Kotzen.

Hier, auf dieser Kleinstbauernstelle, habe ich das Melken gelernt und, das gehörte einfach dazu, anschließend durfte/musste ich den Kuhstall ausmisten. Sehr zur Freude meiner Mutter, die hat sich jedes Mal gefreut, wenn ich nach Hause kam, ich habe nicht nur wunderbar gerochen, sie musste auch meine stinkenden Klamotten waschen. Aber, sie hat mich jeden Tag wieder rüber gelassen. Danke Mutti.

Zu guter Letzt hat Willi mir noch das Reiten beigebracht, ohne Sattel versteht sich. Er hat mir, mit viel zu kräftigem Schwung, aufs Pferd geholfen, ich bin auf der anderen Seite wieder heruntergefallen, auf allen Vieren unter dem Pferd durchgekrabbelt und schon stand ich wieder vor ihm. Und Willi hatte die nötige Ruhe, um das Ganze zu wiederholen und auch die notwendige Geduld, das dann auch ein paar Mal zu wiederholen.

Unter einem Pferd hindurchkrabbeln hört sich gefährlicher an, als es damals war. Fuchs, so hieß die Stute, war da schon 17 Jahre alt und kannte mich ganz genau. Wenn ich in den Stall kam, wieherte sie leise und ich habe ihr die erwartete Leckerei hingehalten. Ein Stück trockenes Brot, einen Apfel oder nur eine Hand voll frisches Gras. Und, ich habe nie vergessen, sie ausgiebig hinter den Ohren zu kraulen. Das mochte sie, da hat sie drauf gewartet. Bei Liese war ich nicht so sicher, die war ein Temperamentsbündel von gerade Mal sieben Jahren, die einmal nach mir getreten hat, als ich ihr zu nahegekommen war. Das war zwar nicht so schlimm, wie es zunächst aussah, hat mir aber einen gehörigen Schrecken eingejagt, denn immerhin bin ich im Straßengraben gelandet. Danach habe ich eher einen Bogen um Liese gemacht. Man kann ja nicht wissen. Ich habe nämlich nie begriffen, warum sie mich getreten hat. Soviel wusste ich damals schon von Pferden, die treten nicht ohne Grund. Ich muss ihr, irgendwann einmal, etwas getan haben, was ihr überhaupt nicht gefallen hat, von dem ich aber nichts wusste, oder, besser gesagt, über das ich mir gar nicht klar war. Dafür hat sie dann brav, zwei Jahre lang, auf meine Gerte aufgepasst.

Dazu fällt mir noch etwas ein, passt zwar nicht ganz nach Sylt, passt aber sehr gut zum Verhaltensmuster von Pferden. Irgendwann, in den 1960iger Jahren, das muss 1966 gewesen sein, lernte ich in der Elmshorner Reit- und Fahrschule den erfolgreichen Springreiter Kurt Jarasinski kennen, einer der Reiter, die 1964 die olympische Goldmedaille im Mannschaftsreiten errangen. Als ich Kurt Jarasinski kennenlernte, war er leider schon als der „Blaue Reiter" bekannt geworden.

Von seinem unbestrittenen Pferdeverstand hatte er noch nichts eingebüßt. Und Kurt Jarasinski erzählte mir, als ich ihm von meinem Missgeschick mit der Stute Fuchs erzählte: Ein Pferd wird dich niemals treten, es wird immer versuchen, seinen Huf an dir vorbei zu setzen.

An einem Sommertag im August sagte Wille zu mir: „Geh Mal rüber und frag, ob du heute Nacht hier im Stroh schlafen darfst, die Sau wird ferkeln." Ich durfte! Aber erst am ganz frühen Morgen des nächsten Tages, ich meine, es war gegen halb zwei Uhr, war es dann soweit. An diesem Tag, auf diesem kleinen Bauernhof, habe ich gelernt, was Leben heißt. An diesem einen bestimmten Tag habe ich begriffen, was das ist: Leben! Und ich war man gerade erst zwölf Jahre alt!

Ich habe aber auch begriffen, wie eng Leben und Tod beieinander liegen!

Ich durfte das erste Mal zusehen, wie eine Sau geferkelt hat. Ein unglaubliches Erlebnis. Die hörte gar nicht auf, immer und immer wieder kam da ein kleines Ferkelchen auf die Welt und quiekte zum Gotterbarmen, so, als wolle es sich bei Willi anmelden. Und Willi hat diese Anmeldung tatsächlich erhört, hat jedes einzelne hochgenommen, den gröbsten Schleim abgewischt, schnell noch nachgesehen, ob es ein Junge oder ein Mädchen war und dann genauso schnell wieder zur Mutter gelegt, damit es nicht zu viel menschlichen Geruch annimmt. Es waren insgesamt dreizehn und zwölf haben überlebt.

Nur eine Stunde später sahen alle aus wie Marzipanferkel, alles, was bei einer Geburt so anfällt und alles, was in einem Abferkel-Stall so rumliegt, auch die Totgeburt, hatte die Sau aufgefressen, der Kampf um die Nahrungsquellen war auch beendet und so lagen alle friedlich vereint an Mamas prallen Zitzen. Und die grunzte dann zufrieden.

Und dann das Gegenteil, an einem kalten Februarmorgen erlebte ich meine erste Hausschlachtung. Die arme Sau, die nichts ahnend, genau in den Bolzenschussapparat gelaufen ist, hat uns mit einer sechs Zentimeter dicken Speckschicht versorgt. Können auch sieben oder sogar mehr gewesen sein. Die Schweine, die damals auf den Höfen und für den Eigenbedarf geschlachtet wurden, waren in erster Linie nur eins: fett! Heute absolut unverkäuflich.

Damit ist gut. Schlachten ist aber schrecklich!

Und zum Schluss, damit soll's denn auch gleich genug sein, obwohl, für mich ist gerade dieses Erlebnis ungeheuer wichtig, denn noch lehrreicher, noch eindrucksvoller, war der Tag, an dem eine der Starken ein Kalb bekam. (Eine Starke ist ein Jungrind, ca. zwischen dem 12ten und 18ten Monat, das noch kein Kalb hatte. Ab dem 18ten Monat werden diese Jungrinder besamt, um nach 9 Monaten Tragzeit zu kalben. In anderen Regionen werden sie auch als Färse bezeichnet.) Und diese Starke, die ich hier meine, war hier in diesem Stall geboren und sollte nun ihr erstes Kalb bekommen, tat sich dabei aber sehr schwer. Irgendetwas lag schief, um das zu begreifen und richtig in Erinnerung zu behalten, war ich noch zu jung. Ich weiß nur noch, dass etwas gedreht werden musste. Natürlich nicht, wie heute üblich, von einem Tierarzt, sondern vom Bauern, also von Willi.

Ich habe einmal, in Groß-Nordende, das ist ein kleines Dorf bei Uetersen, bei der Gehurt eines Kalbes zugesehen. Da lag auch was schief oder quer. Und genau für diesen Fall war ein Tierarzt gerufen worden und bei der Geburt dabei.

Die Hilfestellungen, die dieser schon etwas ältere, aber sehr erfahrene Mann gaben, waren so ruhig und so sachlich, das haben wir gar nicht so recht mitgekriegt. Als ich ihm von meinem Erlebnis auf Sylt erzählte, war der überhaupt nicht überrascht. Dem war die Problematik durchaus bekannt. Hier hatte der zweite Weltkrieg bei den Tierärzten ein zu großes Loch gerissen. In diesen Jahren, etwa zehn Jahre nach dem Krieg, rückten zwar die ersten Veterinäre nach, aber es gab einfach noch immer viel zu wenige.

Lottchen, ich meine, so nannte ich die Kuh von Willi und weil's so einfach war, auch ihr Kälbchen, hat diese unbeschreiblich harte

Prozedur überlebt, gemeinsam mit ihrem Kälbchen... und auch hier lasse ich es gut sein.

Unser Haus: Das Haus am Watt

Nun stehen wir also an dem Ort, an dem wir früher gewohnt haben. Während wir beide hier unten am Kliff stehen und auf das Haus blicken, das dort steht, fällt es uns wieder auf, die emotionale Bindung ist weg. Das ist nicht unser Haus. Wir wissen beide, hier haben wir einmal gewohnt, nur eben nicht in dem Haus, das dort steht und deshalb sind wir beide zu größeren Gefühlen einfach nicht in der Lage.

Wenn ich es mir recht überlege, ist die Formulierung „hier haben wir gewohnt" ziemlicher Quatsch, wir haben hier, als wir noch Kinder waren, gelebt, weil unsere Eltern sich dieses Haus ausgesucht hatten, mit allem, was dazu gehört. Ich glaube ganz einfach, dass Kindern so etwas wie Wohnkultur noch völlig fremd ist. Kinder brauchen einen Platz zum Schlafen und einen Platz, wo es etwas zum Essen gibt.

Bevor ich nun von dem Haus erzähle, gehe ich erst einen kleinen Schritt zurück.

Wenn wir Geschwister irgendwo zusammen sitzen, kommen wir fast zwangsweise immer wieder auf Sylt zu sprechen. Meine Schwägerin Uschi nennt unser seltsames Verhalten seit einigen Jahren scherzhaft „Sylto-Manie", weil Außenstehende sich von uns entfernen und sich fragen, von was reden die da überhaupt. Ich habe diese Besonderheit von uns Geschwistern schon beim Thema Schule ganz am Anfang meiner Erinnerungen erwähnt. Sehr oft sind es einfach nur Ausdrucksweisen, die nur wir, die Betroffenen, verstehen. Eine weitere, seltsame Ausdrucksweise haben wir uns angewöhnt, wenn wir von Sylt sprechen. Wir gebrauchen immer den Ausdruck „unser". Unsere Nachbarn, unser Hund, unser aller

Badezimmer. So natürlich auch „unser Haus". Auch das ist natürlich Quatsch. Das Haus gehörte uns nicht, das Haus war gemietet. Es gehörte Opa Lorenzen, den ich schon im Kapitel „Sturmfluten" erwähnt hatte. Er war der Opa von Maren und Uwe, unseren Nachbarskindern. Viel mehr weiß ich nicht von diesem alten Mann, außer, dass er mit schöner Regelmäßigkeit die ersten Sommergäste vertrieben hat, wenn diese uns, den Kindern seiner Nachbarschaft, zu nahe kamen. Auch wenn die in durchaus friedlicher Absicht kamen, das war ihm völlig egal. Die hatten hier nichts zu suchen! Punkt!

An der Südseite von unserem Haus, also zur Borstelmann-Seite, hatte jemand ein oder zwei Blockwagenladungen mit Kies hin geschüttet. Als Sandkiste von Felix und Uwe. Weil dort fast den ganzen Tag die Sonne schien, war das fortan der Lieblingsspielplatz von den Beiden. An irgendeinem schönen Sommertag, als ausnahmsweise niemand zu Hause war, nur Felix und Uwe, weil die noch nicht zur Schule gingen und der selbsternannte Kinderwächter, Opa Lorenzen. Und natürlich Kumpel. Kumpel war unser Hund, ein Husky-Mischling. Bevor Papi gegangen war, blickte er, nicht wirklich besorgt, noch einmal um die Ecke und hatte seinem treuen Hund, unserem Kumpel, gesagt: „Pass auf die beiden Jungs auf!" Die beiden Jungs waren gerade damit beschäftigt, den Hund auseinander zu ziehen. Einer an den Ohren und einer am Schwanz. Dieses Idyllische Schauspiel hat eine junge Berliner Urlauberin dermaßen entzückt, die wollte den beiden Jungs eine kleine Nascherei anbieten. Das hat der Hund völlig missverstanden, sprang auf, wurde doppelt so groß, weil sich seine Haare sträubten und verbellte die völlig erschrockene Urlauberin. Durch das laute Bellen wurde Opa Lorenzen gleichfalls alarmiert und warf mit seiner Mütze. In solchen und ähnlichen Situationen wurde der tatsächlich fuchsteufelswild und warf schon Mal mit seiner Mütze. Als die Urlauberin sich hinter die Angriffsgrenze zurückgezogen hatte, legte Kumpel sich wieder hin, schloss die Augen und tat so, als wäre nichts geschehen. Ich war gerade nach Hause gekommen und hatte das alles aus einiger Entfernung beobachtet.

Das Haus, in dem wir unsere Kinderzeit verbracht haben, wurde erst 1950 gebaut und 1951 fertig gestellt und unterschied sich erheblich von den anderen Häusern in Keitum. Mit den klassischen Friesenhäusern hatte es fast keine Gemeinsamkeiten.

Diese ersten Neubauten nach dem Krieg waren das Paradebeispiel für genau das, was man damals gemeinhin als Fortschritt erachtete, an den fast niemand mehr zu glauben gewagt hatte und der jetzt endlich angebrochen war und die lange Durststrecke des Stillstandes beendete.

Der erste, deutlich erkennbare Unterschied zu den alten Friesenhäusern war, es waren die ersten Doppelhäuser in Keitum. Der zweite, nicht so deutlich sichtbare, aber gravierende Unterschied zu den alten Friesenhäusern: die beiden Häuser waren komplett unterkellert. Friesenhäuser haben, wenn überhaupt, lediglich einen einzigen Kellerraum, der nur durch eine Falltür zu erreichen ist und dient ausschließlich als Vorratsraum, im Sommer manchmal als Kühlraum. Wenn ich von Neubauten spreche, hat das seinen Grund: Oben an der Straße stand das Zwillingshaus, das heißt, das steht da heute noch, nahezu unverändert, jedenfalls von außen. Ich erinnere nicht mehr, welches dieser beiden Doppelhäuser zuerst fertig gestellt wurde. Ich meine das Untere, also „Unser Haus"

Deutlich sichtbar wurde der Unterschied erst in unserem neu eingerichteten Badezimmer. Es gab eine riesengroße, mir schien

Sie jedenfalls immer so, weiße Badewanne. Selbstverständlich gab es in unserem Badezimmer auch eine Dusche, die hieß damals nur noch Brause und wurde tatsächlich nur benutzt, um nach dem gründlichen Abseifen den Schaum und somit auch den Schmutz „abzubrausen." Solchen überflüssigen Luxus, wie jeden Tag duschen, kannten wir natürlich noch nicht, unter der Woche wurde sich gewaschen, im Waschbecken, dafür hieß es so.

Apropos große weiße Badewanne. Jeden Samstag war Badetag für die ganze Familie, versteht sich. Ich bin nicht sicher, aber es muss irgendwann in einem Januar gewesen sein, denn es war sehr kalt, deshalb wurde schon kurz nach dem Mittagessen der Wasserboiler angeheizt. Wir wollten uns mal wieder unser beliebtes Samstagsvergnügen gönnen. Und das hieß: Alle vier „Männer" in der Badewanne.

Das passierte nicht jeden Samstag, dann wäre es auch kein solch großes Vergnügen mehr gewesen. Aber wenn, dann hat es uns immer einen riesengroßen Spaß bereitet. Papi vorne in der Schräge, ich hinten auf dem Stöpsel und den Wasserhahn im Rücken, Ferdinand in der Mitte und Felix auf Papi's Bauch. Wir haben natürlich nicht gebadet, wir haben geplanscht. Ferdinand hat uns ständig nass gespritzt, der saß ja in der Mitte und hatte das meiste Wasser um sich. Felix klatschte mit beiden Händen vergnügt auf Papi's Bauch und setzte dabei das ganze Badezimmer unter Wasser. Das muss ungefähr in den Jahren 1952/1953 gewesen sein, denn Ferdinand war noch so klein, dass Mutti ihn noch tragen konnte. Leider ging irgendwann auch dieser große Spaß zu Ende, und Mutti holte ihre Lieben, einer nach dem anderen, zum Abtrocknen in die gute Stube. Erst Felix, dann Ferdinand und dann ich. Papi musste sich immer selber abtrocknen. Dafür, dass wir dann beim Abtrocknen in der Stube nicht frieren mussten, hatte Mutti den Kohleofen mit ein paar derben Holzklötzen gefüttert, die den Kachelofen innerhalb kürzester Zeit richtig zum Brodeln brachte und vorübergehend eine enorme Hitze ausstrahlte. Warum ich das so ausführlich erzähle? Weil jetzt die Geschichte kommt, in der mein Bruder Ferdinand, sehr „eindrucksvoll" lernte, was „heiß" bedeutet. Damit machen wir Jungs ja die unterschiedlichsten Erfahrungen. Manche verbrennen sich halt nur die Finger. Manchmal auch nur symbolisch. Ferdinands Erfahrung war überhaupt nicht symbolisch, es war eher eine sehr schmerzhafte, denn er verbrannte sich seinen Hintern.

Das ist so eine blöde, gleichzeitig aber auch so eine tolle Geschichte aus unseren Kindheitserinnerungen, die muss einfach etwas gesondert herausgestellt werden. Und das kam so: Ferdinand musste sich in der Badewanne hinstellen, Mutti trocknete ihn oberflächlich etwas ab, rubbelte ihm kurz die Haare und legte ihm dann das Handtuch um seine Schultern. Danach nahm sie ihn auf den Arm und trug ihn ins Wohnzimmer.

Damit es auf dem Fußboden vor dem Ofen nicht zu nass wurde, hat sie vorher ein Handtuch ausgelegt. Und dort hat sie Ferdinand abgesetzt, leider etwas zu dicht an den Ofen. Der kam mit beiden Backen an die glühende Ofentür. Wirklich nur für eine ganz kurze Schrecksekunde. Und diese kurze Sekunde hat gereicht, dass diese heiße Ofentür sich ganz schnell und sehr „eindrucksvoll" mit zwei dicken Brandblasen verewigte. Ferdinand wäre nicht Ferdinand, wenn... der Knilch hat einmal kurz geschrien, ansonsten hat er keinen Laut von sich gegeben, obwohl ihm vor Schmerzen die Tränen über die Wangen gelaufen sind.

Und Mutti wäre nicht Mutti, wenn sie dafür keinen Rat gewusst hätte. Sie hat auf die Brandblasen, die mittlerweile geplatzt waren, einfach dick Butter geschmiert, und umgehend hörte der Schmerz auf. Die beiden Wundmale auf dem Hintern hat er noch, hat er mir jedenfalls, als ich ihn vor ein paar Jahren danach fragte, versichert, sie sind kaum zu sehen, aber sie sind noch vorhanden.

Aber der absolute Luxus kommt ja noch, jedenfalls für die damalige Zeit: Wir hatten nicht nur einen Warmwasserboiler, der zusätzliche Wärme spendete und neben dem warmen Wasser eine wohlige Wärme im Badezimmer verbreitete. Nein, wir hatten auch eine Klospülung. So eine Klospülung funktionierte nur über den Sickerschacht. Das war auch der Grund, warum es bei Sturmfluten so penetrant gestunken hatte. Ansonsten gab es so etwas vornehmes, wie eine Klospülung, nur in großen Villen und in den Städten. Als Krönung noch obendrauf gab es eine große Spiegelkonsole über dem Waschbecken. Das Einzige, was wirklich gleich war, mit den schon bestehenden alten Friesenhäusern, war die Eindeckung mit Reet: denn das war Pflicht bei allen Keitumer Häusern.

Von Januar 1951 bis August 1958 haben wir in diesem Haus gelebt. Vorher, für ungefähr ein Jahr, wohnten wir in einer uralten Kate mitten im Dorf. Die Straße heißt heute: Kairem Dikwai. Diese Kate hatte noch einen, wenn auch ziemlich kleinen Kuhstall, der bei uns fast nur für das Heizmaterial wie Torf, Holz und Brikett genutzt wurde. Fast deshalb, weil sich hier auch die Schwarzen gewaschen haben.

Die „Schwarzen" war bei uns die übliche Bezeichnung für die Schornsteinfegergesellen, die in jenen Jahren noch richtig dreckig, also schwarz, nach Hause kamen. In einer großen, alten Waschbalje wurde warmes Wasser eingefüllt, und dann wurde so lange geschrubbt, bis alles wieder sauber war. Einschließlich Fingernägel. Schwarze, oder gar dreckige Fingernägel, war schon fast so etwas, wie ein Sakrileg, das habe ich später selber noch erfahren und streng praktiziert, „schieddige Handen", so Papis Formulierung, war für einen Schornsteinfeger fast so etwas wie eine Schande!

Und das alles ohne fließend Wasser, das gab es selbstverständlich noch nicht, denn für Wasser gab es eine schöne uralte Schwengel-Pumpe auf dem Hof. Der Griff war von dem vielen Benutzen schon ganz blank. Die versorgte uns mit gutem klarem Trinkwasser, nur im Winter nicht immer, da fror sie gelegentlich ein und musste mit heißem Wasser aufgetaut werden. Die Winter waren damals noch so kalt, jedenfalls auf Sylt, dass der Frost uns im Winter wunderschöne Ornamente auf die Schlafzimmerfenster malte, weil nur in der Stube und in der Küche geheizt werden konnten.

Aber... Von zwei engen Zimmern, einem Schlafraum und einer Wohnküche in Bredstedt zu einer kleinen Kate in Keitum war damals schon ein ganz schöner Fortschritt. Wir Kinder empfanden das jedenfalls so und fanden das richtig toll!

Auch hier, zu dieser kleinen und eigentlich nebensächlichen Kate, gibt es eine Episode, die ich bis jetzt immer für mich behalten habe und noch nie jemandem erzählt habe, weil sie so unglaublich irreal klingt und eigentlich nicht zu begreifen ist.

Selbstverständlich gab es hier, bei dieser kleinen Kate, auch Nachbarn, wenn auch nur zu einer Seite. Direkt neben uns lag zunächst eine Pferdekoppel, und dann kam ein ziemlich großer Bauernhof, unsere eigentlichen Nachbarn. Dieser Bauernhof gehörte dem Bürgermeister von Keitum und war an die Familie Paulsen verpachtet.

Bis hier hin normal, aber der Bürgermeister hatte einen Sohn, dem sehr wahrscheinlich die Position seines Vaters zu Kopf gestiegen war. Dieser Sohn war damals ungefähr 20 Jahre alt und ein ausgemachter Widerling. Was der sich, in der kurzen Zeit, in der wir dort gelebt haben, alles erlaubt hat, erspare ich mir hier. Vieles von dem, habe ich schon lange aus meinem Gedächtnis gestrichen. Diesen jungen Mann habe ich, nachdem wir dort ausgezogen waren, nur noch ein einziges Mal getroffen, bei einem Biikebrennen. Da hat er doch behauptet: Seit ihr da nicht mehr wohnt, wird bei uns nicht mehr geklaut!

Das war ganz starker Tobak! Ich konnte mir das überhaupt nicht vorstellen.

Felix war 2 Jahre alt, also viel zu jung. Ferdinand war zwar sehr oft bei den Paulsens, also auch auf dem entsprechenden Grundstück, weil er mit Werner Paulsen befreundet war. Aber wenn der jemals etwas geklaut hätte, hätte ich das gewusst oder gemerkt Er hätte das Diebesgut ja irgendwo lassen müssen. Das hätte ich sicher irgendwann entdeckt. Meine Schwester Marianne schied von vornherein aus, die war damals, Entschuldigung Schwesterchen, für so etwas viel zu blöd, besser, zu tussig. Anderen Mensch etwas wegnehmen, kam in ihren Gedanken gar nicht vor. Blieb also ich übrig. Das wusste ich nun wirklich besser. Ich war es nicht! Trotzdem war ich völlig verunsichert, monatelang.

Das war eine Behauptung mit vielen Unbekannten! Aber wenn der das sagt? Und der war überhaupt nicht unsicher! Die Zweifel nagten so lange in mir, bis ich eines Tages einen ganz bestimmten Jungen auf dem Nachbar-Grundstück gesehen hatte. Anfangs habe ich mich noch gewundert, auf welchem seltsamen Weg er das Grundstück verlassen will und so einen Bogen läuft. Der wohnt doch genau in entgegengesetzter Richtung? Und er hatte etwas in der Hand! Da wusste ich Bescheid. Ich habe ihn in einem anderen Zusammenhang schon einmal erwähnt. Er wohnte übrigens ganz in der Nähe.

Ich hatte diesen bestimmten Jungen auf der Pferdekoppel neben unserem Grundstück, einige Wochen vorher, schon einmal beobachtet. Und diese Beobachtung hatte mich nachhaltig schockiert, denn ich konnte sie nicht einordnen. Er kam, wahrscheinlich vom Bauernhof nebenan, auf unser Grundstück zu. Wie aus dem Nichts kam eines der dort grasenden Pferde herangaloppiert und hat den Jungen ganz einfach umgerannt. Nach dem auf dem Boden Liegenden hat das Pferd noch ein paar Mal getreten, und ich bin auch ziemlich sicher, es hat auch getroffen, um dann, völlig überraschend, von ihm abzulassen. Ich war von diesem Geschehen völlig überrascht und einige Minuten vor Schreck gelähmt. Dieses Verhalten, dieser wilde, ungezähmte Angriff auf einen Menschen, widersprach komplett meinem bisherigen Verständnis von Pferden. Als ich wieder zu mir kam, sah ich gerade noch, wie die dunkelbraune Stute in den hinteren Teil der Koppel verschwand und der malträtierte Junge über den Wall mit dem Zaun kletterte und sich auf der Straße aus dem Staub machte. Ich habe leider nie erfahren, ob er tatsächlich verletzt war. Auch hier setzte mein „Verstehen" erst einige Jahre später ein. Der muss dieses Pferd, irgendwann einmal, gehörig geärgert haben. Und es passt genau zu dem, was ich mit ihm bei dem Schafbock erlebt habe.

Der, eben schon erwähnte, fast erwachsene Sohn des Bürgermeisters hat Riesenglück gehabt. Wenn ich den ein paar Tage vor unserer Abreise getroffen hätte, hätte ich mich von dem genauso intensiv verabschiedet, wie von dem Sohn des Fischers. Trotz des großen Altersunterschiedes. Aber ich wusste nicht, wo er war.

Mit Sicherheit hat der das irgendwann gemerkt, wie falsch er mit seiner Behauptung lag. Die Diebstähle hatten ganz sicher nicht aufgehört. Aber es passte zu seinem Charakter, sich vor einer Entschuldigung zu drücken.

In unserem Haus am Kliff war die Wohnsituation völlig anders, es war lange nicht so beengt und ich habe das neue Haus auch als riesengroß in Erinnerung, obwohl es das nun wirklich nicht war. Eine der wichtigsten Neuerungen war, das Wasser kam endlich aus dem Wasserhahn. Die Schlepperei mit den Eimern hatte nun ein Ende.

Im Erdgeschoss gab es zwei Wohnzimmer, die Wohnküche, mit einem wunderschönen Kohle-Herd mit Backofen und Wasserboiler und das eben schon erwähnte Bad. Und natürlich den Flur, von dem auch die Treppe nach oben ging. Im Obergeschoss gab es noch zwei und ein halbes Zimmer, unsere Schlafräume.

Dass das Haus komplett unterkellert war, habe ich ja schon beschrieben. Etwa ab Sommer 1959, wir waren schon ausgezogen, wurde es bekannt als „Haus am Watt", ein gutes Restaurant mit guter deutscher Hausmannskost.

Als es noch „Haus am Watt" hieß, haben wir dort einmal, Monika, Frank und ich, gegessen. Die Kellnerin war, zu der Zeit, schon eine völlig Fremde für uns, so dass auch wir, so wie es uns recht war, unerkannt blieben und anschließend unseres Weges gingen. Leider gibt es das Haus, weder in der Form, wie wir es in Erinnerung haben, noch als „Haus am Watt" schon lange nicht mehr. Es steht zwar an gleicher Stelle wieder ein Haus, das ist aber nicht „unser" Haus, mit dem haben wir absolut nichts zu tun.

Geblieben sind, in unseren Köpfen, in unseren Herzen, viele, viele Kindheitserinnerungen. Wer weiß denn heute noch, dass die Mutter von Susanne Erichsen, die erste Miss Germany, in Keitum lebte, also direkt neben uns wohnte. Ich habe von dieser Dame, unserer ehemaligen Nachbarin, nur noch sehr unklare Erinnerungen. Ebenso wenig kann ich mich an ihren vollständigen Namen erinnern. Woran ich mich dagegen sehr genau erinnere ist, dort, auf dem Nachbargrundstück, stellte sich in den Sommermonaten regelmäßig Besuch ein. Von einer bildhübschen, schwarzhaarigen, jungen Frau. Und wir unbedarften Dorfkinder glaubten: Das ist die Tochter, das ist Susanne Erichsen! War sie aber nicht. In der Zwischenzeit hat Elke Boysen mich aufgeklärt und mir erzählt, Susanne Erichsen hat nie in Keitum gelebt. In unserer Kindheit wussten wir es halt noch nicht besser. Denn diese junge Frau benahm sich so, wie es sich, nach unseren naiven Vorstellungen, nur eine Schönheitskönigin trauen darf, zu leben. Die lag nämlich den lieben, langen Tag in einem Liegestuhl und ließ sich von der Sonne bescheinen. Wir haben jedenfalls nie etwas anderes gesehen. Manchmal allerdings flanierte diese junge Frau ziemlich aufreizend durch den Garten. Immer in einem Badeanzug. Immer sehr aufreizend und immer sehr selbstbewusst. Das war für uns dann immer der Anlass, uns in den Johannisbeerbüschen zu verstecken, um einen Blick auf die Schöne zu erhaschen. Weil die aber so tat, als hätte sie uns nicht gesehen und uns überhaupt nicht beachtete, fanden wir sie alle einfach nur blöd. Von albern kichernden Jungs, die so taten, als wären sie so gut versteckt, dass man sie nicht sehen konnte, zwar nicht belästigt, dafür waren wir nun wirklich noch zu jung, aber immerhin „intensiv beobachtet zu werden", man könnte auch angestarrt dazu sagen, war ganz bestimmt nur sehr schwer zu ertragen.

Aber, die alte Frau Erichsen, zu der wir eigentlich keinen Kontakt hatten, hat uns immerhin gestattet, in die riesige Ulme, die hinter dem Haus stand, ein Baumhaus hinein zu bauen. Das wiederum beweist, sie kannte uns sehr wohl, vielleicht besser, als wir dachten.

Wir sagten zu unserem Baumhaus einfach nur „Höhle", und etwas anderes war es wohl auch nicht. An einem Sonntagnachmittag wollten Ferdinand und ich das ändern und die Höhle etwas wohnlicher gestalten. Dazu musste sie mit Grassoden ausgelegt werden. Wir haben uns auch umgehend an die Arbeit gemacht. Das ausdrückliche Verbot unseres Vaters, am Sonntag keine Gartengeräte anzufassen, haben wir tapfer missachtet und uns einen Spaten „ausgeliehen". Ich habe die Grassoden ausgestochen, und Ferdinand hat sie aufgehoben und beseitegelegt. Das ging so lange gut, bis einmal eine Sode nicht sauber ausgestochen war und Ferdinand nachgreifen musste.

Ich hatte zwischenzeitlich den Spaten so gedreht, dass ich ihn wie eine Axt schwingen konnte und habe, Gott sei Dank, nicht sehr kräftig zugeschlagen. Genau auf den Kopf meines Bruders, der hatte nämlich vergessen, den Kopf zur Seite zu nehmen. Mit ganz weit aufgerissenen Augen und eine Hand auf der Kopfwunde hat Ferdinand mich angestarrt und, wie immer, kein Wort gesagt. Das hat mich so entsetzt, ich habe den Spaten weggeworfen und bin gerannt... Nur weg! Ferdinand ist, die Hand immer noch auf der Kopfwunde, schnurstracks rein zu Mutti und Papi und hat denen erzählt: „Peter hat mir den Kopf gespalten." Ich weiß beim besten Willen nicht, wo ich war, ich wusste es nie, ich weiß es auch heute noch nicht, die Erinnerung daran, wo ich war, ist nie zurückgekehrt. Heute sagt man zu solch einem Zustand wohl „Black out", was wohl auch genau zutrifft. Ich hatte ja geglaubt, ich hätte meinen Bruder erschlagen.

Um die Wunde, die kaum geblutet hat, genauer untersuchen zu lassen, hat man dringend nach Thies-Dokter gerufen. Der stellte nach kurzer Untersuchung fest, dass die Wunde tatsächlich harmlos war. Ich habe den Schlag wahrscheinlich doch sehr gut abgebremst.

Selbstverständlich hatte ich entsetzliche Angst, und nach Hause traute ich mich auch nicht, obwohl ich erbärmlich gefroren hatte. Um die Mittagszeit war es noch angenehm warm, deshalb hatte ich nur eine dünne Turnhose und ein dünnes Unterhemd an. T-Shirts gab es noch nicht. Und natürlich war ich wie immer barfuß.

So gegen Mitternacht hatte sich mein überaus besorgter Papi noch einmal auf die Suche begeben und mich in der, im Kapitel „Willi" schon erwähnten Schietkuhle gefunden. Zu meiner riesengroßen Überraschung hat er mich wortlos auf den Arm genommen und nach Hause getragen, hat mich, so wie ich war, ins Bett gelegt und sogar noch zugedeckt.

Während der Untersuchung hatte Thies-Dokter Ferdinand befragt: „Erzähl doch Mal, wie war das denn genau?" Dabei stellte sich heraus, dass ich „eigentlich" nichts dafürkonnte und ab sofort war deswegen die Welt wieder in Ordnung.

Mutti hatte mir unterdessen einen schönen, heißen Kakao gemacht, den ich nicht einmal halb ausgetrunken hatte, da war ich schon eingeschlafen.

Erst am nächsten Tag, ich glaubte schon, nun käme das erwartete Donnerwetter, hat Papi zu uns gesagt: „Hört Mal zu, ihr beiden Helden, macht so etwas nie wieder, die Ängste, die Mutti und ich ausgestanden haben, möchten wir nie wieder erleben." Oder so ähnlich. Den genauen Wortlaut weiß ich nicht mehr. Ein paar Jahre später hat er einmal, ganz von alleine, bestätigt, dass beide, Mutti und Papi, eine Riesenangst hatten und unendlich froh waren, dass ich wieder zu Hause war. Die Verletzung an Ferdinands Kopf war nicht der Rede wert. Ich glaube, er war nicht einmal zum Arzt. Nur die Narbe ist geblieben. Die hat er noch.

Ein anderer, nicht ganz so toleranter Nachbar, wie die schon erwähnte Frau Erichsen, fand unsere Baumhöhle, die wir verschönern wollten, auf einmal überhaupt nicht mehr lustig und hat sich darüber so aufgeregt, dass wir sie wieder abbauen mussten. Was wir, nach mehrfacher Aufforderung unserer Väter, denn auch taten. Wir haben die miteinander vernagelten Bretter mit dem allergrößten Widerwillen, wieder gelöst und einfach vom Baum geschmissen.

Und dabei haben wir leider unseren jüngsten Bruder Felix getroffen, genau auf seinen linken Fuß. Das wäre eigentlich noch nicht schlimm gewesen, er hätte vielleicht einmal laut Aua geschrien, sonst wäre da wahrscheinlich nicht viel passiert: Allerdings steckte in diesem Brett noch ein ca. 10 cm langer Nagel, und der steckte nun in seinem Fuß. Ich habe den armen Kerl sozusagen an die Erde genagelt. Und dieser kleine Unglücksrabe hat sich darüber so erschrocken, der hat keinen einzigen Ton herausgebracht. Und riesengroßes Glück gehabt. Ferdinand hatte sich diese „schöne Bescherung" genau angesehen, einen Fuß auf Felix seinen Fuß gesetzt und das Brett ganz einfach rausgezogen. Es hat nicht einmal geblutet. Kein Knochen war verletzt und noch nicht Mal eine Sehne gerissen!

Unser vorsorglicher Vater hatte auf der Mittelstange von seinem Fahrrad immer noch den Kindersitz montiert, und so sind die beiden, Felix mit dem notdürftig verbundenen Fuß und sein Vater mal wieder mit der heraushängenden Zunge, in das „Nordsee Sanatorium" nach Westerland geradelt. Mit einer riesigen Drahtschiene, die sie ihm dort vorsorglich verpasst hatten, kehrte er zurück. Die musste er ein paar Tage tragen und hat uns damit ganz schön traktiert.

Zurück zum Haus.
Hinter dem einzigen Fenster zur Wattseite lag im ersten Stock unser Kinderzimmer bzw. unser Schlafzimmer. An den Nachmittagen wurde dieser Raum umfunktioniert. Er wurde zum Arbeitszimmer unseres Vaters. Büro war ihm immer viel zu hochtrabend.
Es ist auch völlig egal, wie er diesen Raum genannt hat, dort oben am Fenster hat er regelmäßig in den Nachmittagsstunden, wenn seine Kinder draußen am Wasser herumtobten, seine schriftlichen Arbeiten erledigt, die ein Bezirksschornsteinfegermeister notwendigerweise zu erledigen hatte. Das Journal, das Kehrbuch, die Mängelberichte und, schließlich und endlich, natürlich auch die Rechnungen. Von irgendetwas mussten wir schließlich leben. In dem besagten Kehrbuch habe ich, als ich als Geselle bei ihm gearbeitet habe, ich glaube es war im Jahr 1967, nachgelesen, dass ein gewisser Herr Nolde aus Neukirchen im Jahr 1953 acht Mal im Jahr die ungeheure Summe von 1,68 DM pro Kehrung bezahlt hat. Kein weiterer Hinweis darauf, wer denn dieser Herr Nolde war, da stand nur: Nolde, Emil... 1,68 DM.
Seebüll gehörte damals zur Gemeinde Neukirchen.
Und alles das musste damals noch mit der Hand geschrieben werden und zwar fein säuberlich und gut lesbar. Das war stets sein ganzer Stolz!
Solange seine Kinder draußen lärmten, hatte unser Vater die nötige Ruhe, diese Arbeiten gewissenhaft zu erledigen. Aber wehe dem, es wurde ruhig, dann hob er schon Mal seinen Kopf, denn wenn Kinder schweigen, ist etwas passiert!

So auch an diesem bitterkalten, sonnigen Tag im Februar 1956.
Das gesamte Wattenmeer war in diesem Winter zugefroren. So kalt war es die Monate vorher. Durch den ständigen Tidenhub brach die geschlossene Eisdecke immer wieder auseinander. Es bildeten sich riesige Eisschollen, und die trieben langsam ans Ufer. Mit jeder neuen Flut kamen weitere Eisschollen hinzu. Manchmal richtig dicke Brocken. Wir konnten gelegentlich sogar das Knirschen hören, wenn sie sich übereinander schoben. Und jetzt, im Februar, setzte Tauwetter ein und die Eisschollen begannen schon, mit dem Ebbstrom Richtung List zu treiben.
Und auf einer dieser Schollen stand mein jüngerer Bruder Ferdinand und trieb mit ab! Unser Vater hat diese Situation, von seinem Logenplatz, oben am Fenster, sofort erfasst und ist, so wie er war, in Puschen und Socken durch den Schilfgürtel gerannt und hat sich dabei mehrfach die Fußsohlen verletzt.
Er ist danach ohne zu zögern in das eiskalte Wasser bis zur Scholle gestürmt, hat sich seinen Sohn geschnappt, auf seine Schultern gelegt, ist zurück zum Ufer gehetzt und hat ihm an Ort und Stelle, am Ufer natürlich, eine Tracht Prügel verpasst.

Viele Jahre später, als ich ihn gezielt nach einigen seiner Kriegserlebnisse fragte, habe ich ihn auch nach dieser Geschichte gefragt. Für einen Moment war er etwas überrascht. Ich habe leider nicht nachgefragt, warum er überrascht war, das bleibt also im Dunkeln. Leicht nachdenklich meinte er dann: „Na gut, die Tracht Prügel tat vielleicht nicht nötig, ich war ja heilfroh, dass ich ihn überhaupt noch erwischt hatte. Aber dass, ‚der da oben‘ mir so eine Strafe auferlegte, fand ich doch ein bisschen ungerecht. Der Bengel hat sich ein paar Mal den Arsch gerieben, ansonsten hatte der keinerlei Nachwirkungen, nicht einmal einen klitzekleinen

Schnupfen. Und ich, dafür, dass ich ihn von dieser blöden Scholle gezogen hatte, hat er mir eine heftige und schmerzhafte Nierenbeckenentzündung geschickt und mich dazu noch sechs Wochen lang das Bett hat hüten lassen."

Dazu muss man wissen, mein Vater hatte ein sehr zwiespältiges Verhältnis zum Lieben Gott. Solange ich denken kann, war das so. Er hatte während des 2. Weltkrieges, in Russland, viele schreckliche Sachen erlebt. Er hat uns öfter davon erzählt. Er hat viele dieser bösen Geschichten geschickt umschrieben und es dabei sehr oft unserer Fantasie überlassen, das Erzählte weiter zu denken, oder halt zu Ende zu denken und hat deshalb öfter gesagt: "Wenn es einen Gott gibt, hätte er das niemals zulassen dürfen." Das war keine leere Phrase, das war ihm durchaus Ernst. Sehr Ernst!

Fortan sprach er immer nur von: „Dem da oben". Ich habe nie von ihm gehört, dass er den Lieben Gott jemals beim Namen genannt hat. Die Existenz selber hat er wohl nicht in Frage gestellt, nur den Namen. Ich weiß es aber nicht genau, es gab Dinge, die waren mit meinem Vater nicht zu besprechen, da konnte er auch ziemlich grob werden. Dann fiel schon Mal der uns allen bekannte Satz: „Hast du nichts zu tun?"

Als waschechter, oft ein wenig sturer Holsteiner, mitten im Zentrum der Friesen, in Bredstedt aufgewachsen, lehnte er es bis an sein Lebensende ab, Friesisch zu lernen. "Ik snak Plattdütsch, dat reckt!" Der typische Holsteiner Querkopf.

Dafür lebte er genauso gottesfürchtig wie die Friesen. Bestritt das auch nie. Hielt sich stets an sein selbstgewähltes Lebensmotto: Ein Friese ist zurückhaltend, strebsam und gottesfürchtig. Dafür ging er niemals freiwillig in eine Kirche, um an einem Gottesdienst teilzunehmen. Nur wenn er wirklich unbedingt musste, wie z.B.

Taufen, kirchliche Trauungen oder Beerdigungen.

Und, das war sozusagen die Krönung, im Keitumer Kirchenchor fehlte was, wenn er nicht da war. Weil er mit seiner vollen Bassstimme eine wichtige Stütze eben dieses Kirchenchores war.

Mit diesen seltsamen Sprüngen in seinem Lebenswandel hat er, ebenfalls bis an sein Lebensende, versucht, die Kriegsjahre aufzuholen, nicht aufzuarbeiten, das ist etwas ganz anderes, ich meine wirklich aufzuholen. Und diese Kriegsjahre hat er, genauso bis an sein Lebensende, stets und ständig als verlorene, manchmal als gestohlene Jahre bezeichnet.

Er war gerne Soldat, aber hasste den Krieg, er liebte Fußball, aber er spielte Handball. Das sind zwar alles Widersprüche in sich, aber so war er halt, unser Vater.

Erkälten, wie damals unser Vater, wollen wir uns natürlich nicht, aber es ist ein ziemlich kalter Wind aufgekommen und wir beide frösteln leicht. Eigentlich ist es genau das, was wir hier auf Sylt auch erleben wollen und gehen forschen Schrittes weiter, denn die Bewegung macht bekanntlich warm.

Wir gehen immer noch, parallel mit dem Schilfgürtel, auf der, für diese Jahreszeit, immer noch schönen sattgrünen Wiese. Erstaunlicherweise hat sich hier überhaupt nichts verändert, im Schilf steht noch immer etwas Wasser, das leise, typische Rascheln, wenn sich im Wind die Reet Halme aneinander reiben, ist immer noch zu hören. Und der Trampelpfad, durch den unser Vater gerannt war, um seinen Sohn von der Eisscholle zu holen, den wir als Kinder angelegt haben und durch den wir immer, beinahe jeden Tag, direkt ans Wasser gegangen sind, gibt es tatsächlich auch noch.

Das ist auch wieder eine blödsinnige Formulierung, Kinder gehen nicht, Kinder rennen, 24 Stunden am Tag. Wir drei Jungs waren da nicht anders. Bei meiner Schwester weiß ich das nicht mehr so genau, ob die auch den ganzen Tag wie eine Blöde durch die Gegend gerannt ist, ich weiß nur, sie konnte verflixt schnell sein, wenn sie denn musste.

Und daran, dass Kinder rennen, hat sich auch bis heute nichts geändert.

Hier an dieser Stelle, wo einst die von der Sturmflut weggespülte Treppe war, konnten wir noch einmal so richtig in Erinnerungen schwelgen, als wäre die Zeit stehengeblieben. Das hat uns doch sehr verblüfft, dass sich hier am Kliff, in all den Jahren, so wenig verändert hat. Hier spielte sich unser Leben ab, hier hat Felix rennen gelernt, ist dabei wohl hundert Mal auf die Schnauze gefallen und immer wieder aufgestanden und ist weiter gerannt. Hier hat Ferdinand Radfahren gelernt und ist dabei wahrscheinlich genauso oft auf die Schnauze gefallen, wie sein Bruder Felix und auch Ferdinand ist immer wieder aufgestanden und hat es so lange versucht, hat so lange geübt, bis er es endlich konnte. Geblieben sind davon nur unsere Erinnerungen.

Ach ja, einen Unterschied gibt es: Es sind ein paar bebaute Grundstücke dazugekommen, und die sind, zur Wattseite, ziemlich grimmig verrammelt. Man kann zwar auf die Grundstücke sehen, aber man sieht nichts. Die Grundstücke sind zwar sauber und gepflegt, sehr gepflegt sogar, ansonsten wirkt das alles wie auf einem sterilen, gestellten Foto, fast wie ausgestorben. Es ist tot, absolut kein Leben in den Häusern, oder an den Häusern, überall vermutet man die unsichtbaren Schilder: Betreten verboten! Das kannten wir damals nicht. Überall herrschte fröhliches und geschäftiges Leben, überall schrien Kinder lautstark ihre Lebensfreude in die Welt. Es gab zwar Zäune, aber es war doch nicht als eine strickte Abgrenzung gedacht. Bei dem Touristenaufkommen, der in den letzten Jahren stetig zugenommen hat, wird diese strickte Abtrennung sicherlich seinen Grund haben.

Wir beide, meine Schwester und ich, wenden uns nun wieder unserem eigentlichen Vorhaben, Keitum zu durchwandern, zu und stellen verblüfft fest, unsere beiden Lieben sind uns offensichtlich weggelaufen, die sind uns so weit voraus, dass wir uns sputen müssen, um sie wieder einzuholen. Die beiden warten bereits etwas ungeduldig, weil sie an einem Punkt angelangt sind, an dem man abbiegen könnte. Sie stehen an der Stelle, an der links ein kleiner Holperweg hoch zur Kirche führt, den wollen wir eigentlich gehen, es ist nämlich auch der Weg, der uns genau zu der Stelle führt, an der alljährlich unser Wettbewerb im Ostereier-Weit-Werfen stattfand.

Ohne Absprache, nur einem inneren Impuls folgend, wenden wir beide uns zunächst nach rechts, dem Wasser zu. Denn genau hier, in der Verlängerung des Holperweges, war eine von unseren vielen Badestellen. Hier haben wir sehr oft gebadet, nicht weil diese Badestelle besonders schön war, nein, es war einfach nur bequem. Hier hatte die Natur, exklusiv für Keitumer Kinder, einen kleinen Sandstrand erschaffen. Aber wie die Natur manchmal so ist, hat sie leider vergessen, diesen kleinen Sandstrand auch weit genug ins Wasser hineinzuführen. Wir hatten also immer Schlickfüße.

Hier haben wir auch unsere erste Bekanntschaft mit einem elektrischen Weidezaun gemacht. Unser Opa verführte uns Kinder, in erster Linie Marianne und mich, diesen Draht anzufassen, machte er es uns sogar vor und blieb dabei völlig entspannt. Vier, fünf Mal machten wir das, Opa fasste an den Weidezaun, griente, beinahe spitzbübisch, so, als würde er auf etwas warten und uns durchfuhren jedes Mal, kurze und heftige Stromstöße.

Bis dann unser Vater eingriff und meinte, wir sollten endlich mit diesem Quatsch aufhören, das Berühren eines Weidezaunes sei zwar harmlos, trotzdem aber nicht ganz ungefährlich. Opa hat uns dann doch noch gezeigt, warum er nichts gemerkt hat. Sein linkes Bein war ein Holzbein, ein Andenken an den ersten Weltkrieg. Wenn er den Draht berührte, hat er das rechte Bein angehoben, den Kreis unterbrochen und deswegen nichts gemerkt.

Ich weiß leider nicht mehr genau, in welchem Jahr das war, aber es muss schon 1950 gewesen sein, denn dass ich nach 1950 noch keinen elektrischen Weidezaun kannte, erscheint mir doch sehr unwahrscheinlich.

Das ist zwar ein weiter Bogen, den ich um „unser" Haus gespannt habe, ich glaube aber, all diese Erinnerungen gehören einfach dazu.

Das Ostereier-Weit-Werfen.

Eine uralte Keitumer Tradition haben wir hier an dieser ehemaligen, abschüssigen Wiese, rechts von dem Holperweg, gepflegt, das gemeinschaftliche Ostereier-Werfen. Ehemalige Wiese deswegen, weil das, wo wir jetzt stehen, ein mit Büschen jeglicher Art überwucherter Abhang ist und nur noch als Brachland zu gebrauchen ist. In unserer Kinderzeit weideten hier noch Rinder. Manchmal auch Pferde.

Wir haben die Eier wirklich geworfen, richtig weit. Wer am weitesten kam, und das Ei war immer noch heil, hatte gewonnen. Nur aus Spaß am Spiel. Es gab einen kleinen Trick, was man machen musste, damit das Ei heil blieb, dieser Trick klappte aber nicht immer.

Wenn man das Ei so zwischen dem Daumen und dem Zeigefinger hält, dass der Zeigefinger auf der spitzen Seite von dem Ei liegt und beim Werfen darauf achtet, dass sich das Ei um die Längsachse rotiert und nicht in der Luft hin und her schaukelt und wenn man dann auch noch das Glück hat, dass das Ei auf eine weiche Bodenstelle trifft... dann und nur dann hat man vielleicht das ganz große Glück, dass das Ei heil blieb. Ansonsten gab es wieder ein hart gekochtes Ei zum zweiten Frühstück! Ich habe ganz schön viele Eier gegessen, bis ich den Dreh raushatte und meine Eier tatsächlich heil blieben.

Bis ins Jahr 2014 habe ich immer geglaubt, dass dieses gemeinschaftliche Ostereier-Werfen eine Marotte, eine lieb gewordene Angewohnheit, nur von uns, der Keitumer Dorfjugend gewesen sei. Speziell von unserem Jahrgang, oder von unseren Freunden, oder etwas anderes, ganz und gar harmloses. Wir haben unsere Eier den Abhang hinuntergeschmissen, weil es uns einfach Spaß gemacht hat. Bis ich eines Tages Heike Götz mit ihrer Landpartie im Fernsehen gesehen habe. Dort warfen kleine Kinder ihre Eier einen Abhang hinunter, genau wie wir es damals gemacht haben und erklärte ernsthaft, dies sei eine uralte Keitumer Tradition. Das war mir so nicht bewusst! Aber gut, das will ich ihr dann auch gerne glauben.

Nur... wir haben dafür extra, südlich vom Keitumer Bahnhof, die Möwennester geplündert. Das war die Acker- und Wiesengegend, durch die man musste, wenn man zum Rantumer Becken wollte, die mit Sielen und Entwässerungsgräben durchzogen war, die wiederum als sehr fischreich galten und deswegen viele Möwen zum Brüten anregten. Und genau dort haben wir den Möwen die Eier weggeklaut. Möweneier sind, wenn sie schön lange abkocht werden, vor allem wesentlich "Wurf-Fester".

Die Möweneier schmeckten übrigens leicht salzig und ziemlich streng nach Fisch. Es blieb ja nicht aus, dass so manches Ei bei diesem Osterbrauch zu Bruch ging und dann gegessen wurde. Etwas Essbares einfach weg zu werfen oder einfach liegen zu lassen, kam uns, jedenfalls zu unserer Kinderzeit, noch nicht in den Sinn.

Einer unserer Lehrer, Herr Bendtfeld, hat uns schon damals ermahnt, die Nester nicht leer zu räubern, wenigstens ein Ei, besser noch zwei, in den Nestern zu lassen, andernfalls würden wir den Bestand gefährden. Das habe ich damals zwar noch nicht begriffen, aber doch getan.

Schade, dass ich den guten Mann aus den Augen verloren habe. Der war Lehrer aus Leidenschaft oder aus Überzeugung oder sonst was, und ausgerechnet dem haben wir so manchen üblen Streich gespielt und der verlor dabei aber nie seine Gelassenheit.

Mich hat er allerdings einmal zur Räson gebracht mit der Bemerkung: Ich habe Mal…und endete mit: Damit hast du wo nicht gerechnet, was Peter? Nein, hatte ich auch nicht.

Um was es da ging, lasse ich lieber weg, das war wirklich kein Ruhmesblatt. Aber der gute Mann war so überzeugend, dass ich danach der Dumme war. Streiche spielen wurde bei mir, nach dieser schallenden Ohrfeige, immer seltener.

Auch eine Art, überdrehte Kinder zu erziehen!

Die Sankt Severin Kirche

Bis zur Kirche sind es nun nur noch einige wenige Minuten. Die legen wir schweigend, beinahe verbissen, zurück. Jeder macht sich über den nun zu Ende gehenden Spaziergang seine eigenen Gedanken. Wir spüren es beide, heute ist ein besonderer Tag. Wir wissen beide, dass dieser Tag, dieser Spaziergang, dafür gedacht war, unsere Eindrücke noch einmal zu überprüfen. Wir wissen auch beide, dass ich versuchen werde, unsere Spaziergänge durch Keitum im Stil einer durchaus nostalgischen Reisebeschreibung niederzuschreiben. Daher haben wir beide das Gefühl, mit dem heutigen Tag geht etwas zu Ende. Vielleicht war dieser Tag notwendig, um endlich Abschied nehmen zu könne von unserer Insel, von unserem Keitum. Ich glaube ganz einfach, dass es uns allen 1958 nicht klar war, was wir hier zurücklassen mussten. Was wir in all den Jahren vermisst haben. Ich glaube auch nicht mehr, dass wir zurückkehren. Ich, ich ganz persönlich habe schon hin und wieder jedenfalls von einer Ferienwohnung auf Sylt geträumt. Der Traum ist ausgeträumt, die Insel ist, jedenfalls für mich, zu teuer geworden. Ich glaube nun auch, wir wollen auch gar nicht mehr zurückkehren. Dafür sind wir inzwischen zu alt geworden. Vielleicht gelingt es uns nun endlich, das Kapitel „Keitum auf Sylt" zu schließen.

Jedes Mal, wenn wir beide in den vergangenen Jahren durch Keitum geschlendert sind, sind wir, wie selbstverständlich, in unsere Kirche gegangen. Manchmal sind wir gemeinsam den „Alten Kirchenweg" entlanggegangen, um zum Mühlenhof blicken zu können und zu kontrollieren, ob die Kastanie noch steht. Meistens sind wir aber unten am Kliff entlanggewandert. Es ist da einfach frischer. Letztendlich ist es egal, beide Wege führen zur Kirche. Die stille Andacht in unserer Kirche bildete stets den Abschluss unseres Spazierganges, und so wird es auch heute sein. Einfach vorbei zu gehen, würden wir uns nicht erlauben, dazu verbindet uns zu viel mit dieser Kirche.

Als wir vor sechs Jahren das letzte Mal gemeinsam in der St. Severin Kirche waren, hatte Marianne sich alles sehr genau angesehen, so, als wolle sie sich jedes Detail ganz genau einprägen, als wenn sie die Befürchtungen hegte, hier nie wieder her zu kommen. Was ja auch beinahe passiert wäre.

Ich hatte mich derweil in die fünfte Reihe gesetzt, ganz außen am Gang, damit ich auf die Kanzel blicken konnte und um das große Bild von Martin Luther neben mir zu haben und betete. Stumm und mit offenen Augen. Nur hier, an diesem Platz, auf dem ich schon als kleiner Junge gesessen hatte, habe ich endlich die Kraft und die Ruhe gefunden, um mit meiner Mutter zu sprechen. Ich habe ihr alles erzählt, was ich in meinem Leben so alles erlebt habe. Was ich als junger Mann so alles verbockt habe. Und das war Einiges.

Heute, sechs Jahre später, empfinde ich den Drang nach einem stillen Gebet nicht mehr so intensiv. Wahrscheinlich, weil ich es endlich getan hatte.

Später, beim gemeinsamen Essen, als wir uns gegenseitig gefragt haben, wie uns dieser Tag gefallen hat, stellen wir überraschend fest: Beide empfanden diesen Tag als eine besondere Bereicherung, es war ganz einfach ein wunderschöner Tag, nicht nur wegen der Erinnerungen! Das empfanden Kurt und Monika auch so, wenngleich den beiden der Spaziergang ohne das ständige „Weißt du noch?" wesentlich besser gefallen hätte!

An so einem schönen Tag, mit der nicht zu warmen Sonne und nur leichter Wind, direkt am Wasser spazieren zu gehen, die Seele baumeln zu lassen, ist einfach nur sehr gesund und entspannend.

An der Pforte zum Friedhof, als wir schon fast am Ziel angelangt waren, stellten wir doch überrascht fest, dass uns dieser Nostalgie-Spaziergang durch Keitum sehr nahe an unsere Leistungsgrenze gebracht hat. Es ist zeitweise doch ein anstrengender Marsch geworden, was wir eigentlich nicht wollten. Das müssen wir das nächste Mal besser machen. Dazu dann noch das letzte Stück unseres Weges, diesen alten Holperweg vom Kliff herauf, den wir gerade hochgekommen sind, der ist, vor allem im ersten Teilstück, doch sehr steil.

Andererseits wissen wir nicht so recht, was uns auf dem Friedhof erwartet, den wollen wir nach so vielen Jahren erstmals wieder aufsuchen. Vielleicht sind wir deshalb so einsilbig, ich mag das eigentlich nicht, Friedhöfe habe ich bisher immer vermieden, auch hier in Keitum. Aber jeder von uns möchte heute nach einem bestimmten Grab suchen. Erst als wir schon über eine halbe Stunde vergebens gesucht haben, wird uns klar, die Gräber gibt es längst nicht mehr. Das ist jetzt über fünfzig Jahre her, so lange wird keine Grabstelle verpachtet. Und dennoch haben wir uns gewundert, wie viele Namen, eingemeißelt in die Grabsteine, uns noch geläufig sind.

Wir haben uns auch gewundert, wie spät es geworden ist. Wir haben das Gefühl, es wird langsam schummerig und es wird immer frischer hier draußen auf dem Friedhof. Daraufhin haben wir zur Uhr gesehen. Es ist doch tatsächlich schon nach 18.00 Uhr.

Genauso erstaunt sind wir darüber, was wir alles ausgelassen haben und, wir sind uns einig darin, nicht einmal die Hälfte von Keitum abgelaufen zu haben. Den Rest wollen wir, so schnell wie möglich nachholen, wenn wir beide das dann noch gesundheitlich schaffen. Vor der Kirche, als wir hineingehen wollten, waren wir

Mal wieder erstaunt darüber, dass das Seitenportal, auf das wir wie selbstverständlich zugesteuert sind und durch welches wir früher immer gegangen sind, verschlossen ist. Wir wissen das natürlich, haben uns aber immer noch nicht daran gewöhnt, obwohl schon so viele Jahre vergangen sind. Der Eingang in die Kirche ist dorthin verlegt worden, wo er wahrscheinlich schon einmal war, als die Kirche noch keinem Turm hatte, nach vorne. Um in die Kirche zu kommen, müssen wir durch den Turm. Und das weckt bei mir wieder ein ganzes Bündel von Erinnerungen. An die große Tür im Turm, erinnere ich mich sehr gut, weil der Küster so manches Mal vergessen hatte, sie abzuschließen. Immer wenn ich die Gelegenheit genutzt hatte, um da hineinzusehen, habe ich nur das große Seil der Glocke erkannt. Gleichzeitig habe ich in einen großen dunklen Raum gesehen, und der war mir immer ein bisschen unheimlich. An dem Seil hätte ich, trotz der Dunkelheit, zu gerne Mal gezogen und die Glocke so richtig läuten lassen. Ich habe mich aber nicht getraut, es war mir halt zu dunkel. Heute, mit siebzig Jahren, sage ich: Schade, hättest du das nur gemacht. Ich habe mich schon damals immer gefragt, und das tue ich heute auch noch, was dann wohl passiert wäre. Der Küster wohnte ja gleich gegenüber auf der anderen Straßenseite, und von dem weiß ich noch, dass der ein sehr gläubiger Mann war. Der wäre wahrscheinlich vom Glauben abgefallen, wenn „seine" Glocke läutet, ohne dass er dabei ist und sonst auch niemand zu sehen ist. Ich hätte mich natürlich versteckt, denn das Schauspiel des hin und her irrenden Kirchen-Küsters hätte ich mir auf keinen Fall entgehen lassen.

Es gab noch einen Grund, warum ich mich nicht in den Kirchturm getraut habe. Auch hier gilt, ich bin jetzt 70 Jahre alt, da kann man so etwas schon mal zugeben. Ich hatte schlicht und einfach Angst.

Wir sagten damals zu diesem Zustand ziemlich abwertend: „Schiss"! Na gut. Dann war das so. Aber es gab einen Grund!

Unser Nachbar und Eigentümer vom Mühlenhof, Julius Boysen, hatte mir nämlich erzählt, dass vor langer, langer Zeit, die zum Tode Verurteilten hier in diesem dunklen Kirchturmverlies ihre letzte Nacht vor ihrer Hinrichtung verbringen mussten. Über die Art der Hinrichtung hat er nie etwas gesagt. Das wollte ich sowieso nicht so genau wissen. Ihre letzte Nacht sollen die Todeskandidaten außerdem ohne Bett, ohne Stuhl, ja sogar ohne Essen und Trinken verbracht haben. Die Hinrichtungsstätte lag, nach den Worten vom alten Boysen, nur ungefähr zweihundert Meter von der Kirche entfernt. Nämlich genau an dem Weg, an dem heute der Parkplatz für Friedhof und Kirchenbesucher liegt und früher zum Flugplatz führte. Das alles fand ich ziemlich gruselig, und deshalb hatte ich immer die Hosen voll und habe mich nie getraut, in den Turm hineinzugehen. Ich weiß natürlich noch genau, wo und wann er mir diese Geschichte erzählt hat, ich weiß nur nicht, wie glaubwürdig er war. Er war allerdings auch kein Geschichtenerzähler!

Dass der Kirchturm zeitweise als Gefängnis missbraucht wurde, habe ich noch in der Schule gelernt. Wir hatte zu meiner Schulzeit noch ein besonderes Schulfach, das nannte sich Heimatkunde. In diesen Unterrichtsstunden hat mein Lehrer versucht, zumeist vergeblich, mir solche Sachen, wie Julius Boysen sie mir erzählt hat, nahezubringen. Da ging es zum Beispiel um die, für einen Schüler überaus langweilige Frage, von wann bis wann die Sankt-Severin Kirche gebaut worden ist. Oder auch über die dann doch etwas interessantere Frage, warum der kleine, windgeschützte Keitumer Hafen nach der Fertigstellung des Hindenburgdamms wieder verlandete. Über solche und ähnliche Themen konnte unser Lehrer stundenlang referieren. Leider war ich nur sehr bedingt aufmerksam. Heute sage ich, hättest du nur ein kleines bisschen besser aufgepasst, hättest du die Geschichte von Ing und Dung wohl auch besser gewusst. Die beiden sehr begüterten Schwestern haben den Bau der Kirche finanziert/mitfinanziert (weiß ich nicht genau) und sind dafür als ewige, dankbare Erinnerung mit zwei Granitfelsen im Turmgemäuer verewigt worden. Ebenso die Sage, nach der die Kirche auf einem Odinheiligtum errichtet wurde. All diese Dinge hätte ich nun besser gewusst. Es zeigt aber auch, es könnte etwas dran sein, an der Geschichte vom alten Julius Boysen.

Nach den Worten dieses geschichtskundigen Mannes soll an gleicher Stelle, an der sich die Hinrichtungsstätte befand, in grauer Vorzeit die germanische Thing- und Richtstätte gelegen haben. Vieles spricht dafür, dass es so gewesen sein könnte. Mit sehr viel Phantasie kann man sich dort eine Erhöhung vorstellen. Eine der Voraussetzungen für einen heiligen germanischen Versammlungsort, der stets unter freiem Himmel lag. Es könnte aber auch sein, dass den Germanen dieser Platz hoch genug war, um hier ihre Thing- und Richtstätte zu errichten, denn wir befinden uns hier an dem höchsten Punkt des Sylter Geestrückens. Auch die beiden Megalithgräber, Denghoog und Harhoog, liegen und lagen in unmittelbarer Nähe zu diesem höchsten Punkt der Insel. Eine ganz wichtige Voraussetzung fehlte hier allerdings, die alte knorrige Eiche. Wer weiß, vielleicht gab es diese Eiche hier auf der Insel nie, weil hier keine Eichen gediehen. Das ist auf diesem kargen Geestboden auch nur sehr schwer vorstellbar. Vielleicht gab es sie aber doch, und sie ist einem der vielen radikalen Aposteln zum Opfer gefallen. Von diesen fanatischen sogenannten heiligen Männern, die betend durch die Lande zogen, um allen das

Christentum zu verkündeten, gab es ja genug. Die meisten von ihnen sind von den genauso radikalen Germanen schlicht und einfach erschlagen worden.

Nun ist Thing- und Richtstätte nicht gleich Hinrichtungsstätte, obwohl, wenn es gebraucht wurde, fanden an gleicher Stelle auch Hinrichtungen statt. Der Begriff oder das Wort Thing kommt in mehreren alten Sprachen vor, vor allem in Nordischen und heißt nichts anderes als Versammlung. Genauer: Versammlungsplatz.

Richtstätte bedeutete bei den Germanen bekanntlich nicht gleich Hinrichtungsstätte, wenngleich es in der Deutung oft genug zu durchaus gewollten Verwechslungen kam. Die alten Germanen kannten noch keine Rechtssprechung, so wie wir sie heute verstehen, Recht war immer eine Sache der Gemeinschaft, der Sippe, des Clans. Es wurde also auch immer in der Gemeinschaft Aller Recht gesprochen und war dann unumstößlich.

Und eventuell gefällte Urteile wurden dann auch sofort vollstreckt. In diesen, „Stätten" wurde Gericht gehalten, es wurde über Menschen gerichtet, von daher leitet sich der Begriff Richtstätte eher von Recht ab. Und weil Gericht immer eine Sache von Allen war, mussten diese Orte groß genug sein und Platz für die ganze Sippe bieten.

Ich habe nicht die blasseste Ahnung, wie viel an diesen Geschichten, die mir dieser alte Mann erzählt hat, wahr ist! Obwohl ich in den zurückliegenden Jahren viel nachgelesen habe, vor allem in den Wissenschafts-Magazinen PM und Geo, welche ich zeitweise selber gefertigt habe und hier auch so manche Bestätigung gefunden habe.

Diese Geschichte von dem Thing- und Richtplatz hat mir unser alter Nachbar ein einziges Mal erzählt. Es hat also die ganzen Jahre in mir geruht und jetzt höre ich sogar seine Stimme. So als würde er neben mir stehen.

Als wir uns nach dem kleinen Abstecher in die Geschichte endlich entschließen, in die Kirche zu gehen, weil es hier draußen immer kälter wird, finden wir zu unserer großen Freude unsere beiden Lieben friedlich nebeneinander in der letzten Bankreihe sitzend, und sie genießen die andächtige Stille. Die beiden hatte in weiser Voraussicht unser Auto schon vor der Kirche abgestellt, bevor wir uns in der „Kleinen Küchenkate" getroffen hatten. Wir mussten den ganzen Weg also nicht mehr zurücklaufen.

Neben der Ruhe haben wir jetzt die Wärme in der Kirche als sehr angenehm empfunden. Genau wie damals!

Ich stehe mitten in diesem, mir sehr vertrauten Kirchenschiff, sehe hinauf zur renovierten Orgel und alles, was ich heute, bis gerade eben noch, erlebt habe, alles, was bis heute war, fällt von mir ab und meine Kindheit kehrt zu mir zurück. Mit beängstigender Deutlichkeit! Ich habe hier schon öfter gestanden, aber so deutlich habe ich es noch nie gespürt. Längst vergessen geglaubte Erinnerungen kehren plötzlich zurück.

Im Verlauf des gerade eben beendeten Spazierganges konnte ich mich schon an Begebenheiten erinnern, von denen ich bis heute nicht einmal mehr gewusst habe, dass es sie jemals gegeben hat. Aber hier, in diesem Kirchenschiff, ist es alles noch ein klein wenig deutlicher. Ich sehe mich in meinen hellen Shorts, in meiner hellbraunen Velveton-Jacke und mit kurzen strähnigen Haaren. Erst mit zwölf Jahren bekam ich die Locken, die ich heute noch habe.

Je länger ich hier stehe und auf die Orgel starre und dabei über unsere, über meine Kindheit nachdenke, merke ich erst, was ich vermisst habe und was ich alles zurücklassen musste. Und je länger ich hier so regungslos stehe, desto deutlicher werden die

Erinnerungen. Es fällt mir immer mehr ein, es kommt immer mehr zurück.

Erinnerungen an meine Kindheit hier in Keitum.

Erinnerungen an die Weihnachtsfeste in dieser Kirche.

Erinnerungen an ein ganz besonderes Weihnachtsfest im Jahr 1954.

Weihnachten 1954

Wenn ich in der heutigen Vorweihnachtszeit durch die bunt geschmückten Straßen gehe, wenn ich sehe, was aus unseren stillen und besinnlichen Weihnachtsfesten geworden ist, wandern meine Gedanken immer öfter zurück zu meinen Kindertagen hier in Keitum.

In meiner Kindheit war das Weihnachtsfest, so, wie wir es in unserer Familie feierten, ein ganz besonderes Fest, weil stets wir Kinder der Mittelpunkt waren. Unsere Eltern verstanden es meisterhaft, uns das Gefühl zu geben: Das ist euer Fest!

Der „Heilige Abend" war traditionell das Fest, zu dem wir unsere guten „Sonntagskleider" anzogen, denn wir Kinder waren zum Essen eingeladen, zum Festessen bei unserer Mutter. Immer, wenn wir in der Familie über diese längst vergessene Gepflogenheit sprechen, sehe ich in erstaunte, ungläubige Gesichter. Den Ausdruck „Sonntagskleidung" kennen die jungen Menschen von heute kaum noch.

Voraussetzung für das Festessen war, wir gingen vorher in die Kirche. Mutti brauchte eine bestimmte Zeit, um dieses Festmahl vorzubereiten und wollte dies in aller Ruhe tun, ohne ihre ständig quengelnden Kinder.

Es gab am „Heiligen Abend" Gänsebraten. Papi hatte einmal eine Gans gewonnen beim Verknobeln oder beim Preisskat in einem seiner vielen Vereine, in denen er Mitglied war. Und diese Gans gab es zum „Heiligen Abend". Diesen Gänsebraten, den Mutti daraus machte, mit dieser Füllung, konnte wirklich nur unsere Mutti zubereiten, und je älter ich wurde, desto leckerer habe ich dieses herrliche Festtagsessen in Erinnerung.

Ich muss ehrlicherweise gleichzeitig bedauerlicherweise zugeben, dass ich nicht wirklich erinnere, wie dieser Gänsebraten tatsächlich geschmeckt hat. Aber die Erinnerung daran verzückt mich immer noch!

Es gab einen weiteren, wichtigen Grund, am „Heiligen Abend" die guten „Sonntagskleider" anzuziehen. Die Kinder der umliegenden Häuser und Bauernhöfe trafen sich unter der alten Kastanie vor dem Mühlenhof und gingen gemeinsam zur Kirche. Und Kirchgang bedeutete für uns immer: Ein Festtag. Also, zur Kirche geht man in den Sonntagskleidern.

Obwohl das dem Lieben Gott sehr wahrscheinlich von Herzen egal ist, wie du in seinem Haus erscheinst, Hauptsache du bist da. Uns nicht! Und den Friesen erst recht nicht. Also, nur so, mit den Sonntagssachen festlich herausgeputzt, frisch gewaschen, ordentlich gekämmt und mit sauberen Fingernägeln, nahm uns unsere große Schwester an die Hand und ging mit uns in die nur ein paar Minuten entfernt liegende, Kirche.

Für mich gab es damals einen genauso wichtigen Grund. Nicht so sehr der Kirchenbesuch an sich, sondern der gemeinsame Weg dorthin. Denn meine erste „Große Liebe", Elke Boysen, die Freundin von Marianne, ging auch manchmal mit. Ich weiß nicht mehr genau, ob jedes Mal, oder nur manchmal, oder ob sie überhaupt jemals mitgegangen ist. Das war mir auch völlig egal, allein die Aussicht, dass sie mitgehen könnte, war für mich so verlockend, dass meine Fantasie mit mir durchging. Ich habe mich ganz besonders gründlich gewaschen, die Haare besonders sorgfältig gekämmt und mindestens sieben bis zehn Mal in den Spiegel geblickt, ob ich auch ordentlich aussäh.

Gelegentlich, wenn Elke in der Nähe war oder sich mit meiner Schwester Marianne traf, habe ich mich wie ein verliebter Gockel benommen und habe völlig absurde Sachen gemacht oder gesagt. Ich hätte ihr zu gerne in den Hintern gezwickt, habe mich aber nicht getraut, ich befürchtete nämlich, sie würde mir krachend eine schmieren. Hauptsache, ich gewann ihre Aufmerksamkeit, auch wenn diese dann meistens negativ war. Dabei war der Altersunterschied schon klar. Ich war 12 Jahre alt, und Elke war schon mindestens 16 Jahre alt. (Glaube ich jedenfalls.) Die schaute natürlich nicht nach so unreifen Jungen, sondern, wenn sie denn damals schon nach dem anderen Geschlecht Ausschau hielt, eher nach den Älteren.

Das störte mich alles nicht, bei mir blühte das erste zarte Pflänzchen der ersten großen Liebe. Was eigentlich nicht sehr verwunderlich war, denn bei Elke war die Entwicklung zur Frau schon fast abgeschlossen. Überall dort, wo der Liebe Gott etwas Figur betonendes vorgesehen hat, war schon etwas. Und ich, ich wusste überhaupt nicht, wohin mit meinen Augen. Dieser ziemlich einseitige Zustand hielt bis zu unserer Abreise. Elke hat davon selbstverständlich hoffentlich nie etwas erfahren, und ich hoffe sehr, das bleibt auch in Zukunft so.

Es hatte am späten Nachmittag angefangen, ganz leicht zu schneien und bis jetzt noch nicht wieder aufgehört. Wir erlebten tatsächlich unser erstes weißes Weihnachtsfest auf der Insel. Weil es so bitterkalt war, knirschte der frisch gefallene Schnee leise unter unseren Schuhsohlen und der Wetterbericht, aus dem guten alten Radio, hatte für die kommende „Heilige Nacht" weiteren, heftigen Schneefall vorausgesagt. Fernseher gab es in Keitum noch nicht, nur in Westerland, da hatten wir schon Mal einen gesehen. Also hingen wir mit einem Ohr immer am Radio, denn Schneefall zu Weihnachten, das war aufregend. Es sah ganz danach aus, als sollte diese anonyme und unpersönliche Stimme Recht behalten, denn es hingen tatsächlich dicke, schwarze Schneewolken über der Insel.

Es wurde immer dunkler, und auf dem Weg zur Kirche fürchteten wir uns ein wenig, waren aber weit davon entfernt, dass auch noch zuzugeben. Die wenigen Häuser, die damals schon vom Mühlenhof bis zur Kirche an der Straße standen, waren nur sehr spärlich, oder gar nicht beleuchtet. Es war Weihnachten, und zum Weihnachtsfest brennen nur ein paar Kerzen und die spenden nicht viel Licht. Die hellen und grellen Fensterdekorationen, so wie wir sie heute kennen, gab es damals noch nicht.

Die Sankt Severin Kirche in Keitum auf Sylt gehörte damals noch den Einheimischen, hatte noch nicht den Kult-Charakter wie heute, dennoch war am „Heiligen Abend" die Kirche voll. Schon beim Betreten der Kirche empfing uns eine ganz besondere, fast nicht zu beschreibende, Atmosphäre. Überall brannten Kerzen, schlichte, einfache, weiße Kerzen. In den beiden Kronleuchtern, im Adventskranz, an den Sitzreihen, vorne am Altar, an der Treppe zur Orgel und natürlich an dem schlichten Tannenbaum, vorne neben der Kanzel, überall brannten Kerzen. Durch die vielen Kerzen empfing uns sogar eine angenehme Wärme an diesem ansonsten bitterkalten 24. Dezember 1954.

Leider ist mir von unserem Gottesdienst an diesem „Heiligen Abend" nicht viel in Erinnerung geblieben. Ich kann mich auch kaum noch an Pastor Kähler erinnern, obwohl ich mich gerade an ihn gut erinnern müsste, denn im Sommer haben wir bei ihm, mitten im Dorf, in „seinem" Pastorat jedes Jahr Äpfel geklaut, die richtig sauer waren und einfach nur fürchterlich schmeckten, aber sie mussten unbedingt geklaut werden.

Und trotzdem ist mir von diesem Weihnachtsgottesdienst nur in Erinnerung geblieben, dass wir ganz viel singen mussten. All die wunderschönen deutschen Weihnachtslieder, die ich heute noch sehr gerne höre. Aber selber singen nein, das mag ich nicht. Zuhören, ja. Selber Singen, nein.

Aber... sobald die Orgel einsetzte, war für mich Weihnachten.

Es gab nichts Schöneres für mich, als der Klang der Orgel der Sankt Severin Kirche in Keitum auf Sylt. Daran hat sich bis heute nichts geändert und, um es ganz deutlich zu sagen, ich meine nicht die 1999 eingeweihte Orgel. Ich meine die alte Orgel! Die Orgel, die schon über viele, viele Jahre unverdrossen ihre Pfeifen hat ertönen lassen und nun, im Jahre 1954, leichte Macken bekam und einige vielleicht auch schon hatte. Und gerade wegen dieser Macken habe ich sie immer geliebt. Und obwohl ich sie so geliebt habe, habe ich meine Orgel 1958, es war zum Ostergottesdienst, das letzte Mal gehört. Danach nie wieder. Ich bedauere das sehr.

In den darauffolgenden Jahren habe ich natürlich dem Klang vieler Orgeln zugehört, bei manchen auch andächtig gelauscht. Die Orgeln von Passau und Regensburg, den Kölner Dom und den Stephans-Dom in Wien. Um nur einige zu nennen. Meistens waren das Wohltaten für die Ohren. Und für mich zu meinem 65. Geburtstag ein ganz persönlicher Höhepunkt, die Orgel der „Heiligen Linde" in Masuren. Das waren ganz besondere Musik- oder Klangerlebnisse, und oft verbargen sich sehr wahre Künstler, begabte Künstlerinnen hinter diesen besonderen Musikerlebnissen.

Es war aber nichts gegen das, was in meinen Kinderohren immer noch nachklingt und als ewige Erinnerung geblieben ist, wenn Willi Borstelmann in den 1950iger Jahren die Orgel der Sankt Severin Kirche erklingen ließ!

Wenn ich obendrein dann noch Glück hatte, nicht gerade zu Weihnachten, es gab ja genug andere Anlässe, durfte ich diesen

Blasebalg treten, denn Willi war ja unser Nachbar und wusste ganz genau, was er mir damit zukommen ließ.

Für mich war dieser Moment ein magischer Moment, das war immer das Allergrößte!

Natürlich war ich für diesen riesigen Blasebalg, noch viel zu klein und somit auch noch viel zu leicht, ich musste an den Handgriffen kräftig nachhelfen und es hat mich alle meine Kraft gekostet. Aber der Küster stand ja neben mir und hätte jederzeit eingreifen können.

Aus diesen und vielen, vielen anderen Kleinigkeiten empfand ich die Weihnachtsfeste unserer Kindheit immer als etwas ganz Besonderes, denn wir durften einfach genießen. Ohne die furchtbare Last, unbedingt etwas schenken zu müssen, wie ich es später manchmal empfunden habe.

Es war ja noch etwas Besonderes passiert in jenem denkwürdigen Jahr 1954. Heute würden wir dazu wohl „Sommermärchen" sagen, damals sagten wir einfach: „Das Wunder von Bern".

Deutschland durfte zum ersten Mal nach dem zweiten Weltkrieg wieder an einer Fußballweltmeisterschaft teilnehmen und ist, sensationell, Weltmeister geworden.

Ganz Deutschland wurde, nachdem der Jubel etwas verebbt war, in eine unvorstellbare Aufbruchstimmung versetzt. Wenn die Jungs in Bern Weltmeister werden können, können wir auch dieses zerstörte Land wieder aufbauen.

Mich hat diese Aufbruchstimmung, als damals zehn jähriger Junge, natürlich nicht erfasst, aber wahrscheinlich meine Eltern. Anders kann ich mir das, was ich vor nunmehr über sechzig Jahren erleben durfte, nicht erklären. Meine Eltern schenkten zu diesem Weihnachtsfest jedem ihrer vier Kinder ein nagelneues Fahrrad. Mein jüngster Bruder, Felix, damals gerade vier Jahre alt, bekam ein Kinderfahrrad, zusätzlich ausgerüstet mit kleinen, seitlichen Stützrädern. Es war das erste Kinderrad dieser Art auf der ganzen Insel.

Die vergangenen Weihnachtsfeste brachten uns Jungs als krönende Überraschung die damals üblichen großen stabilen Holzautos. Marke Unverwüstlich. 1953 war eines dieser Holz-Laster so groß, dass wir ihn, im Sommer drauf, als Kinderkarre für Felix benutzen konnten. Bevor es dazu kam, musste Ferdinand die Stabilität, einige Tage nach Weihnachten, eingehend überprüfen und hat dieses große Auto einfach die Kellertreppe hinunter geschmissen. Es ist tatsächlich nichts kaputtgegangen.

Für Marianne gab es für ihre Puppe ein neues Kleid. Ansonsten gab es genau das, was es in allen anderen Familien auch gab, etwas zum Anziehen. Aber für vier Kinder ein neues Fahrrad war im Jahr 1954 noch etwas ganz Besonderes.

Noch etwas ist mir zu diesem Weihnachtsfest 1954 in Erinnerung geblieben, ich wusste sehr früh von diesen Fahrrädern. Ein unglaublich dummer Wichtigtuer musste mir diese Neuigkeit unbedingt erzählen. Er hatte beobachtet, wie die Fahrräder auf dem Bahnhof entladen wurden. Auf jedem verpackten Fahrrad stand nämlich der Name des Empfängers.

Ich konnte das gar nicht glauben, woher sollten meine Eltern auf einmal so viel Geld haben. Dass nagelneue Fahrräder für die damalige Zeit ein absoluter Luxus waren, konnte ich mit meinen zehn Jahren schon sehr genau einordnen. Neue Fahrräder hatte noch niemand, denn es gab ganz einfach noch keine. Das heißt, neue Fahrräder gab es wahrscheinlich schon, nur noch nicht auf der Insel Sylt.

Erst sehr viele Jahr später wurde mir der Zusammenhang zu dem offensichtlichen Kaufrausch meiner Eltern klar. Es gab etwa seit dem Anfang der fünfziger Jahre eine neue Art einzukaufen: Das Versandhaus. Und eines dieser neuen Versandhäuser machte Werbung mit dem Slogan: Neckermann macht's möglich! Dieser Werbeslogan traf die Aufbruchstimmung der frühen fünfziger Jahre perfekt.

Trotzdem war die Freude natürlich riesengroß, als die vier Räder unter dem Tannenbaum standen. Selbstverständlich wollten wir die Fahrräder sofort ausprobieren. Es gab nur ein Problem: Der angekündigte Schneefall hatte tatsächlich eingesetzt, es schneite seit Stunden, zwar nicht heftig, aber immer eben gleichmäßig weg. Die dicken, schwarzen Wolken, die vor dem Kirchgang über dem Dorf hingen, hatten sich nicht, wie sonst üblich, aufs Meer verzogen, sondern entleerten sich direkt über uns. Unzählige, winzige, weiße Flocken rieselten langsam, aber unaufhörlich auf die Insel. Der Schnee war in der Zwischenzeit auf zehn bis zwölf Zentimeter angewachsen, was für die Insel Sylt an sich schon ein nicht alltägliches Ereignis war.

Einzig mein jüngster Bruder Felix mit seinem Kinderrad und den seitlichen Stützrädern hätte darin eine Probefahrt versuchen können, ohne in Gefahr zu geraten, zu stürzen und sich ausgerechnet am Weihnachtsabend ernsthaft zu verletzen.

Auf einem Mal wurden die Fahrräder jetzt plötzlich nur noch zur Nebensache. Der erste Neuschnee des Jahres und dann auch noch in dieser Menge. Alles, was bis jetzt war, wurde schlagartig zur Nebensache. Gemeinsam, Ferdinand und ich, holten wir unsere Schlitten aus dem Keller. Jetzt musste Schlitten gefahren werden. Unbedingt! Und sofort auf der Stelle.

Es war immer noch stockdunkel, es hätte sonst etwas passieren können, Lampen oder vielleicht Straßenlaternen, heute ist das eine absolute Selbstverständlichkeit, gab es das damals noch nicht und gerade deswegen fanden wir das alle ganz toll... und unser Vater mittendrin.

Am „Heiligen Abend" in stockdunkler Nacht mit den Kindern Schlittenfahren war auch für ihn ein absoluter Hochgenuss, und er hat auch begeistert mitgemacht. Auf den Ausdruck „Highlight", so hätten wir diese Schlittenpartie heute sicher genannt, habe ich hier bewusst verzichtet. Es passt einfach nicht.

Zu unserem Haus führte damals, von der Straße kommend, ein breiter, leicht abschüssiger, befestigter Sandweg, und das Haus selber war, wie bei einer Warft, vor großen Sturmfluten geschützt. Ich hatte es schon beschrieben. Beides zusammen ergab eine passable Schlittenbahn, mit einem kleinen, völlig nebensächlichen Problem. Wir konnten zwar hinunter auf die Grünland-Wiese fahren, aber daran schließt sich, das ist heute noch so, ein Schilfgürtel an. In diesem Schilfgürtel stand, trotz Eis und Schnee, immer etwas Wasser. Und genau dort fuhren wir immer hinein! Wer am weitesten drin war, hatte gewonnen. Entsprechend sahen wir innerhalb kürzester Zeit aus: Völlig durchnässt und voller Matsch.

Als ich selber Vater war und mit meinem Sohn am Bocksberg, zwischen Hohenwestedt und Neumünster, zum Schlittenfahren war, habe ich plötzlich begriffen, wie sich unsere Eltern gefühlt haben müssen.

Für vier Kinder ein neues Fahrrad war sicher im Jahr 1954 ganz gewiss ein absoluter finanzieller Kraftakt. Und die Kinder? Die Kinder wissen das wahrscheinlich überhaupt nicht zu schätzen. Die Fahrräder stehen irgendwo in der Ecke und schneien langsam ein. Völlig nebensächlich und schon vergessen. Und dann noch die guten Sonntagssachen (wir hatten uns selbstverständlich nicht umgezogen), die sahen aus, als kämen die geradewegs vom Mistabladen, denn sie waren natürlich von oben bis unten eingesaut. Aber Eltern haben mit ihren Kindern unendlich viel Geduld. Verkraften auch solches „Freudenfest", wie wir es damals am Heiligen Abend veranstaltet hatten. Und freuen sich mit ihren Kindern. Monika und ich sind jedenfalls so. Genauso!

Nachbetrachtung
Für Marianne und Ferdinand

Monika und Marianne telefonieren regelmäßig miteinander. Und immer öfter sagt Marianne dann zu Monika: „Gib mir Peter Mal". Fast immer kommt dann die gleiche Frage: „Kannst du dich noch erinnern?" Meistens handelt es sich um irgendeine Begebenheit aus unserer Kindheit, die ihr im Moment unheimlich wichtig erscheint.

Immer wenn ihr etwas nicht mehr ganz klar ist, die Erinnerungslücken immer größer werden und es sich um unsere gemeinsame Kinderzeit in Keitum handelt, greift sie immer öfter zum Telefon, um mich anzurufen. Und meistens kann ich mich erinnern.

Dieses Erinnern können ist ihr Grund genug, mich an mein Versprechen zu erinnern und mir dringend anzuraten, endlich mit dem Schreiben anzufangen. Meine Erinnerungen mit denen meiner Geschwister zu verknüpfen und daraus eine Erzählung zu machen. Nach ihrer Überzeugung wäre es viel zu schade, wenn so etwas Schönes verloren ginge. Ich habe immer gezögert, auch, weil ich Zweifel hatte, ob ich das überhaupt kann.

Bis mir endlich die Idee kam, unsere gemeinsamen Spaziergänge zusammenzuführen. Dieser Spaziergang, wie ich ihn hier dargestellt habe, hat so in dieser Ausführlichkeit natürlich nicht stattgefunden. Das heißt stattgefunden hat er schon, wir haben nur nicht alle beschriebenen Punkte an einem Tag abgelaufen. Ich bin ja mit Marianne öfters durch Keitum gelaufen, ich weiß nur nicht mehr genau wie oft wir da waren. Aber alles, was ich aufgeschrieben habe, ist so passiert, oder wir haben es so erlebt und ich habe es zusammenfließen lassen. All das aufzuschreiben, was mir dabei, in diesem Falle auch _uns,_ an den einzelnen Standorten noch zusätzlich eingefallen ist, würde den Rahmen der Berichterstattung erheblich sprengen.

Gleichwohl, der entscheidende Hinweis kam von einem Fremden, den ich auf unserer Reise durch Masuren kennenlernte. Der sagte: „Was wollen Sie eigentlich, das sind doch Erinnerungen... und Erinnerungen haben immer Lücken!"

Bei mir ist es tatsächlich so, dass sich diese Lücken immer mehr schließen. Seit wir 2013 gemeinsam in der Sankt Severin Kirche gestanden haben, habe ich ständig das Gefühl, mich an immer mehr erinnern zu können. Mir fällt zu jedem Haus, an dem ich in Keitum vorbeigegangen bin, eine Geschichte ein, auch zu jeder Gartenpforte und zu jeder Tür.

Und zu ganz, ganz vielen Menschen.

Einzige Voraussetzung: Sie müssen schon zu meiner Kindheit da gewesen sein. Apropos Menschen. Vielleicht wundert ihr Euch ein bisschen darüber, dass Mutti in diesen Geschichten scheinbar nur eine untergeordnete Rolle spielt. Dem ist natürlich nicht so! Genau genommen war sie immer dabei. Unsere Mutti hat selbstverständlich in unserem Leben eine ganz überragende Rolle gespielt. Sie war immer unser Lebensmittelpunkt. Sie hat die Familie zusammengehalten. Sie hat uns getröstet, wenn wir Mal hingefallen waren. Und ich hatte ein ausgesprochen enges Verhältnis zu ihr. Das wisst ihr sicherlich auch noch zu erinnern. Ihr allzu früher Tod hat mir für eine relativ kurze Zeit den Boden unter den Füssen weggerissen. Und ich habe ziemlich lange gebraucht, um mich davon zu erholen. Und ohne Monika wäre mir das wohl noch viel schwerer gefallen. Und, obwohl das Kapitel längst abgeschlossen ist, spüre ich es das eine und das andere Mal, ich bin noch immer nicht ganz frei von Emotionen. Daher habe ich dieses Thema in diese Erzählung nicht einfließen lassen und es lieber ruhen lassen.

Ich habe während des Schreibens so manches Mal darüber nachgedacht, was wir alles ausgelassen haben. Wo wir tatsächlich nie wieder gewesen sind. Vielleicht mache ich daraus eine Fortsetzung. Mal sehen.

Ein kurzer Vorgeschmack?

Das Apfel Klauen beim Pastor habe ich ja schon erwähnt. Das interessante daran war, wir haben es stets so gemacht, dass er es merken musste!

Als der „Mühlenhof" noch ein Bauernhof war, haben wir uns auf den Heuboden eine Höhle gebaut und darin geraucht. Das hat mir eine kräftige Ohrfeige eingebracht.

Apropos „Mühlenhof", gerade dort habe ich so viel erlebt und so viele Erinnerungen, das allein würde schon ein großes Kapitel werden.

Dann ist da ja noch mein Freund Hans-Bunde. Schade, dass wir uns aus den Augen verloren haben. Die Entfernung war doch zu groß.

Silvester sind wir von Haus zu Haus gezogen und haben Pforten ausgehakt und auf den Misthaufen geschmissen. Bis einer der Betroffenen oben auf die Scharniere ein Gewinde geschnitten hat und eine Schraube daraufgesetzt hat.

Meinem Lehrer habe ich einen Kanonenschlag in seinen Briefkasten geschmissen.

Der Bruder von Bauer Boysen hat mit dem Heustapler versehentlich den gerade erst ausgebildeten Jagdhund aufgehängt.

Meine Lehrerin wollte mir eine Ohrfeige verpassen. Das habe ich abgewehrt, und es sah so aus, als hätte ich ihr eine gescheuert. Den zweifelhaften Ruf hatte ich weg.

Bei einem ziemlich idiotischen Fahrradrennen bin ich gestürzt und habe mir den Arm gebrochen, habe aber behauptet, ich wäre vom Baum gefallen.
Die Tommys (wir benutzten tatsächlich diese Negativformulierung, und keiner hat sich daran gestört) veranstalteten des Öfteren Schießübungen auf einem riesigen Luftsack, den Motorflugzeuge an einem sehr langen Seil hinter sich herzogen. Ab und an fielen solche Luftsäcke vom Himmel. Einen davon haben wir kassiert und versteckt.
Später haben wir unser Paddelboot mit diesem Nylon-Stoff bezogen. Als wir es ausprobieren wollten, haben wir es im gerade gemähten Schilf abgesetzt und ein paar schöne lange Risse fabriziert. Aus der Traum.

Das Ringreiterfest. Die Ringreiterfeste waren so mit Ritualen vollgestopft, dass das Ringe stechen zeitweilig zur Nebensache wurde und jedes Mal hieß es: Gläser hoch. Könnt ihr euch noch an die besoffenen Reiter erinnern. Dass mit den langen Lanzen nicht mehr passiert ist, ist eigentlich ein kleines Wunder.

Das meiste von dem, was ich in der ersten Folge aufgeschrieben habe, ist das, was ich schon seit einigen Jahren im Kopf habe und immer wieder mit dem Satz endete: Man müsste Mal...
Ich habe das: „Man müsste Mal" jetzt gestrichen und mich an meinen Computer gesetzt.
Es kann sein, dass Marianne oder Ferdinand andere Erinnerungen

haben.

Es kann auch sein, dass die beiden sich zu bestimmten Gegebenheiten anders erinnern.

Das ist auch gut so. Gleichklang ist schrecklich. Viel Spaß beim Lesen.

Peter